世界公民叢書

未來的，全人類觀點

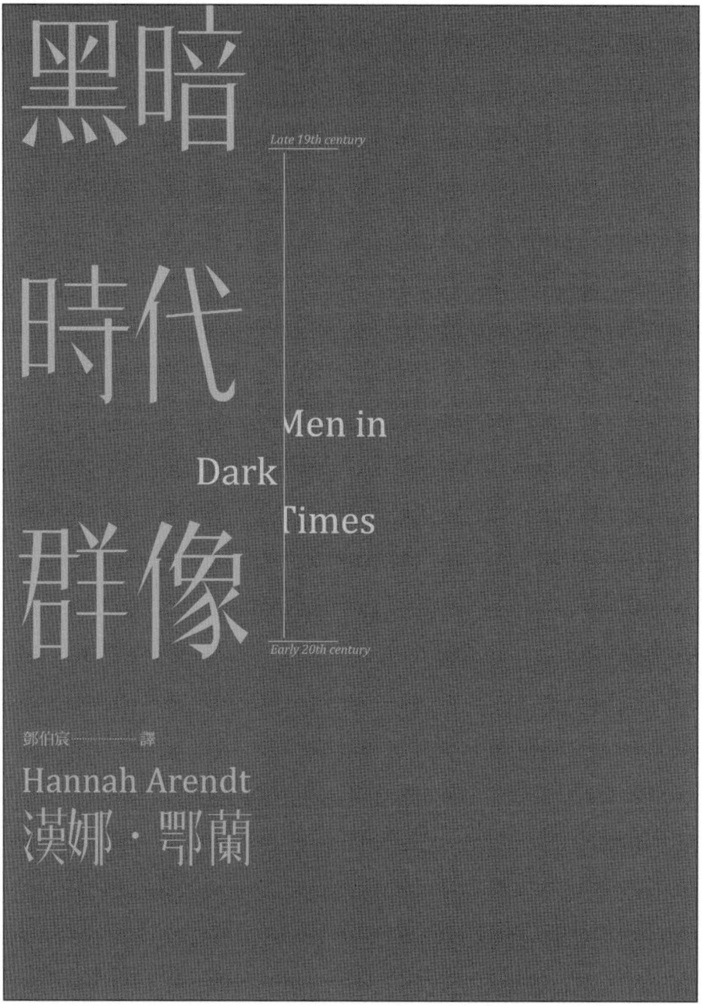

漢娜·鄂蘭（Hannah Arendt, 1906-1975）
二十世紀最偉大，最具原創性的思想家之一
（本圖片由達志影像公司授權使用）

內容簡介

本書是20世紀重要思想家漢娜．鄂蘭（Hannah Arendt 1906-1975）於20世紀70年代完成的著作。鄂蘭被譽為是20世紀最偉大，最具原創性的思想家之一。

她在書中所論的都是20世紀前半葉的知識份子，都是她身邊熟識的人——處在上一世紀上半葉的歐洲學術文化中心，一個最黑暗，也是思想文化最燦爛的年代。

「黑暗時代」一詞出自德國詩人布萊希特的名詩〈致後代子孫〉，指的是20世紀黑暗現實中無所不在的恐怖。

漢娜．鄂蘭認為，本書中她所談到的幾位人物——包括萊辛、羅莎．盧森堡、教宗若望二十三世、卡爾．雅斯培、伊薩．迪內森、賀曼．布羅赫、華特．班雅明、貝托爾特．布萊希特、華特馬爾．居里安與藍道．賈雷爾——照亮了那個時代的黑暗。

漢娜．鄂蘭相信，「即使是在最黑暗的時代，人都有期望光明的權利，而光明與其說是來自於理論與觀念，不如說是來自於凡夫俗子所發出的螢螢微光，在他們的起居作息中，這微光雖然搖曳不定，但卻照亮周遭，並在他們的有生之年流瀉於大地之上。」正是基於這樣的信念，乃有了這組群像的勾勒。

作者簡介

漢娜．鄂蘭

（Hannah Arendt 1906–1975）

被譽為是20世紀最偉大，最具原創性的思想家之一，早年跟隨海德格、雅斯培。1933年納粹上台後流亡巴黎，1941年到美國，先後在普林斯頓、哥倫比亞、紐約新學院（New School）任教。

她的思想重點在於：對極權主義、政治實踐（如革命、暴力、權力）以及公共空間等議題的思辨。她的著作如《心智生命》（*The Life of the Mind*）、《極權主義的起源》（*The Origins of Totalitarianism*）、《人的條件》（*The Human Condition*），皆是社會、政治哲學的扛鼎之著。

鄂蘭於1975年去世後，美國學界出現「鄂蘭研究」，儼然成為一個學派，稱為「鄂蘭派」。

譯者簡介

鄧伯宸

成功大學外文系畢業，曾任報社翻譯、主筆、副總編輯、總經理，獲中國時報文學獎附設胡適百歲誕辰紀念徵文優等獎。譯作包括《日本新中產階級》、《鄂圖曼帝國三部曲1300-1923》等（以上皆由立緒文化出版）。

黑暗時代群像

【目錄】本書總頁數共400頁

作者序

這本集子裡所收的文章，寫作時間跨越十二個年頭，有的是感時之作，有的是適逢其會，主要談的都是人，談他們的人生經歷，談他們在這個世界上的活動，也談大時代對他們的影響。齊聚在這裡的幾個人，說他們彼此間有多麼不同，那倒也未必，至少若真像這樣將它們放到同一間屋子裡，又讓他們對事情都擁有發言權，他們不群起抗議才怪。之所以會如此，也正在於這些人各有不同的才華與信念，各人的專業與環境也大異其趣，唯一的共同點只有他們全都互不相識，而且都屬於同一個時代。當然，萊辛（Lessing）應該是個例外，但在開卷的那篇文章，我還是將他算作是同一個時代的人。如此說來，他們全都走過了一個共同的時代，也就是二十世紀前半葉，那個政治大災難、道德大淪喪、藝術與科學卻突飛猛進的時代。在那個時代裡，他們有的人慘遭殺害，有的人起居作息身不由己，只有少數人能夠置身事外，但若說完全不受任何影響，那就幾乎是無人能夠了。有人或許指望，能夠在這裡找到一個時代的代表人物、時代精神的代言人，或是歷史的詮釋者，但我看這恐怕是要落空了。

但是，我還是相信，此一歷史性的時期，亦即書名中的「黑暗時代」，在本書中倒是隨處都可見得到的。「黑暗時代」一詞，我借用自布萊希特（Bertolt Brecht，譯註：德國詩人、劇作家、戲劇改革家，1898-1956）的名詩〈致後代子孫〉（To Posterity），詩中提到動盪與飢餓、大屠殺與劊子手、不公不義與絕望所引起的民憤，「當斯時也，巧詐橫行，民憤無門」，瞋恨無罪，使人面目更為可憎，暴怒有理，益增聲音之淒厲。然而，所有這一切並非清楚可見，甚至根本難以察覺，只因為，直到大禍臨頭的那一刻，一切都被掩蓋了起來，不是被事實所掩蓋，而是被官方代表們滔滔不絕的花言巧語、模稜兩可以及報喜不報憂的片面之辭瞞了過去。既然要談黑暗時代與生活於其中的人民，「當權者」或所謂「體制」所編織敷設的偽裝，我們就絕不可以放過。如果公共領域的功能在於將眾人之事攤在陽光下，亦即提供一個可見的空間，讓一言一行都無所遁形，好壞立判，那麼當黑暗掩至，亮光不再，一切都被「信任落差」與「看不見的操控」所矇蔽，被隱瞞真相的言論一股腦掃到地毯下面，被教條、道德等等在維持舊真理的藉口之下，將所有的事實都貶成一文不值的細枝末節，這時候，人民又算老幾，又能有什麼作為？

這種情形其實並不陌生。早在三十年前，沙特的《嘔吐》（*La Nausée*，我認為迄今仍是他的最佳作品）就用「歪理」與 l'esprit de sérieux 這些字眼加以形容過；在那樣的一個世界裡，大家都公認，說到人，不過全都是些痞子，至於事，無非不明不白、不清不楚，所到之處，全都是一筆爛帳，令人作嘔。四十年前，情況也一樣（雖然目的完全不同），在《存有與時間》（*Being and Time*）裡面，海德格就非常精準地加以描繪過，說「彼等人」縱一己之私，在公共領域裡肆無忌憚，「信口開河」，其勢有如排山倒海，對每件千真萬確的事實展開無情的攻擊，影響所及，支配了日常生存的每一個面向，而對於未來可能發生的每一件事情，不論有沒有意義，不是言之鑿鑿就是一筆勾銷。按照海德格的說法，在這個共同生活的日常世界中，我們根本無所逃於這類「無法理解的狗屁倒灶」，如果想要徹底予以擺脫，唯有像帕米尼德斯（Parmenides）與柏拉圖以來的哲學家所說的，退縮到政治領域的反面，亦即與世隔絕的完全孤獨。這裡所關心的，既非海德格有關這方面的哲學分析（依我看，它乃是無可動搖的），也不在於其背後所根據的哲學傳統，我們特別著重的，是時間底層的經驗及其相關的概念性描述。我在字裡行間最想要表達的，是那種諷刺性的、揭瘡疤式的陳述（「公領域的亮光只會模糊了一切」），直指事情的核心，簡單明瞭地將現實的情狀做個交代。

廣義地說，這裡所說的「黑暗時代」，指的並不是這個世紀才突然冒出來的龐然巨獸，相反地，黑暗時代不僅一點都不新，而且在歷史上絕非少見，美國歷史上或許聞所未聞，但無論過去與今天，其中也不乏類似的罪惡與災難。即使是在最黑暗的時代，人們還是有期望光明的權利，而光明與其說是來自於理論與觀念，不如說是來自於凡夫俗子所發出的螢螢微光，在他們的起居作息中，這微光雖然搖曳不定，但卻照亮周遭，並在他們的有生之年流瀉於大地之上——正是基於這種信念，雖然難登大雅，乃有了這組群像的勾勒。以我們的眼睛來說，早已經習慣於黑暗，能不能分辨他們的光是燭光還是燦爛的陽光，其實大有問題。但是，這類客觀的評價對我來說已屬其次，大可放心交給後世了。

一九六八年一月

1

黑暗時代的人本精神

兼論萊辛

Gotthold Ephraim Lessing, 1729-1781

On Humanity in Dark Times: Thoughts about Lessing

德國啟蒙運動時期最重要的作家和文藝理論家之一，
他的劇作和理論著作對後世德語文學的發展
產生了極其重要的影響。

I

一個自由城市所頒授的榮銜，一個以萊辛（譯註：Gotthold Ephraim Lessing, 1729-1781，德國戲劇家、評論家、哲學家，公認為與伏爾泰齊名的十八世紀啟蒙運動宗師）為名的獎項，確實是一份了不起的殊榮。說老實話，今天能夠獲得這份榮寵，根本是我始料未及，因此，對我來說，不免受之有愧。只不過這樣一說，當有人問到我是何德何能這類敏感的問題時，倒也可以讓我裝作沒聽見。但是，這樣的一項榮譽確實也讓我上了一堂非上不可的課，一堂謙卑的課；因為它告訴我們，一如我們之評斷別人的價值與成就，我們自己是否有價值，也就不是我們自己所能評斷的。每一個獎，都是這個世界在發言，如果我們接受它，而且為此表示衷心的感激，那就表示我們看到的並不是自己，而是按照自己與這個世界應對時所採取的態度在行動，換句話說，我們是在對一個讓我們有空間發言並讓我們被聽到的世界與公共領域作出回應。

一項榮譽不僅是在提醒我們要對這個世界心懷感激，同時也在督促我們對它負有一份重大的責任。當然，我們大可以不接受這項榮譽；一旦接受了，就不只是我們在這個社會上的地位獲得了加強而已，相對地，也是我們對它做出了一項承諾。一個人能夠在公共領域佔有一席之地，公共領域之所以接納他、肯定他，絕不是理所當然的事。惟獨天才，因為才華洋溢，自然能夠在公共生活中出人頭地，用不著由別人來做決定。榮譽之於天才，只是在延續這個世界的和諧，是在整個公共領域中響起的一個諧音，其之升起，既無待於眾慮與公決，也沒有隨之而來加諸於他的責任，純屬一種噴湧而入社會的自然現象。講到天才，萊辛就有兩行詩說得最為貼切，我們不妨借來一用：

> 令他感動的，必動人；令他心悅的，必悅人。
> 他自得其樂的品味就是世界的品味。

依我的看法，在今天這個時代，我們對這個世界所抱持的態度，真可以說最為莫衷一是，至於頒給人家一項榮譽，以肯定他的存在，社會上的反應尤其是人云亦云到了極點。在今天這個世紀，縱使生為天才，也只有跟社會與公共領域作對才能夠一展才華；儘管天才不假外求就能夠明白，自己跟人民之間自有其相契之道。但是，社會並不等同於住居於其中的人民。社會乃是處於人與人之間的一個中介空間——大於（一般通稱的）大眾或個人——也正是這個中介空間，才是當今最惱人的課題，也是世界上絕大多數國家最不安定的因素。在許多地方，即使社會發展已經步上軌道或已經部分就緒，公共領域本來應該具備的那種照明作用卻喪失了。隨著古代社會的沒落，在西方世界國家中，越來越多的人將政治自由視為一種基本自由，大力伸張這種自由的結果，卻是跟這個世界漸行漸遠，以致於喪失了對這個世界的責任。跟社會脫節未必有損於個人；個人還是可以培養自己的天賦，成就其不世出的才華，轉而為這個世界所用。但是，這種退縮卻對社會造成了重大的損失，也就是說，那種本來應該在個人與其他社會成員之間形成的中介空間將無由產生，偏偏這個中介空間卻是極為根本的，是無可取代的。

從這個角度來思考公共榮譽與獎勵的真正意義，我們不免會想，漢堡市議會之決定將這個城市的獎跟萊辛的大名掛在一起，看來只不過要找個名目，好讓這個獎得以誕生罷了。之所以會這樣想，實在是因為萊辛生前從未能夠跟漢堡打成一片，至於他本人，很可能也從未有過這樣的念頭，他只是一貫地我行我素，盡他對這個城市應盡的義務而已。這樣的關係有其獨特的環境因素。就當時的情況來說，德國人根本還來不及了解他，而就我所知，也從未在他的有生之年推崇過他。照萊辛自己的說法，他生來就缺少那種跟社會水乳交融的性格，換句話說，也就是具有那種因緣際會一展長才的本事；他與歌德都認為，這種本事正是天才的特徵之一。他認為，他自己是拜批判精神之賜，「庶幾近乎天才」，但是，卻也從未因此得到社會的好感，時運總是與才華擦肩而過。當然，這一點固然重要，卻也不是決定性的因素。關鍵在於，萊辛儘管唯天才是尊，對於那些在品味上「自得其樂」的人仰慕不已，他自己卻寧為他所諷刺的那種「智者」，說「他們目光所到之處，千古的真理支柱也為之動搖」。他對這個世界的態度既非肯定也非否定，而是出之以尖銳的批判，對他所處的那個公共領域來說，都是全然革命性的。但是，他的態度始終不脫離現實，總是以這個世界為依歸，絕不訴諸極端激情的烏托邦。萊辛的這種革命，

•在今天這個世紀，縱使生為天才，也只有跟社會與公共領域作對才能夠一展才華。

調性獨具一格，凡事都實事求是，一絲不苟，簡直到了一種誇張、迂腐的地步，因此也造成了不少誤解。萊辛之所以偉大，在於他無論是批評或讚揚，對人或對事，從來不容許所謂的「客觀」凌駕一切，而是要看清楚人或事在社會中所處的位置，以及他們與整個社會之間的真實關係。這種態度顯然不合日耳曼人的口味，就跟其他的地方一樣，這種批判的真本質，德國人照樣是不甚了了。公正跟客觀是沒有什麼太大的關係的，就當時的德國來說，顯然還很難理解。

萊辛從來沒有跟他所生活的那個社會和平相處過。他喜歡「挑戰偏見」，喜歡「對那些宮廷奴才實話實說」，雖然因此付出了高昂的代價，他卻不改其樂。講到「苦中有樂」，他曾經這樣自解，說「所有的情緒，即使是最苦的，其中都包含著樂」，因為「它們讓我們……更能夠意識到自己的存在，讓我們更加感覺到自身的真實」。這一段話不禁令人想起希臘人的情緒理論。以生氣為例，希臘人就將之歸為苦中有樂的情緒，碰到不好的事情時，儘管害怕，其中卻也意識到希望。這種認知可以說跟萊辛的如出一轍，是著眼於現實的落差，亦即不只是看到情緒影響心靈的力量，也看到了情緒籠罩下的整個現實。希望，是要跳過現實，害怕，則是對現實的退縮。至於生氣，特別是萊辛的那種怒，正如他在《敏娜．馮．巴恩赫姆》

（*Minna von Barnhelm*，譯註：萊辛的五幕悲喜劇）中的那種笑，是要把世界攤開來，是跟這個世界講和。這種笑是要讓人在這個世界中找到一個自己的位置，但絕非意味著要將自己的靈魂出賣給它。所有的喜樂，基本上都是人對現實的高度覺察，是敞開的情緒對這個世界的噴湧，是對它的依戀。縱使明知人會遭到這個世界的毀滅，「苦中有樂」依然。

萊辛之面對這個世界，總是亦笑亦怒，而且都是笑怒由心。他之評斷藝術作品，並非就藝術作品的「本身」著眼，而且往往跳出藝術作品對社會的影響。在他的立論當中，無論是採取攻勢或守勢，一律以公眾對事情的評判為取向，完全不考慮其對錯的問題。他說，「眾皆鳴鼓而攻之，我卻不為所動」，這種態度不僅要有勇者之風，而且在面對輿論振振有詞、只看到最壞的一面時，他仍然是出之以本能，去思考事情相對正確的一面。因此，即使是在有關基督宗教的論辯上，他也沒有一成不變的立場。相反地，他曾經相當有自信地說，「別人越是強有力地向我們證明基督宗教」，他就越是本能地對它有所質疑，而當「別人越是趾高氣揚地將它踩在腳底下」，他則本能地打從心底去維護它。這也就是說，在一個人人都為基督宗教的「真理」而爭論不休的地方，他主要要捍衛的卻是基督宗教在這個社會中的位置，此一時，是怕它再度凌駕了一切，彼一時，則是擔心它徹底消失。目睹當時的開明神學，萊辛早就有了先見之明，他說：「一心要將我們變成理性的基督徒，結果只會將我們變成極端不理性的哲學家。」這樣的洞見不僅是湧自熱愛理性的堅持，萊辛所關切的，最主要的更是要保持整個論辯的自由。對於這種自由，那些「要用證據強迫別人相信」的人所造成的危害，遠大於那些視信仰為天賜至福的人。但是，這中間還有另一層的關切在，在他看來，無論宗教或哲學，各有自己的空間，正因為各有「區隔……才能各行其是，不至於彼此妨礙」。

依萊辛的看法，批判永遠都要以社會為依歸，任何時候對任何事情的理解與判斷，都應該站在社會的立場。唯有保持這種心態，才不至於只堅持一種世界觀，死守著一個角度，無法更深入地去體驗這個世界。要養成這種心態，我們還真需要萊辛的教導，而我們之所以難以達到這種境界，絕不是我們對十八世紀的人本觀念沒有信心。真正的始作俑者並不是十八世紀，而是卡在我們與萊辛中間的十九世紀。儘管我們真正在乎的是自由思想，根本不需要歷史與僵化的教條當作枴杖，也不願意接受權威的控制，十九世紀所執迷的歷史與意識形態，至今卻仍然在我們這個時代的政治思想中陰魂不散。無疑地，我們都心知肚明，思想所要求的不只是識見而已，還有更重要的，那就是勇氣。最令我們驚訝的是，萊辛之堅持一切以社會為依歸，竟然可以如此之徹底，甚至不惜為此犧牲一貫奉行的公理，以及我們每個人無論說或寫都會自我要求的一致性。他曾經這樣說過：「我沒有義務解決自己所製造的困難，我的想法有可能前後不一貫，甚至看起來彼此矛盾，但是，在那些理念中，只要讀者能夠找到一些足以激發他們為自己設想的東西，那也就足夠了。」他既不願意別人勉強他，也不願意去勉強別人，不論所用的是強制力或是證據。任何企圖支配別人想法的人，無論是出之以說理、詭辯或滔滔雄辯，他一律視之為專斷，對自由所造成的危害更勝過於教條。最重要的是，他絕不勉強自己，絕不用一套前後一貫的體系將自己在歷史中的定位固定，而是將自己散到這個世界中，因為他深深體認到：「思想酵母之外，別無他物。」

因此，萊辛有名的「獨立地為自己而思想」，絕非採取一種封閉自足的行動，

• 思想所要求的不只是識見而已，還有更重要的，那就是勇氣。

有計畫地培養自己，在世界上尋找最有利的發展環境，想方竭慮，務期能與社會和諧相處。萊辛認為，思想並非為每個人而發，所要展現的也不是自我。個人——在萊辛的心目中，乃是行動的產物，而非思想的產物——一個人之所以會獨立地為自己而思想，在於他在思想中發現了另一種可以讓自己在這個世界上自由活動的形式。說到「自由」這個詞時，我們心中所想到的，可能是各種形式的不受拘束，但其中卻以活動的自由最為根本，也是最重要的。想去哪裡就去哪裡，乃是自由最基本的象徵，因此，自有歷史以來，奴役的先決條件就是限制活動的自由。活動的自由也是行動不可或缺的條件，唯有在行動中，人在這個世界上才算真正經驗到了自由。所謂的公共空間，包括人在其中的行動以及由事件與敘述所構成的歷史；當人的公共空間遭到了剝奪，他就會退縮到自己的思想裡面去。當然，這是一種非常古老的經驗了，至於萊辛，看來也曾身不由己地經驗過這種退縮。奴役造成退縮，使人轉而去追求思想上的自由，談到這一點，很自然地就會讓人聯想到斯多噶學派（Stoic，譯註：古希臘哲學家季諾所創之學派，認為人的情緒受外在物質豐匱的影響，故主張禁慾主義，並追求無樂無悲的境界）所走的路子，因為那正是歷史上最為典型的例子。但話又說回來，在一般的認知中，退出行動進入到思想中，逃離現世躲入到自我的天地裡，這樣的自我乃是自足的，足以維持其自主性並獨立於外在的世界，在這一點上，禁慾主義未必能夠完全做到，至於說到萊辛，那就更不是這麼回事了。萊辛雖然退縮到思想裡面，卻絕不是躲入自己的自我，就他來說，在行動與思想之間存在著一條秘密通道（我相信他確實是如此，只不過無法舉出他的話來加以證明罷了），這條通道的存在，說明行動與思想都是一種活動形式，活動的自由才是二者的基礎。

萊辛可能從不認為行動可以被思想所取代，也從不認為思想的自由可以取代行動本身的自由。他非常了解，當時他是生活在「歐洲最奴化的國家」，儘管可以像許多白癡一樣隨心所欲地「公開反對宗教」，卻不可能發出「要求主權的聲音……反對剝削與專制」，換句話說，根本無法採取行動。他的「自我設想」與行動之間的秘密關係，也從未要求他的思想要有一個結果。事實上，他從來也不曾要求過什麼結果，未嘗提出過任何解決方案；對於問題，他只是為思想而思想而已。他思考問題並不是要尋求真理，因為，每個真理既然都是思想進程的結果，真理終究會結束掉思想的活動。萊辛散入這個世界的思想酵母，並不是要傳播什麼結論，而是要刺激別人去做獨立的思考，除了促成思想者之間的討論外，別無其他目的。萊辛的思想不是（柏拉圖式的）我與自我之間的無聲對話，而是思想者之間可以預期的討論，而其最引人爭論的地方也在此。但是，就算他成功地促成了自己與其他獨立思想者之間的對話，並因此得使自己免於陷入孤絕的癱瘓之中，卻也從未因此相信一切問題都能迎刃而解。因為，出問題的是這個世界，任何對話與獨立思考之所以無能為力，是因為這個世界無非是人與人之間所發生的事情，是每個人生來就要面對的問題，也只有在這些事情裡面才看得見、聽得到。在將我們與萊辛分隔開來的兩百年當中，事情的變化極大，但並沒有因此變得更好。「千古的真理支柱」（以他的意思為準）當年已經搖搖欲墜，如今更是整個崩塌，根本用不著批判學派與智者再去撼動它們，我們所能做的，只是站在廢墟當中好好地檢視這些柱子的殘骸而已。

就某種意義來說，這種情形可能反倒是一種優點，可以促成一種新的想法，不再需要什麼支柱之類的東西，也不再需要什麼標準或傳統，大可以丟掉枴杖，自由自在地漫遊於這一片陌生之地。但是，以這個世界的現況來說，要享受這種優點還真不容易。因為長久以來，真理的支柱就一直是公共秩序的支柱，而這個世界（相對於住居其中並自由行動於其中的人民）為了要保證本身的延續與持久，還是少不了這種支柱，要是缺少了它們，也就無法為芸芸眾生提供一個既安全又可靠的家了。無疑地，人性已經失去了其固有的活力，嚴重到連思想都放棄的程度，只得將自己的信心當作銅幣，全都交付給舊的真理或新的典範，以補足人生的差額。但是，對人來說即便可以如此，對這個世界來說卻又未必。當這個世界不由自主地陷入一種難以永續的狀態時，它也就變得越來越缺乏人本精神，對人類活下去所需要的需求也就越趨於不利。正因為如此，自法國革命的重創以來，人民不得不一再重建那些傾圮的支柱，先是眼睜睜地看著它們動搖，又看著它們倒塌。最令人觸目驚心的巧詐已經取代了「千古的真理」，而這些主義的錯誤既看不到任何的改善，也無法為舊的真理建立新的支柱。在公共的領域裡，所謂重建並不是要建立新的基礎，充其量也只不過是應急的抱佛腳，所謂革新的基礎行動，不可避免地走上了失敗的命運；同樣不可避免的是，在這樣一種環境當中，特別是經過了那麼長久的時間，人民對這個世界與公共領域的不信任也不斷地在增長。一再重建的公共秩序支柱總是搖搖欲墜，每次崩塌之後更顯得不堪一擊，如此一來，公共秩序只好回歸到人民心目中不證自明的「千古真理」，儘管私底下幾乎已經沒有人再相信它們了。

II

歷史上的黑暗時代不在少數，它們的公共領域總是一片模糊，社會則是一片混沌，以致少有人會去過問公共事務，眾所關心的，無非是切身的利益，但求獨善其身。活在這樣的時代並受其形塑的人，對社會與公共領域大多不具好感，儘可能敬而遠之，甚至乾脆視而不見，拋諸腦後——彷彿這個世界只是一個讓人可以躲在它背後的表象——但求這個介於他們中間的中介空間最好不要介入他們彼此之間的了解。在這樣的時代裡，如果沒有意外，常會出現一種極為特別的人本觀念。要了解這種情形，不妨去看看《智者拿丹》（*Nathan the Wise*，譯註：萊辛早期的詩劇作品，強調宗教的寬容），在整部戲裡，無所不在的主題正是：「能夠生而為人也就夠了」，而有如主旋律般貫穿其間，與之相呼應的訴求則是：「做我的朋友吧」。同樣地，我們也可以在《魔笛》（*The Magic Flute*，譯註：莫扎特歌劇作品，劇作家為 Emanuel Schikaneder）中看到同一類的人本精神。絕不像我們所熟悉的十八世紀人本理論，突顯的只是基本的人本觀念，根植於其上的卻是國族、民族、種族與宗教的分歧和人類的分裂；這種人本精神則是比較完整的、充實的。如果真有這種人本精神存在，那麼自然會有一種現象，要求行為應該符合「人之所以為人」，並主張人與自然的行為是一體的、同一的。十八世紀時，提倡這種人本觀念最不遺餘力、影響也最大的莫過於盧梭，對他來說，全人類共有的人本特質並非表現於理性而在於惻隱之心，亦即他所說的：不忍見同類受苦之心。在這方面，萊辛所見亦同，他曾說，最優秀的人就是最富有同情心的人。但萊辛卻擔心同情心的一視同仁，亦即他所強調的，對壞人也「心懷同樣的惻隱」。但對盧梭來說，這卻不是問題；在以他的理想為依歸的法國革命精神中，他就看到了「博愛」這種人本的極致。萊辛卻別有所見，在他的心目中，友善——有選擇性的、有別於一視同仁的同情——才是人本真正的體現。

在談萊辛的友善觀念及其與公共事務相關的問題之前，我們必須先花上一點點時間，了解一下十八世紀對博愛的認知。對於博愛，萊辛也頗用過心思，他所說的「人道情懷」，指的就是以手足之情待人，縱使這個人是來自一個以恨為出發點，並以「非人」方式對待別人的世界。總之，我們的用意是要強調，在黑暗時代，這種以兄弟之情來彰顯人本的情形乃最為常見。當時代變得極端的黑暗，某些群體甚至因此無處可以容身時，其所想所行全都是退縮的，是自外於這個世界的，這時候，這種人本精神也就會自然流露。從歷史上來看，人本精神中的博愛情懷，每每出現在受迫害與受奴役的族群中；在十八世紀的歐洲，當時的猶太人，在文化圈裡還算是新人，在他們中間就不難發現這種相濡以沫的情懷。這種情懷也是邊緣族群特有的本事。也正是憑藉著這種本事，社會的邊緣族群總能夠克服一切；但是，所要付出的代價也極其高昂，隨之而來的，常是社會地位的徹底喪失，以及與社會對應的所有管道全面萎縮——在這個我們與他人共有的社會中，先是從我們賴以自我定位的常識開始，繼之以我們賴以認同這個社會的審美與品味——在極端的情況中，這種邊緣化往往長達好幾個世紀，我們大可稱之為無世界狀態（worldlessness），而無世界狀態無以名之，只能說它是野蠻狀態了。

彷彿人性的有機演化，處於受迫害的壓力之下，受迫害者彼此緊緊相依相靠，我們所說的那個社會中介空間便隨之消失（迫害未發生前，也正是這個中介空間使他們彼此分開），並因而在人際關係中產生一種溫情；對於這種有如物理現象的溫情，凡是接觸過這類族群的人，無不印象深刻。說它有如物理現象，我當然不是在貶抑受迫害者的這種溫情；事實上，它一旦成形之後，就會發展出一種純然的良善，那是人類無法在其他情況下培養出來的。這種溫情同時也是生命力的來源，是一種只要能夠活著便自然流露的喜樂，也就是說，對世俗所說的那種受侮辱者與受傷害者而言，生命之於他們，就是完完全全地活在其中。但是，講到這裡，我們切不可忘記，在那樣的環境之下，之所以能夠形成那樣的魔力與熱望，實在是因為這個世界的邊緣人仍然熱愛著這個世界，才能夠擁有那種甘之如飴的本事。

法國革命在博愛之外又加上了自由與平等，後二者在人類的公共領域中一直都是主要的項目，但是，在受壓迫者與受迫害者和受剝削者與受侮辱者中，亦即十八世紀所謂的「不幸者」和十九世紀的「悲慘者」中，博愛卻有著它固有的地位。萊辛與盧梭的同情（雖然內容頗有不同），在發現並肯定人性的普世一致上，以及首度在羅伯斯比爾（Robespierre，譯註：法國大革命領導人之一，1758-1794）革命中成為中心的訴求上，都扮演了重要的角色。從此以後，惻隱之心也就成為歐洲革命史上不可分割與顛撲不破的一部分。時至今日，惻隱之心更被視為是純乎自然的悲憫，每個人只要看到有人受苦，儘管與自己非親非故，都會油然而生同情；因此，這種情懷大可以拿來當作一個理想的基礎，擴展到全人類，建立一個天下一家的社會。十八世紀的人本主義者正是要透過革命的手段，企圖用惻隱之心將不幸者與悲慘者結合起來，亦即滙成一股以兄弟之情貫穿其間的力量；但是，很快地卻發現，這種人本主義的精華全在於社會邊緣人才擁有的那種特質，根本無法向外擴散，也是非邊緣人無法輕易擁有的。光是惻隱之心或不忍人之心顯然是不夠的。現代革命高舉同情弱勢的大旗，企圖改善不幸者的命運，而不是去建立一個放諸四海而皆準的正義，因此而造成的傷害，在這裡我們就不談了；但是，為了多少了解我們自己與現代人的想法，有必要稍微回顧一下古代世界，看看在公共事務上涉足比我們深的古人，他們是如何看待惻隱之心與人本精神的。

無論今古，至少有一點是一致的，亦即都認為惻隱之心是純乎自然的，跟恐懼一樣，是人皆有之的。也正因為如此，現代人對同情心給予極高的評價，而古人的態度卻大不相同，也就不免令人感到詫異了。古人深知同情之心乃屬人的本性，跟恐懼一樣，若非刻意地予以排除，我們是無法抗拒的；因此，在他們的心目中，最富有同情心的人還不夠資格被稱為最優秀的人，反倒是最令人敬畏的人才足以當之。同情與害怕這兩種心性的傾向都是十足被動的，不可能具有行動力；亞里斯多德將同情與恐懼放在一起討論，理由即在於此。然而，這樣一來有可能將事情整個弄擰，不是將同情貶成了恐懼——好像別人受苦也會使我們自己感到恐懼似的——要不就是根本不敢去同情別人——好像在恐懼中我們就只能同情自己似的。更令人驚訝的是，在西塞羅（譯註：Marcus Tullius Cicero，羅馬哲學家，106-43 BC）的《托斯卡拉論爭》（*Tusculanae Disputationes* III 21）中，斯多噶學派居然將同情與嫉妒等量齊觀：「為別人的不幸而心有戚戚的人，對別人的幸運也會心有戚戚。」西塞羅自己對此也有類似的想法，在《托斯卡拉論爭》（IV 56）中他就說：「有能力的話就伸出援手，何必要可憐人家？難道不出於同情，我們就不能施予援手嗎？」換句話說，難道人類竟是如此吝嗇，非要看到別人受苦，受到自己感同身受的驅策，才會去採取人道的行動？

評斷這些心性的傾向時，我們很難不觸及無私的問題，或者更進一步說，對別人慷慨大度的問題，事實上，就「人本精神」一詞的終極意義來說，這才是它的先決條件。很明顯地，分享喜悅當然是好過於分擔痛苦。令人高興的事通常都是好的話題，而悲傷則否。在與他人的對話中，對方整個人與他所說的話都洋溢著歡喜，聊起來就絕對不同於一般的談話或討論事情。我們可以說，這是因為談話的調性是愉悅的。擋在這種歡喜前面的則是嫉妒，而說到人本，這種見不得別人好的心態乃是更等而下之的。但是，同情的對立面並不是嫉妒而是殘忍；殘忍之為一種心性的傾向，與同情可說是如出一轍，只不過它是一種變態，是喜樂中自然會有痛苦的一種感受。問題是，樂與苦都說不出口，儘管可能發出聲音，卻無法形諸言語，更不用說去跟別人說了。

以上所講的，不過是換一種說法來說明一個現象，亦即對於那些不屬於受侮辱者與受傷害者的人來說，天下一家的人本主義並不真能夠打動他們，就算他們贊同這種理念，頂多也只是出於同情而已。對於這個世界上不同地位的人，邊緣族群的溫情根本缺乏感染力，遑論給他們加上一份社會責任，至於邊緣族群甘之如飴的那種悲苦，他們當然更是無從體會了。但可以確定的是，在「黑暗時代」中，溫情乃是一種光明的替代品，對那些不恥於社會現狀，寧願躲在暗無天日中求個心安理得的人來說，自有其另類的魅力。躲在沒有能見度的混沌之中，大可以置之不理那個清晰可見的世界，只要靠著一群緊緊靠在一起的人，溫情與博愛就能夠補償那個非常態的現實，儘管所到之處的人際關係都是一種無世界狀態，同那個全體人類所共有的世界一點關係都沒有。在這種無世界狀態與非常態的現實中，很容易得到一個結論，亦即全體人類所共有的成分並不是這個世界，而是某種「人的特質」。至於這種「人的特質」是什麼，那就因人而異了；有人說理性是人類共有的特質，有人卻說，某一種情感，例如惻隱之心，才是人類皆有的。但是，真正的問題並不在此。十八世紀的理性主義與情感主義（譯註：情感主義〔sentimentalism〕，盛行於十八世紀的理論，主張所有關於這個世界的信念都決定於情感）就只不過是一體的兩面，兩者同樣都會引發極大的激情，讓個別的人產生人類本是一家的感覺。但無論怎麼說，侷限在一個沒有能見度的混沌領域中，也就跟那個清晰可見的共同世界斷絕了關係，理性與情感也都只是心理上的替代品而已。

由此可見，這種「人的特質」及其隨之而來的博愛情懷，只有在「黑暗時代」才得以彰顯，也正因如此，在這個世界上它是無法得到普遍認同的。更重要的是，如果是在一個能見度高的光明環境中，他們則會像鬼魅般地消失於無形。這種受侮辱者與受傷害者的人本精神往往倏忽即過，但並不意味著它沒有影響力，事實上剛好相反，它反而使得侮辱與傷害持續不斷，倒是在公共領域上，它的作用還真的不大。

III

身在「黑暗時代」，對這個世界應該抱持什麼樣的態度及其相關的問題，屬於我這一代以及我這一類的人應該都不陌生。我們若要能夠獲得榮譽，就必須能夠與這個世界保持和諧的關係，但在今天這個時代的世界現狀中，要做到這一點還真不容易，甚至可以說是相當困難的。榮譽並非我們天賦的權利，就算這個世界誠心要給我們一個獎，那也要我們能夠敞開心胸相信它的誠意，才會去欣然地接受。在我們這些人當中，不乏又是講又是寫的，一頭栽進公共領域，一無所獲的卻大有人在，以至於根本不再期望受到公眾認可的印記，到頭來，即使還有心要講些東西，對象頂多也只是自己的朋友，或是散在四處的陌生讀者與聽眾，很難引得起共鳴不說，遑論會有海內存知己的感覺了。我擔心的是，他們之所以努力，並不是因為自己對這個世界應該負起一份責任，而是在一個沒有人情日趨淡薄的世界裡，只求能夠保留一丁點的人情味，同時盡一己之力抗拒這個無世界狀態的非常態現實，總之，無非是每個人都獨立地為自己而思想罷了，至於面對那個脫序混亂的社會怪獸以及它的不公不義，能夠勇於與之對抗的，大概也就寥寥可數了。

由於我早已經預見，只要一提到人本精神的問題，就很容易引發某種誤解，因此，我絕不諱言自己身為猶太團體成員早年遭到德國放逐的經驗。面對「你是誰」的問題時，多年以來我的回答都是：一個猶太人。這個答案，本身就讓人聯想到迫害。就像智者拿丹碰到元帥時所講的話（當然，未必完全一樣）：「別靠過來，猶太人。」——意思是：我可是一個人——我始終認為那沒有別的意思，只是一種對現實的逃避而已，既荒謬又危險。

另外還有一種誤解，讓我在這裡很快地說明一下。當我用「猶太人」這個字眼時，並不是要特指某一類的人，更不是要將它看成是人類命運的代表或樣板（納粹統治末期爆發反閃族運動，消滅猶太人的種族主義計畫全面展開，那可就另當別論了。因為它的確是極權主義的核心部分。可以確定的是，納粹運動一開始就有極權主義的傾向，但早期的「第三帝國」還說不上。我這裡所謂的「早期」，指的是一九三三到一九三八年那最初的幾年）。在說「一個猶太人」時，我指的甚至不是受壓迫或遭到歷史滅絕的狀態，我所體認到的，只是一個公共領域中的事實，置身其中，我之身為這個族群的一員重於任何其他的個人認同，這也是使我之所以寧願將其他認同擺在一邊，寧可不要其他任何名分的原因。事到如今，這種態度看起來不免有故作姿態之嫌，因此難怪有人會說，那些仍然具有這種心態的人根本就還沒有走出「人本」學派，一直陷在希特勒所設的陷阱中，始終不自覺地屈服於希特勒主義。遺憾的是，在受屈辱與受傷害的時代中，有一個原本相當單純但特別難以理解的原則卻也遭到了質疑，這個原則就是：只要是認同遭到了攻擊，人就可以加以抗拒。一個人如果拒絕一個懷有敵意的世界認同，往往會覺得自己是優於這個世界的，但是，他的這種優越感卻也不再是屬於這個現實的世界，或多或少都只是一種防衛性的病態幻想罷了。

我這樣率直地透露自己這種不足為外人道的背景，某些對猶太人的命運僅限於耳聞的人或許會覺得，我所講的都只是從學校裡聽來的，而那所學校他們既沒有上過，所教的課程也不是他們所關心的。但是，凡是曾經身歷其境的人都知道，當時的德國的確有一種所謂的「內部移民」（inner emigration）現象，其間所存在的某些問題與矛盾，與其說是結構性的，不如說跟我前面所提到的那些問題更有關係。光是看名稱，就可以知道「內部移民」的現象有多矛盾，一方面它表示，有一些人雖然生活在德國境內，卻不覺得自己屬於這個國家，彷彿只是外來的移民；另一方面它則暗示，他們並不是外來的移民，但卻退縮到自己的世界中去了，縮進了一個思想與感情都沒有能見度的狀態。退出社會，縮進到一個內心的世界，這種形式的放逐如果你認為只存在於德國，那就錯了；同樣地，如果你認為這種移民隨著第三帝國的滅亡已經結束，那也錯了。事實上，在那個最黑暗的時代裡，面對著看似朝不保夕的現實，無論是在德國國內或國外，想要逃離社會與公共空間的意念都極為強烈，要不然就是乾脆將那個世界拋諸腦後，沉湎於一個「理想世界」或一個曾經存在過的世界中。

在德國，曾經有一種相當普遍的傾向，彷彿一九三三年到一九四五年那段時期根本不曾存在過，有關這一部分的德國、歐洲乃至世界，彷彿也可以從歷史教科書中刪除，又彷彿非得忘記過去「負面的」一面，將恐怖還諸天地，日子才能過得下去。有關這種現象的文獻可說是汗牛充棟——《安妮日記》（*The Diary of Anne Frank*，譯註：安妮為一猶太少女，納粹統治期間，與家人藏匿兩年，期間以日記記下當時的恐怖與生活細節）之狂捲世界，就可以證明這種傾向並不僅限於德國。每個德國小學生都口耳相傳的事，居然不准年輕人去了解，其怪異不僅令人不解，因此而產生困惑當然也在所難免。像這種無法面對過去的情形，很可能就是直接拜內部移民之賜，而且影響的範圍顯然相當廣泛，當然，更為直接的衝擊則是來自希特勒的統治——納粹有組織的犯罪將德國境內所有的人都捲了進去，死忠的黨員與若即若離的追隨者固然有份，連內部放逐者也脫不了干係，大戰之後，同盟國不分青紅皂白一律歸之為集體犯罪，也正是這種罪惡感，使得德國人一談到過去就陷入了外人難以理解的難堪。

談到理性面對過去之困難，或許還是那句老話說得最好，過去還未「馴服」，而有識之士也都相信，首要之務就是去「馴服」過去。但是，過去豈是那樣容易擺平的，希特勒德國的那段過去尤其棘手，我們所能做的，頂多也只是正確地去認識過去，接受事實，靜待後世的理解與包容。

談到這一點，倒是有一個現成的好例子。第一次世界大戰之後，我們就曾經有過「馴服過去」的經驗。當時，不僅是在德國，也包括所有受到波及的國家，以各種不同的方式與角度，有大量的文獻描述那一場戰爭，花了將近三十年的時間，才終於使得內情水落石出，讓人忍不住驚嘆：啊，事情原來是這樣的。就拿威廉・福克納（William Faulkner）的《寓言》（*A Fable*，譯註：以第一次世界大戰為背景，福克納自認為是自己的最佳作品）來說，這部小說著墨不多，說理尤少，更無所謂的「馴服」什麼，其結局就只是眼淚，引得讀者也為之泣下，除此之外就是那種「悲劇效果」或「苦中有樂」，崩潰的感情一發不可收拾，讓人去接受一個事實：像這樣一場戰爭，根本就是冥冥中注定了的。我之特別提到悲劇，是因為悲劇比其他的文學形式更能表現認知的過程。悲劇英雄之所以突出，在於他所受之苦無非一再重蹈覆轍所致，在這種「業報」中，亦即過去之苦的再度承受中，個人的一切作為都與一個事件、一個整體合而為一了。悲劇的戲劇性高潮發生時，也正是主角變成受苦者之時；當此之際，一切開始逆轉，真相也為之大白。但是，即使最後的結局並不是悲劇性的，那也是因為在再度受苦時能夠記取教訓，知所反省，而之所以能夠如此，則有賴於喚醒我們的尊嚴與悲憤，去推動自己改弦易轍，但那卻不是一蹴可幾的。然而，我們還是可以跟過去和解，也就是說，因回憶而生出痛改前非的悔意，誠如歌德所說（《浮士德》獻辭）：

當痛苦再度升起，乃後悔重蹈
生命迷宮的歧途。

後悔重蹈覆轍有其悲劇性的效果，影響所及，可以決定一切的行動，建立其本身的基調及其在歷史中不可動搖的地位。相對於行動的其他要素——特別是原始目標、內在動機與指導原則，這些都可以在行動的過程中一覽無遺——但是，行動的意義卻只有在行動結束後，成為可以形諸文字的故事時才會顯露出來。

就算「馴服」過去是可能的，那也有待於將事件的來龍去脈敘述出來。但是，敘述雖然形成了歷史，卻無助於解決問題與減輕痛苦；任何「馴服」都不可能畢其功於一役。重要的是，事件的意義要能夠保持鮮活——能夠長時間地維持——「過去的馴服」也才能夠行之久遠。將過程形諸於文字並讓我們置身其中的，一般來說都是詩人，特別是歷史家，至於我們自己，絕大部分既非詩人也非史家，就只能從自己的生活經驗中去了解此一過程的本質，在我們對自己或對別人敘述生命中重大的事件時，只能從回憶中去觀照一切；因此，我們隨時都應該秉持寫「詩」的態度，視之為一種人的潛能，以期隨時可以在人間噴湧而出。只要能夠做到這一點，縱談往事就能恍然如在眼前，成為一個架構嚴整的敘事體，為這個世界再添一筆資產。經過詩人與史家的具象化，歷史敘事乃能在這個世界上成就其青史的地位，並活在我們的心中。所有這些成為青史的故事均有其不可分割的意義，我們自己的經歷雖然不成其為詩，但卻可以從歷史中得到啟發。任何學問、道理或格言，不論多麼高深，較諸敘事得體的歷史，其力道之強與意蘊之深都是不可相提並論的。

我似乎有點離題了。回到我們所要討論的問題：即使是在一個非人的世界，人本精神如果不至於淪為一個空洞的口號或幽靈，對於現實我們又該保持什麼樣的態度呢？或者換個方式來說，即使我們遭到了這個世界的放逐，退出了這個世界，我們對它是否還負有某種程度的責任？「內部移民」也好，遁世也好，隱姓埋名也罷（問題是要確實能夠做到，而不是像一般人以此為藉口，為的只是要給自己留個空間，求其心安而已），我絕不認為那種態度是不對的，事實上，在許多情況下，那甚至是唯一可以走的一條路。在一個自己對世界已經無能為力的黑暗時代，只要不是故意無視於現實，而是明知其無可作為，那麼，遁世毋寧是正當的。一個人一旦選擇了這一條路，日子照樣可以過得很實在，不致毫無意義，儘管無力感依然揮之不去。真正重要的是，對他們來說，現實的真相並不是出於他們的一己之見，更不是出於一己之私，而確實是他們所要逃離的那個世界的本質。他們心裡念茲在茲的是，自己別無選擇，只能一直逃下去，他們之所以逃避，是要將這個世界的真相暴露出來。也正是用這種方式，從迫害中，逃避主義真正的力量乃噴湧而出，而隨著迫害與危險的增加，逃離者的力量也跟著增長。

在此同時，我們也不可忽略了一個事實：這樣的一種存在現象儘管在理論上可以成立，說到它在公共領域裡的份量卻是有限的。之所以說它是有限的，基本上是因為實力與權力根本就是兩碼子事。權力只有合眾人之力才會產生，與每個人個別的實力增長並無關係。實力再怎麼強也不能取代權力；實力跟權力對抗，永遠都只有低頭的份。一旦退出了這個世界，就算你有足夠的實力逃避、抗拒，對那個你避之唯恐不及的現實卻於事無補——這就好像一個自命清高的人不屑去跟這樣的一個社會去糾纏，要不然就是他根本招架不了當時大環境的全盤「惡化」，只好龜縮了起來。舉個例子來說好了，納粹黨人唸經式的連篇蠢話，任誰都想充耳不聞，但是，不論這種想法有多麼強烈，最後甚至躲進自己的心理庇護所裡面去，一旦完全不問世事，其結果就是連做人的那點人情味都喪失了。

從這個角度來看，在第三帝國的那種環境當中，一個德國人和一個猶太人要交朋友，居然還要說：我們不都是人嗎？那簡直是一點人情味都沒有了，只不過是在逃避他們共同擁有的那個現實，而不敢去對抗那個社會。法律禁止猶太人與德國人聯姻，大可故作不見，但在現實中明明存在著那種區隔，卻不去正視它，那就是姑息；既要保住那一點人情味，就不能脫離那塊實實在在的土地。若在迫害現實中仍能保有那一點人情味，他們就一定會對彼此說：一個德國人，一個猶太人，也是朋友。但在當時的情境下（當然，今天已經事過境遷），若要真有那樣的友誼，並維持其純度，其中的一方定然不會有那種不當的罪惡感，另一方也定然沒有不當的優越感或自卑感，唯其如此，在一個變得非人的世界裡，才得以成就那一點人情味。

Ⅳ

我之所以舉友誼的例子，是因為對我來說，它跟人本精神的問題牽涉頗多，可以讓我們重新回到有關萊辛的討論上去。眾所周知，在古人的心目中，朋友乃人生之不可或缺，沒有朋友的人生也就不成其為人生了。基於這種觀念，他們並不認為，朋友只有在困難的時候才成其必要；相反地，他們認為，有朋友可以分享歡喜才是真正的快樂與福氣。沒錯，「患難見真情」這句格言自有其道理，但話又說回來，在日常生活中，我們會主動傾吐並想到要與之分享快樂的人，豈不都是我們視為知己但卻未必是共患難過的人。

我們看待友誼，總認為朋友之間貴在能夠彼此敞開胸懷，不會因為世間種種的情況而受到干擾。提倡這種觀點最力的是盧梭而非萊辛。這種觀點也最符合現代人的基本態度，也就是說，當一個人跟這個世界疏離時，還能有一個可以體己的對象。公共事務與友誼之間的關係之所以難以理解，道理也在此。舉例來說，亞里斯多德在其作品中就說，「鄉誼」——公民之間的情誼——乃是一個城市福祉的基本要件；我們多半會認為，他所指的只不過是一城一市之內沒有派系、沒有內爭。其實不然。對希臘人來說，友誼的精髓在於開誠佈公地討論事情，唯有經常的交流意見，才能使一城一市的公民團結起來。在事情的討論中，友善態度之於公共事務的重要性，特別是那一點人味，才能夠突顯出來。這種對話（有異於個人傾吐私事的知己相談），固然會有朋友相聚一堂而產生的融洽，但其關注的卻是公共領域，所談的無非是公共事務，這中間若非談問題的是人，老實說還真的是「非人的」。這個世界之所以沒有人情味，正因為它是人一手造成的，而它之所以無法變得有人情味，則是因為只有它成為討論的對象時，才可以在其中聽得到人的聲音。總之，世事紛紜，對我們的影響、感動與刺激不論多麼巨大、多麼深刻，只有在我們能夠跟人類同胞討論時，對我們來說，其間才可以見到人情。不論什麼事，凡是無法成為討論對象的——至高無上的、恐怖至極的或不可思議的——雖然都可以透過人的聲音傳到這個世界，但絕對是非人的。任何事情，正在這個世界上、在我們自己身上發生的，只有在我們討論它時，我們才為它賦予了人情，而且也只有在討論的過程中，我們才能學會做人。

這種在討論中所形成的人情味，希臘人稱之為「人道情懷」，意思是「人類之愛」，因為它所彰顯的是隨時可以與別人分享的精神。與之相反的則是「憤世嫉俗」，意思是在他的心目中無人可以同他分享世界，在整個天地間、自然界乃至宇宙中，也沒有人夠資格與他同樂。希臘人的人道情懷到了羅馬人的人本精神，起了相當大的變化，論其中的因素，首推政治現實所衍生出來的特色。在羅馬，不同族裔與血緣的族群都可以取得羅馬公民身分，得以參與羅馬知識階層的討論，與他們平起平坐論事問政。由於這種背景，羅馬人的人本精神也異於現代人所謂的人本精神，後者所指的，通常只是一種教養而已。

人情味不同於濫情，前者是清醒而冷靜的。人本精神的特色不在於手足之情而在於友善；友善並不是親近的私人關係，而是在討論公共事務時應有的要求，也是對待這個世界時應有的態度——對我們而言，所有這些都顯得格外具有古風，正因

- **人本精神的特色不在於手足之情而在於友善；友善並不是親近的私人關係，而是在討論公共事務時應有的要求，也是對待這個世界時應有的態度。**

為如此，當我們在《智者拿丹》中發現類似的特色時，不免會感到困惑。這部戲劇雖然頗有現代感，但還不如說它是一部談友善的古典劇。最讓我們不解的是，在劇中，拿丹不僅對坦普勒（The Templar）說：「我們必須，必須是朋友。」事實上，對他所遇到的每一個人莫不如此；在萊辛而言，這種友善的重要性顯然高於愛情，甚至使他斷然中斷了劇中的愛情情節（一對戀人，坦普勒與拿丹的養女芮卡〔Recha〕，後來成為兄妹），將之轉變成另一種關係，其間所要求的是友情而非愛情。整部劇的最大張力出現於朋友情誼與人本精神之間為真理而引發的衝突。事情的演變或許怪異得令現代人大惑不解，但是，那也只不過是它又回到了古人的原則與衝突。總之，到了結局的時候，拿丹還是以犧牲真理保全友善展露了他的智慧。

對於真理，萊辛的看法大不同於正統。他拒絕接受任何真理，甚至那些所謂的神聖真理也不例外，而且他也從不願意受到真理的驅使，不論這個真理是別人給的還是他自己推論出來的。像柏拉圖那樣，還要在輿論與真理之間做抉擇，對萊辛來說那根本不是問題。用他的比喻來說，遺失了真理之戒（如果真有的話）反倒是好事；因為，如此一來，人們在討論這個世界上的公共事務時，輿論乃得以百花齊放、百鳥齊鳴。如果真有那樣一枚真理之戒，討論也就胎死腹中了。基於同樣的道理，萊辛寧取「非全能的諸神」，亦即他偶爾稱之為「人」的一族；他認為，為害人類社會的並非「那些拼命造雲的人，而是那些將雲散佈出去的人」，只有「那些想要用自己的枷鎖去套住別人想法的人，所造成的傷害才大」。這跟一般人所理解的包容又有所不同（事實上，萊辛本人就不是一個特別能包容的人），倒是跟一個人是否友善有著很大的關係，也就是說，應該對這個世界採取開放的態度，其終極則是對人類的真愛。

萊辛所講的「非全能的諸神」，意思是人類的知性是有限度的，此一限度是可以經由思辯理性予以指出並加以超越的，後來，這個課題則成為康德批判理論的主要目標。康德的立場容或與萊辛一致——事實上，兩人確實若符合節——但是，在一個關鍵點上，這兩位思想家卻有所區別。康德明白，對人類來說，並無所謂絕對真理，至少理論上是如此。他也一定會為了爭取人類的自由而犧牲掉真理；因為，我們一旦擁有了真理也就失去了自由。但是，他絕不會同意萊辛的立場；萊辛為了保住友善，保住人與人之間的對話空間，即使真的有所謂的真理，他也會毫不猶豫地予以割捨。康德的理由是，絕對的存在，亦即定言令式（categorical imperative，譯註：康德純粹實踐哲學中的普遍法則），乃是高於人的，在一切人類的事務中都是不可更動的，即使是基於人本精神，不論這個字眼所指涉的是什麼，定言令式都不容受到侵犯。對於無情與殘忍的問題，康德的倫理批判總是嗤之以鼻，不論其理論的價值如何，康德道德哲學之為非人本的，實屬不可否認。之所以如此，乃是因為他推定定言令式是絕對的，其絕對性也介入了人與人之間那個本質上是互動的領域，是與這個領域基本的相對關係有所衝突的。單一真理的概念如果成立，非人本也就不可避免，這在康德的著作中顯而易見，其關鍵在於他企圖用實踐理性（practical reason）去找出真理；正因為如此，他才不厭其煩地指出，人類的認知之所以是有限度的，在於人只能在行動中思考，偏偏人又不可能像神那樣地行動。

一直令哲學家頭痛不已的是，真理一旦講了出來，不旋踵就會遭到挑戰、翻版，淪落成為人云亦云，然而，這種至少自帕米尼德斯與柏拉圖以來就存在的現象，萊辛卻是樂在其中。萊辛之所以偉大，不僅是因為他眼光獨到，提出了人類不可能有單一真理的理論，更在於他為真理的並不存在感到高興，因為，只要人依舊只是人，人與人之間沒完沒了的討論就永遠不會終止。如果真有單一的絕對真理，那也就意味著一切相關的論辯都將宣告死亡；在用德文所展開的論辯中，這方面的始作俑者與大師無不擅長此道，而且永遠都是一面倒地斬釘截鐵，毫無轉圜的餘地。這也使得人本精神蕩然無存。

在《智者拿丹》裡面，衝突拉到了高點，結局卻不是悲劇，萊辛的這種表現手法，我們今天就很難理解；部分原因在於，凡是講到真理云云，我們大都會理所當然地出之以包容，儘管我們所持的理由與萊辛的理由絕對是兩碼子事。時至今日，至少像萊辛三枚戒指的比喻方式，或許有人還會偶爾加以援用——譬如卡夫卡，就有這樣不同凡響的句子：「說到真理，確實很難……因為，真理雖然只有一個，它卻是有生命的，因此也就有著一張活生生會變化的臉孔。」倒是萊辛以子之矛攻子之盾的公共事務觀點——亦即真理與人本精神之間可能存在的矛盾——時下卻沒有人再提起了。更重要的是，時至今日相信自己擁有真理的人可說是少之又少了，我們經常會碰到的，反而多是一些自以為正確的人。這中間的區別再明顯不過了。在萊辛的時代，有關真理的問題屬於哲學與宗教的領域，而今天有關正確的問題則是出自科學的範疇，是以科學為取向的思考模式來做決定。談到這一點，若問這種思考方式的改變對我們究竟是好是壞，恕我就無法回答了。但是，有一件事卻是顯而易見的，一項理論有哪些地方是科學的，一個人即使完全沒有能力加以判斷，但就跟十八世紀的人會被真理的問題吸引一樣，他也會被科學的正確性所吸引。而且很奇怪的是，現代人一旦發生了興趣，並不會因為科學家的態度而有所轉移，至於科學家，只要是真正出之以科學的態度，無不明白他們的「真理」絕非最後的結論，而是會隨著不斷的研究持續進行重大的修正。

擁有真理與追求正確儘管有所不同，這兩個觀點卻有一個共同點，亦即無論是取此還是取彼，他們都無意犧牲自己對人情或友善的立場以免引發衝突。他們當然明白，這樣做乃是違背了一個更高的義務，亦即「客觀」（objectivity）義務；正因如此，縱使有時候做了這樣的犧牲，他們並不覺得自己是出於良知的驅使，反而是因為恥於自己的溫情主義，並常為此懷有強烈的罪惡感。站在我們生活的這個年代，以及從許多支配我們想法的教條來看，萊辛的這種矛盾可以將它運用到那十二個年頭以及第三帝國統治的意識形態上，轉換成一種較為貼近我們的經驗。納粹的種族理論違反人的「本性」，原則上無法證明是對的，這一事實我們暫且不論（順便值得一提的是，這些「科學的」理論既非納粹所發明的，甚至不完全是德國人的發明），而是先假定，種族理論是可以被充分證明的。首先，我們不能否認的是，納粹從這些理論衍生出來並實際運用到政治上的結論，在邏輯上是完全說得通的。既然如此，假設有一個種族，經過確切的證據顯示，確實是屬於次等的，並因此將之滅族，這是否又是正當的呢？回答這個問題一點都不難；因為，自從基督宗教在古代大獲全勝以來，支配西方世界法律與道德思想的基本誡命就是「不可殺人」。但是，若將它換成一種既不受法律、道德限制又不受宗教支配的思想——萊辛的想法之不受束縛，譬如說「活生生會變化的」，就屬此類——問題就會變成這樣：任何理論，不論獲得了多麼充分的證明，就值得我們為它犧牲兩個人之間的應有的那一份友善嗎？

講到這裡，我們又回到了起點，也就是說，萊辛居然如此不重視「客觀」，以及他總是一貫地謹守自己的原則，但這些特質又與主觀毫不相干，因為他絕不站在自我的立場，而是凡事都從人與這個世界的關係去設想，從他們所處的位置與所持的觀點去看問題。我剛才提出來的問題，若要萊辛來回答，想必難不倒他。就算他對伊斯蘭教、猶太教、新教的本質並無深切的了解，也絕不會因此使他無法與一個虔誠的伊斯蘭教徒、猶太教徒或基督徒建立友善的關係並展開對話。任何理論原則上若會阻礙兩個人之間的友善，與萊辛那種不受束縛、不偏不倚的良知都是大相違背的。他必定是站在人的一邊，而對雙方陣營的對話，不論是有識的還是無知的，則都嗤之以鼻。這，就是萊辛的人本精神。

在一個政治上遭到奴化，其根基已經動搖的世界，這種人本精神乃會應運而生。萊辛也是生活在「黑暗時代」，因為走自己的路而遭到了時代黑暗之摧殘。我們已經看到了，在那樣的時代中，出於強烈的需求，人們緊緊靠在一塊，互以溫情相濡，取代原來只有公共領域才能夠投射出來的光亮與照明；但這也意味著他們寧可逃避爭論，儘可能地只跟那些不會同他們發生衝突的人打交道。對萊辛此種性格的人來說，在那樣的一個年代，在那樣一個拘束的世界，根本沒有什麼空間可言，人們因為彼此需要取暖而擠在一塊，因此也遠離了他。但是，儘管他的那種「予豈好辯哉」，他卻能打破一切的區隔，培養了一種兄弟般的高度緊密感，乃能不再忍受孤獨。他從不會因為跟別人辯論而反目，他唯一關心的，只是要透過討論這個世界上的種種事務，使這個世界回歸到人的本位。他要做眾人的朋友，但不是眾人的兄弟。

然而，在這個世界上，他跟別人爭辯、討論，並沒有能夠建立這種友誼，在當時德語世界那種一面倒的氛圍中，他更是白費心機。他之所以同情一個人，是因為他「身為一個人的價值高於他的才能」，他的份量「完全在於他是一個人」（施萊格爾語，Friedrich Schlegel，譯註：德國作家、評論家，於德國早期浪漫主義具有極大的影響力，1772-1829），在德國，這種觀念從未形成氣候，因為這種同理心只有在公共領域才會產生。對萊辛來說，自己乃是一個屬於公共領域的人，他堅決認為，只有在以人為本位的討論中，每個人都不是為自身眼前的利害講話，而是以他「對真理的認知」發言，真理才能夠存在。但是，若是退縮隱遁，這種發言便成為不可能；只有在一個有眾多聲音的場域，每個人說出自己的觀點，以自己「對真理的認知」互相結合或彼此分立，正是這種人與人之間的親疏並陳，才組成這個實實在在的世界。任何真理，不論是對人類有利或有害，一旦離開了這個場域，終究都不是人本的，之所以如此，不在於這種真理可能造成人的對立與分裂，相反地，乃是它可能導致一種可怕的結果，所有的人一轉眼間全都團結在一種言論之下，眾聲無息，一言定調，彷彿芸芸眾生就此消失，只剩下單一的一個人，一個標本，一個樣板，居住在這個地球上。果真如此的話，這個由各色人等之間的中介空間所組成的世界也就消失不見。基於這個理由，萊辛說出了最深刻的一句話，堪稱他所有作品中的壓卷名言：

對於真理的認知，讓每個人各言其志，
至於真理，就交給上帝吧！

註釋

①本文講於漢堡自由城市萊辛獎（Lessing Prize of the Free City of Hamburg）受獎典禮。

2

玫瑰的名字

羅莎・盧森堡 *Rosa Luxemburg, 1871-1919*

德國左派革命家。德國共產黨綱起草人。
德國馬克思主義政治家、社會哲學家及革命家。
德國共產黨的奠基人之一。

I

這一部英式風格的大部頭傳記，列入最佳的史書之林，絕對當之無愧。卷帙浩繁、考證詳實、註釋完備、旁徵博引，一般總是不少於兩大卷，對於所著墨的歷史時代，敘述之詳盡，筆下之鮮活，唯有最傑出的史著才可以相提並論。有別於其他體裁的傳記，在這樣的傳記中，歷史並不只是某位知名人物一生不可或缺的背景，而比較像是過去那個時代一道沒有顏色的光束，被動地通過一位大人物的那塊三稜鏡，經過折射後，完整呈現人生與世界結合所形成的光譜。正因為如此，這種體裁也就成為偉大政治家的典型傳記，但卻又不見得適合於其他人物，譬如說那些以人生故事取勝的人，又譬如藝術家、作家，以及那些通常因才華橫溢而與世界保持著某種距離的男男女女，這些人物的重要性主要在於他們的著作，在於他們為這個世界增華的藝品，而不在於他們在其中所扮演的角色。①

聶托（J. P. Nettl）選擇羅莎．盧森堡（Rosa Luxemburg）②的一生作傳，可以算是神來之筆，因為，以這種傳記體裁來說，一般似僅適用於世界上偉大的政治家與其他的某些人，羅莎．盧森堡顯然並非最佳人選。在這個領域裡面，她只是一個小角色。甚至在她所獻身的社會主義運動中，也只是一個邊緣人物，論立功，論立言，儘管輝煌亮眼，卻只是驚鴻一瞥，較諸與她同時代的人物——普列罕諾夫（Plekhanov，譯註：俄國社會主義運動家兼理論家，1856-1918）、托洛斯基（Trotsky，譯註：俄國革命家與共產主義理論家，協助列寧建立武裝力量，後遭史達林暗殺，1879-1940）與列寧，乃至巴博（Bebel，譯註：德國社會主義學家、作家，1840-1913）、考茨基（Kautsky，譯註：捷克社會主義理論家，1854-1938）、饒賀（Jaurès，譯註：法國社會主義運動領袖，1859-1914）與米勒杭（Millerand，譯註：法國社會主義者、國會議員，1859-1943）——她的影響力都可以說是瞠乎其後。照常理來說，寫傳記要想獲得成功，先決條件就是找一個成功的人物下筆。羅莎早年從波蘭離鄉背井投入德國社會民主黨，後來在既不出名又不光采的波蘭社會主義運動史中扮演要角，隨後的二十年左右，則成為德國左派運動中最受爭議也最不被了解的人物，像這樣一個女性，又是如何讓聶托靠著她成功的呢？那的確是一項成功——甚至在她的那個革命世界中，結果也是成功的——而羅莎．盧森堡卻無緣於此，生前如此，死時如此，死後亦然。她所有的努力都一事無成，難道就跟大家所公認的一樣，多少都跟革命在德國一敗塗地脫不了關係？如果我們透過這塊三稜鏡觀照她的一生與事業，歷史看起來是否會有所不同呢？

的確是有可能。據我所知，歐洲社會主義的關鍵時期，亦即從十九世紀的最後十年到一九一九年那要命的一天，還沒有哪一本書像這樣深入地談到過；也就是在那要命的一天，德國共產黨前身斯巴達克同盟（*Spartakusbund*）的兩位領袖，羅莎．盧森堡與萊布涅克特（Karl Liebknecht），在柏林遭到刺殺——當時掌權的社會黨當局眼睜睜地看著它發生，甚至不無共謀之嫌。殺手來自極端民族主義陣營，亦即非法組織自由軍團（*Freikorps*）的成員，也正是這個民間準軍事團體，不久之後就成為希特勒閃電部隊物色頂級殺手的來源。當時的政府實際上是掌握在自由軍團的手上，因為他們得到「諾斯克（Noske）的完全支持」，而身為社會黨的國防專家，當時正掌握軍權的諾斯克，最近才經佩伯斯特上尉（Captain Pabst）證實，正是在那次暗殺中唯一逃過一劫的人。就跟在其他方面一樣，波昂政府處理這件案子全無章法，根本應付不了威瑪共和益趨凶險的情勢，竟然公開放話說，多虧了自由軍團，一次世界大戰之後莫斯科才沒有將德國變成一個紅色帝國，萊布涅克特與盧森堡之遭到刺殺，乃是完全合法的「軍法處決」。③一般認為，威瑪共和此舉絕不止於故作姿態，因為，它從未承認自由軍團屬於政府部隊，也曾經「懲罰」暴徒，以「殺人未遂」判處士兵隆治（Runge）二年二週的徒刑（隆治在伊甸飯店〔Hotel Eden〕的通道中襲擊羅莎．盧森堡的頭部），另外佛吉爾（Vogel）少尉也被判處四個月的徒刑（盧森堡在車中頭部中槍，被拋入勞窩爾〔Landwehr〕運河時，佛吉爾是執勤軍官），罪名是「未能報告發現屍體及非法棄屍」。該案審理當中，有一張當作證據的照片顯示，案發次日，隆治與同僚還在同一家飯店慶祝刺殺成功；庭上出示照片時，被告反而笑了開來。主審法官說：「被告隆治，請節制你的行為，這可不是什麼好笑的事。」四十五年之後，在法蘭克福的奧許維茲（Auschwitz，譯註：納粹德國最大的集中營與種族滅絕營）案審理中，同樣的場景重演，又聽到了相同的話。

羅莎．盧森堡與萊布涅克特遭刺，歐洲左派分裂成社會主義與共產主義也就成為不可逆轉之勢。「共產黨在理論上所描繪的深淵……已經成為深不見底的墓穴」。自從這種早期的犯罪得到政府的鼓勵甚至共謀以來，死亡之舞便在戰後的德國跳開了，極右派對極左派的重要領導人展開了斬草除根的暗殺行動——雨果．賀斯（Hugo Haase）與古斯塔夫．藍道爾（Gustav Landauer）、李奧．喬治克斯（Leo Jogiches）與尤金．李文（Eugene Leviné）——紛紛轉而向中間與中間偏右靠攏，倒向政府中欲將他們去之而後快的華特・拉森諾（Walther Rathenau）與馬爾西斯・艾茲伯格（Mathias Erzberger）。於是羅莎・盧森堡之死在德國成了兩個時期的分水嶺，也成了左派的不歸路。因為對社會黨大失所望而倒向共產黨的人，眼看共產黨在道德上墮落、在政治上內鬥，只有更加絕望，但內心卻又不免掙扎，覺得自己若重返社會黨的行列，也就無異於對羅莎的命案既往不究。這種甚少公開承認的心態，有如拼圖的小塊般嵌進了巨大的歷史之謎。羅莎・盧森堡案發生後，環繞著她的名字，很快地形成了各種各樣的傳奇。這些傳奇自有其真實的一面，但是，聶托算是走對了路，有關羅莎的神話，他幾乎全都放棄。如此一來，任務不免艱鉅，但他的使命是要給她一個歷史的真面目。

羅莎・盧森堡死後不久，左派為自己的辯護就已經定了調：她始終都是「錯誤的」（就像在一長串的說詞之後，喬治・里克騰〔George Lichtheim〕最後在《遭遇》〔*Encounter*〕中所說的，根本就是一個「無可救藥的個案」）。但是，她的聲望也在一夕之間起了微妙的變化。她的書信集出版了，兩小冊，都是純屬私人的信函，充滿了單純動人的人道情懷和如詩一般的美感，一下子就將嗜血「紅羅莎」的宣傳形象摧毀無遺，唯一不為所動的，大概就只有那些死硬的反閃族主義者與反動派。不旋踵，又有另外的傳言傳開——說這個感情豐富、喜歡賞鳥愛花的女人，臨到要出獄的那一天，獄卒都含淚向她道別——大有萬分不捨之慨，只因為從來沒有人像她那樣把他們當一個人看待。這個故事不見於聶托傳記中，倒是在我孩提的時候就口耳相傳；後來，羅莎的朋友兼律師蔻特．羅森菲爾（Kurt Rosenfeld）也親口證實，她親眼目睹了那一幕。或許真有其事吧，但其中那種令人有點難以置信的調調，卻又被另外一則言之鑿鑿的傳言給抵銷掉了；反而是這一則，聶托卻採用了。事情發生在一九〇七年，羅莎同她的朋友克拉拉．柴金（Clara Zetkin）——後來成為德國共產黨的「太上婆婆」——散步，忘了時間，以致耽誤了與巴博（August Bebel）的約會，害得他以為她們遭到了不測。後來提起這事，羅莎提議何不用「德國社會民主黨最後的兩名餘孽葬此」作為她們的墓誌銘。一九一四年二月，她遭到起訴，罪名是要在戰爭爆發時「鼓動」民眾採取不服從的態度，她抓住這個機會，當著刑事法庭的法官發表了一篇擲地有聲的答辯，無異間接證實了這個冷血的玩笑還真是確有其事（附帶提一下，在一次世界大戰爆發之前的五個月，能夠站在法庭上受到這樣的指控，看來這位「始終都是錯誤的」女士還真是洞燭先機，當時能夠想到戰爭爆發的「有識之士」可說寥寥無幾），在德國社會主義運動中能有這種「男子氣概」的，更是屈指可數了。

好幾年過去了，其間也經歷了好幾次災難，羅莎傳奇已經變成了社會主義運動懷舊的象徵，當時，希望之芽正綠，革命蠢蠢欲動，最重要的是，對群眾力量和道德意志，社會主義或共產主義的領導階層信心滿滿。口耳相傳的不僅是羅莎・盧森堡其人，更是老一代左派的風骨，使得她的傳奇不脛而走——儘管幾乎所有的細節都是模糊、混亂、失真的——彷彿只要新左派之芽冒出來，隨時都可以活過來。但是，伴隨著這個魅力十足的形象，跟著一起活過來的卻也是那個「潑婦」老掉牙的言論，一個既不「務實」又不科學的「浪漫派」（她還真是很落伍），她的著作，特別是那本論帝國主義的大作（《資本的累積》，*The Accumulation of Capital*, 1913）。而一旦到了舊左派的年紀——通常是年過四十的黨員——就被「全新左派」（Every New Left）丟到了一邊，早年對羅莎・盧森堡的那股熱情，也隨著年輕時的夢想一同給埋葬了。之所以如此，根本是他們懶得去讀她的著作，更不用說用心去了解了，在他們看來，不學無術又何妨，只要打著愛國主義的旗號就是新，至於她，大可拋到九霄雲外。在她死後，黨內大老喊出來的「盧森堡主義」，不過是方便拿來論戰，連被冠上「離經叛道」的資格都還搆不上，頂多只是無害的幼稚病而已。羅莎・盧森堡的東西，無論說的寫的，全都沒有能夠逃過一劫，唯一的例外，是她在俄國革命早期對布爾什維克（Bolshevik）的政策所做的批判，之所以如此，在於其批判鞭辟入裡，剛好可以讓那些「天殺的」用來攻擊史達林，儘管效果並不是很大（「拿羅莎的名字與文章當作冷戰的飛彈，實在說不過去。」《時代》雜誌文學副刊〔*Times Literary Supplement*〕評論聶托的著作時如此說）。跟貶損她的人差不了多少，這些新冒出來捧她的人跟她也是同樣地不對路。對於理論上的區別，她思路清明，對於人的判斷，她十拿九穩，她之所喜與所惡絕不至於讓她將列寧與史達林混為一談。她從來不是一個「信徒」，也從來不會拿政治取代信仰，撇開這些不說，誠如聶托所言，她始終小心翼翼，縱使反對教會卻絕不攻擊信仰。總而言之，儘管「革命之於她就跟革命之於列寧一樣，是近在眼前的」，但也跟對馬克思主義差不了多少，絕對說不上是一種信念。列寧基本上是個行動派，不管在什麼情況下都會訴諸政治手段，她卻不同，照她自己半認真地「自我評估」，她天生就是個書呆子，如果不是這個世界牴觸了她對正義與自由的認知，她大可以埋首於植物學、動物學，乃至史學、經濟學或數學。

換句話說，她根本就不是一個正統的馬克思主義者，其不正統的程度，甚至令人懷疑她是否算得上是個馬克思主義者。聶托講得極好，對她來說，馬克思只不過是一個「將現實詮釋得最清楚的人」，由此可見，對於馬克思，她自己並非全盤接受，才會有這樣的句子：「馬克思《資本論》的第一卷，眾口交讚，卻不免令我毛骨悚然，因為它對黑格爾的東西做了太多的雕飾。」④在她的心目中，最值得關注的就是現實，其間的美好與恐怖甚至重於革命。她的非正統既不是出於本意，也不是故意唱反調；她「推薦朋友讀馬克思，是因為『他的想法大膽，絕不將任何事情都視為當然』，而不是因為他的結論的價值」。他的錯誤……顯而易見……；叫她多費筆墨去批評，她還嫌多餘。所有這些都寫在《資本的累積》一書中了；對於這本大作，佛朗茲·莫林（Franz Mehring）的看法可以說是唯一中肯的，譽之為「功力之深厚與引人入勝，為馬克思死後所僅見。」⑤此一「妙不可言的天才手筆」，其中心主題其實很簡單。她明白，資本主義「在經濟矛盾的壓力下」並未顯示出任何崩潰的跡象，乃著手去尋找一個外在的因素，以說明資本主義的持續存在與成長。結果，她在所謂的第三者理論（Third-man theory）中找到了，亦即成長並非資本主義支配生產的內在法則所致，而是國家的前資本主義部門仍然持續存在的結果；資本主義抓住這些前資本主義部門，將它們納入自己的勢力範圍，這個進程一旦擴展到整個國家，資本家就不得不把眼光放到地球上的其他地方，盯上那些仍然處於前資本家的地區，將它們拉進到資本累積的進程中來，用外面所能抓到的任何東西來養肥自己。換句話說，馬克思的「原始資本累積」就跟原罪一樣，並不是布爾喬亞剛起步時搞出來的單一事件、一種搜括的行為，並在啟動累積的進程後隨其內在法則應運而生的「不可或缺的需要」走向最後的崩潰。事實剛好相反，為了維持那個系統的動力，搜刮必須不斷地重複進行。由此可知，資本主義並非一個會製造自己本身矛盾並「孕育出革命」的封閉系統，除非整個地球的表面都被它搜括殆盡了，它是不會「自動」崩潰的。

列寧很快就看出，不論其價值與缺點，這種論點根本上乃是非馬克思主義的，是跟馬克思與黑格爾的辯證法相矛盾的。按照這兩個人的辯證法，每個主題都會製造其本身的反題——布爾喬亞社會必然會製造出無產階級——因此，整個過程的動勢脫離不了最初促成其生成的因素。列寧指出，從唯物辯證的觀點來看，「她的主題是，在一個封閉的經濟體內，擴大資本再生產乃屬不可能，為了維持其運轉就只有去侵吞其他的經濟體……是一個，『根本的錯誤』」。問題是，對抽象的馬克思理論而言雖是一個錯誤，卻非常忠實地說明了事情的真相。她仔細地「對南非黑人的悲慘所做的描述」，顯然是「非馬克思主義的」，但是，今天誰又能夠否認那不是出於一本討論帝國主義的書呢？

II

就歷史而言，聶托最重要也最有創意的成就，就是他發現了波蘭猶太人的那個同奮，以及羅莎・盧森堡與源自這個群體的波蘭政黨之間那種緊密而又不足為外人道的關係。的確，這個同奮之於二十世紀的革命精神——並非在於革命本身——有其重要性，但卻完全被忽略。即使是在二〇年代，這個團體就已經與整個大社會脫離了關係，如今更是完全消失了，其核心為被同化的中產猶太人家族，文化背景傾向日耳曼人（羅莎・盧森堡熟讀歌德與莫里克〔Morike，譯註：德國詩人，1804-1875〕），文學素養之高，遠勝於她的德國朋友），政治成分偏向俄羅斯，至於道德標準，無論在公私領域都自成一套系統。這些猶太人，在歐洲算是極少數，甚至少於西歐被同化的猶太人，獨立於任何社會階層之外，也正因為如此，傳統上他們對任何階層都不抱持偏見，並在這種相當罕見的隔離中建立了屬於他們自己的榮譽準則——在這方面，吸引了不少非猶太人，其中包括馬赫列夫斯基（Marchlewski，譯註：波蘭和國際工人運動家，1866-1925）與澤欽斯基（Dzerzhynski，譯註：俄國革命運動家，1877-1926），兩人後來都加入布爾什維克。也正是因為這種特殊的背景，列寧任命澤欽斯基為契卡（Cheka，譯註：蘇維埃政府秘密警察機構，格別烏的前身）的第一任頭子，就是看中了他有權力也不會腐化的特質；當時，澤欽斯基本人要求出掌兒童教育與福利部。

聶托特別強調羅莎．盧森堡與家族之間的緊密關係，她的父母、兄弟姐妹、甥侄，對於社會主義理念與革命活動，可以說連一丁點的概念都沒有，但是，當她躲警察與坐牢時，他們對她卻是竭盡一切所能。之所以特別提到這一點，是因為它可以讓我們多少認識這個與眾不同的家族，若非如此，想要了解這個同奮的倫理準則，還真不是一件容易的事。這一群人，凡事講求平等，彼此永遠以平等相待——幾乎沒有一個人例外——是在一種極為單純的童年世界中養成的相互尊重與無條件信任，是一種徹底的人本情懷，對於一般人習以為常的社會與種族歧視，打自心底地不以為然。這個同奮成員所共有的特質，無以名之，只能說是一種道德素養，是跟「道德原則」大相逕庭的。他們這種道德的內在要求，在一個脫序的世界中是難以形成的。這也給了他們一種「極為罕見的自信心」，與他們後來所進入的那個世界格格不入，因而不免被視為傲慢與自負，遭到旁人的嫌惡。正是這個氛圍，而不是那個德國的政黨，才始終都是羅莎．盧森堡的歸宿。這個歸宿是不可更動的，又因為它是以猶太人為主的，所以它也不相當於所謂的「祖國」。

如果說，因為社會主義波蘭人黨（Socialist Polish Party，PPS）的立場是追求波蘭獨立，以猶太人為主的波蘭王國暨立陶宛社會民主黨（SDKPiL, Social Democracy of the Kingdom of Poland and Lithuania，原名為波蘭王國社會民主黨，SDPK, Social Democracy of the Kingdom of Poland）才與之分裂，自立門戶，這種說法相當值得商榷。那麼，說羅莎．盧森堡之所以自欺與不願面對現實，全都歸咎於民族的問題，那就更值得商榷了。談到這一點，不可否認地，或多或少都與她是猶太人有關，只不過一味地在她反民族主義的立場中去挑那種「專屬猶太人的特質」，也未免「既可悲又荒謬」了。聶托雖然無所隱瞞，但對於「猶太人的問題」卻很謹慎地避而不談，何況在論辯這一類的議題時，所看到的層次往往低俗不堪，因此，對於他的作法，想來應該給予掌聲才對。不幸的是，他的態度雖然可以理解，卻也弄巧成拙了，使他未能看見有關這方面的幾個重要事實，說起來則不免成了更大的遺憾；因為這些事實雖然都是極為單純的、根本的，但居然都沒有影響到羅莎．盧森堡敏銳而警覺的心靈。

其中的第一項事實，據我所知，到目前為止只有尼采提到過，亦即歐洲猶太人的地位與功能注定了他們要做一個「好歐洲人」，要出類拔萃。猶太的中產階級，無論是在巴黎與倫敦、柏林與維也納，還是在華沙與莫斯科，一向不會自許為世界人或國際人，儘管跟他們混在一起的歐洲知識份子大都以此自命。他們除了是歐洲人以外，什麼都不是，而且這絕不是理念，根本就是一個客觀的事實。換句話說，這些被同化的猶太人根本是在自欺，總誤以為自己跟德國人一樣是如假包換的德國人，跟法國人一樣是如假包換的法國人，正是這種自欺，使猶太人的知識份子認為自己並沒有「祖國」，因為他們的祖國實際上就是歐洲。還有第二項事實，至少是在東歐，知識階層都能操多國語言——羅莎．盧森堡就會說流利的波蘭語、俄語、德語與法語，而且也精通英語和義大利語。他們既不了解語言障礙的重要性，也不了解「社會主義運動是工人階級的祖國」這個口號何以會成為工人階級如此致命的錯誤。就拿羅莎．盧森堡自己來說，以她對現實之敏銳以及要求自己避免教條化之嚴格，居然也「聽」不出這個口號根本上是大有問題的，的確令人大惑不解。說到祖國，最重要的畢竟是要有一片「土地」，一個團體並不成其為國，甚至拿來做比喻都說不上。這個口號後來雖然變成了「蘇維埃俄羅斯是工人階級的祖國」——俄羅斯至少是一片「土地」了吧——聽起來的確說得通，但是，卻又把這個世代的烏托邦式國際主義給作掉了。

即使舉出再多的事實，也很難說羅莎・盧森堡在民族上的問題是完全錯誤的。最重要的是，在那個帝國主義的時代，之所以會導致歐洲陷於災難性的墮落，除了民族國家的墮落以及隨之而來的瘋狂的民族主義外，難道還有別的原因嗎？那些尼采稱之為「好歐洲人」的人——甚至在猶太人中也只是少數——很可能是唯一預感到大難即將臨頭的人，只不過，在一個正在墮落的政治實體中，民族主義的感情力量究竟巨大到什麼程度，他們無法精確地測量出來罷了。

Ⅲ

聶托發現了波蘭的同奮，又發現它在羅莎・盧森堡公私生活中具有持續不變的重要性，並將兩者予以緊密地結合，可以說是他的一項重大突破，使他能夠將她的生命史——「她優雅的愛情與生活諸事」——逐片逐片兜攏起來。很顯然地，對於她的私人生活，我們幾乎一無所知，原因再簡單不過，她總是小心翼翼的保護自己，務使自己不致落到身敗名裂。這絕不只是史料的問題而已。幸運的是，聶托掌握了一些新的要素，使他大可以撇開他的少數幾個前輩；這些前輩在事實的取得方面雖然有其門徑，但卻不能與他們的主人翁站在同樣的立場去行動、思考與感受。聶托處理他手上的材料駕輕就熟，令人刮目相看。他的處理絕不止於深度而已，而是以極大的熱誠，加上細膩的技巧與心思，為這位不平凡的女性繪出了一幅令人擊節稱賞的畫像，彷彿她總算是碰到了最後的知音，但也正因為如此，難免讓人手癢，想要拿他的筆法來開開刀。

他特別強調她的野心以及她對資歷的看重，這無疑是大有問題的。在德國的黨內時，她最瞧不起的就是那些削尖了頭拼命鑽營的人——當上了國會議員就自以為了不起——這，難道他認為她只是擺擺樣子的？難道他會相信，一個真正「野心勃勃」的人能夠像她那樣的豁達大度？（有一回，在一項國際會議上，饒勒斯〔Jaures，譯註：法國社會主義運動領導人，1859-1914〕剛剛口若懸河地講完一段話，其中「對羅莎．盧森堡感情用事所造成的錯誤頗有譏刺，一時之間竟然沒有人幫他翻譯，這時候，只見羅莎跳了出來，原原本本地將他那一段詞藻華麗的法文翻成一字不差的德文」。）還有，在寫給攸格歐斯（譯按：羅莎．盧森堡的丈夫，詳見後文）的一封信中，她咄咄逼人地寫道：「我著了魔似地渴求幸福，準備好跟一頭冥頑不靈的驢子大吵一架，爭取我每天的那一份幸福。」除非認定她言不由衷，這，他又該如何解釋呢？他錯把她天生好強的稟賦當成是野心，其實誠如她曾經開玩笑地說過，「想到大草原上去放一把火」，正是這種性情，推動著她幾乎不顧一切地投入公共事務，甚至支配著她絕大部分純用腦力的事業。他一再強調那個「同奮」的高道德標準，卻似乎不了解，像野心、資歷、地位甚至成功，可都是嚴格的禁忌。

對於聶托所強調她性格上的另外一面即她非常「清楚自己是一個女人」，聶托也特別予以強調，但似乎並未能了解其中的意涵。就這一點來說，不論她的野心是什麼，對她顯然造成了某些限制——聶托就認為，一個男人如果擁有同她一樣的才華與機會，她並不會更佔上風。對於婦女解放運動，她那一代的婦女與當時的政治風氣無不趨之若鶩，她卻不屑一顧；對於婦女爭取投票權平等的問題，她很可能會回答：小小的差別，何足掛齒。她是一個局外人，不僅因為她是一個波蘭猶太人，身在一個她不喜歡的國家以及一個加入不久她就瞧不起的政黨，而且因為她是一個女人。聶托的男性偏見當然是可以原諒的，問題是不應該因此妨礙了他對李奧．攸格歐斯（Leo Jogiches）——她託付一生的丈夫、她第一個或許也是唯一的情人——這個角色的充分了解。攸格歐斯一段為時短暫的婚外情，加上羅莎的激烈反彈，兩人之間從此勢同水火；在當時的環境中，這種夫妻間的不和本屬司空見慣，而後遺症則是男的妒火中燒，女的記恨多年。愛情的火花一生僅止一次，那個時代的人仍然深信不疑，結婚證書或許可有可無，卻不能誤以為就是自由戀愛掛帥。根據聶托的考證，她有不少的朋友與愛慕者，也頗以此自喜，但這絕不表示在她的生命中另外還有男人。在黨裡面，蜚短流長難免，說她跟「韓森」戴芬巴哈（Diefenbach）有結婚的計畫，又說她叫他「長官」，而且從不指望平起平坐，這些如果可信的話，還真會讓我昏倒。李奧．攸格歐斯與羅莎．盧森堡的故事，聶托稱之為「偉大而悲情的社會主義戀曲」，但是，如果我們了解，兩人最後之所以會以悲劇收場，並不是肇因於「盲目而自毀的嫉妒」，而是戰爭與多年的囚禁，注定失敗的德國革命與血腥結局，那麼，我們也就用不著費心去爭辯什麼了。

拜聶托之賜，李奧．攸格歐斯總算不至於名不見經傳。說到這個人，在職業革命家裡面算得上是個傑出的典型人物，在羅莎．盧森堡的眼裡，他則是個十足的男人，這一點對她來說相當重要：她對葛萊夫．威斯塔普（Graf Westarp，譯註：德國保守黨領袖）的印象之佳，勝過任何德國社會黨的領導人物，理由無它，就只「因為他是一個男人」。她尊敬的人不多，在她的名單中，佽格歇斯高高在上，只有列寧和法蘭茲・莫林堪與並列。他確實是個行動與熱情兼具的人，能做事又能吃苦。拿他跟列寧相比，兩人確有幾分相似，只不過他不愛出名，寧願在幕後操縱，至於他之喜歡搞陰謀與冒險，更是為他增添了幾分性感的魅力。說他像列寧，確屬不虛，甚至他之拙於寫東西都同他「如出一轍」（在一封信裡面，她曾經充滿愛意地娓娓道來），還有就是不擅於在公共場合講話。兩個人都擅長組織與領導，但此外別無所長，因此，每當無事可做被人撇到一邊時，全都會覺得自己一無是處。在這方面，列寧比較看不出來，因為他根本難得落單，倒是佽格歇斯，早早就因為與普列漢諾夫不合脫離了俄國人的黨；在這位一八九〇年代瑞士俄國移民老大的眼裡，那個剛從波蘭來的小夥子年輕氣盛，十足「涅舍耶夫（Nechaieff）的迷你版」。結果，按照羅莎・盧森堡的說法，他「行屍走肉般地無所事事」了多年，直到一九〇五年，俄國革命才給了他一次機會：「一夕之間，他不僅登上了波蘭社會主義領袖的位子，甚至在俄國人當中也如此。」（革命期間，波蘭王國社會民主黨表現不俗，在隨後的幾年甚至更形重要。佽格歇斯自己雖然沒有「寫過隻字片言」，但的確在黨的出版物中「儼然靈魂人物」。）一次大戰期間，他背著黨在德軍裡面組織了一支秘密反對勢力，就此也結束了短暫的風光。「沒有他也就不會有斯巴達克同盟」，這個團體跟德國其他有組織的左派團體不同，有一段很短暫的時間堪稱是一個「有理想的同奮」（當然，這並不是說攸格歇斯製造了德國革命，所有的革命都一樣，不是一個人搞得起來的。斯巴達克同盟也只是「追隨驥尾而非創造時勢」，至於一九一八年一月的「斯巴達克叛亂」，官方說是由該同盟領導人——羅莎．盧森堡、萊布涅克特、攸格歇斯——所策動，則純屬神話了。

羅莎．盧森堡的政治理念有多少是得自於攸格歇斯，我們無從知道，婚姻生活中，配偶之間要說不談論想法並不容易。但是，至少是環境使然，攸格歇斯做不到的，列寧做到了，更何況他是猶太人又是波蘭人，兩個人的地位顯然大為懸殊。總之，會拿這一點槓上他的，羅莎．盧森堡大概也是最後一人了。在同奮裡面，成員之間就不會在這方面互別苗頭。尤金．李文，一個年紀小幾歲的俄國猶太人，說過一句攸格歇斯可能會有同感的話：「我們都是在休長假的死人。」正是這種調調，讓他跟別人和不來；無論是列寧、托洛茨基或羅莎．盧森堡本人，多半不會同意這種想法。羅莎死後，他拒絕離開柏林避風頭，說：「總要有人留下來替大家寫墓誌銘吧。」兩個月後，遭到逮捕，在警察局的後間被槍殺，誰下的毒手，大家都心知肚明，但是，「從來沒有人想去懲罰他」；接著，他又用同樣的手法幹掉別人，繼續「在普魯士的警界平步青雲」。這，正是威瑪共和的慣例。

往事歷歷，讀之憶之，德國的同志之異於同奮的成員，不免令人心寒。一九〇五年俄國革命期間，羅莎．盧森堡在華沙被捕，朋友們湊錢保她（德國的黨可能也有一份），繳錢的時候，附帶了「一項非正式的報復威脅；羅莎若是有個三長兩短，必將展開報復行動攻擊重要官員」。她的德國同志則不然，無論在那一波政治謀殺之前或之後，沒有一個朋友有這種想法，任令那些令人髮指的惡行逍遙自在。

Ⅳ

回顧她多災多難的往事，就越是為她感到痛心，在那些指控她的「錯誤」裡面，其中的幾個重大案子，羅莎．盧森堡哪裡是落伍，根本就只是她跟德國社會民主黨不同調罷了。這才是她真正的錯誤，但她卻從未為此辯解或後悔過。

其中傷害最小的，是有關民族的問題。一八九八年，她從蘇黎世來到德國。在蘇黎士，她剛以「一篇波蘭產業發展的一流論文」通過博士學位（朱利亞・伍爾夫〔Julius Wolf〕教授在他的自傳中還親切地提到「這個最得意的門生」），這篇論文不僅在「應時的商業出版品中」引起高度的矚目，迄今仍然受到波蘭歷史學者的引用。她的主題是，波蘭的經濟成長完全依賴俄國市場，因此，有意「另外組成一個民族的或語言的國家，只會對未來五十年的發展與進步造成反效果」（以經濟來說，兩次大戰期間波蘭所表現出來的衰頹，就完全被她說中了）。很快地，她成為德國社會民主黨內的波蘭專家，在德國東部諸省的波蘭民眾中扮演宣傳者的角色，與想要徹底「德國化」的波蘭人展開一場艱鉅的合作任務，正如一個社會民主黨的書記跟她說的，「欣然把所有的人與每個波蘭人都交付給妳，包括波蘭社會主義在內」。但說老實話，「對羅莎來說，黨的肯定卻只是虛有其表的光環」。

更為嚴重的是，在一場由她扮演主要角色的修正主義論戰中，她心不由衷地跟黨內當局站在同一條陣線上。這場著名的論戰，發難的人是愛德華・柏恩斯坦（Eduard Bernstein），⑥在歷史上被認為是一次以改革取代革命的契機。但是，這一戰鬥的呼聲卻因為兩個理由而走岔了：其一，是要在那個世紀之交讓社會民主黨表面上看起來仍然是主張革命的；其二，是要掩飾柏恩斯坦言論的客觀合理性。對於馬克思的經濟理論，柏恩斯坦所提出的批評，正如他自己所說的，充分「符合事實」。他指出，「不是大資本家的數量減少，而是資本家的普遍增加，才會帶來社會財富的大幅增加；又說「持續縮減小康之家的圈子，增加窮人的悲慘，根本就是緣木求魚」，還說「現代的無產階級雖然窮困，但還不需要靠救濟度日」，更說，馬克思的口號「無產階級無祖國」根本就是錯的。就無產階級來說，普選已經給了他政治權利，工會已經給了他社會空間，新帝國主義的發展在國家的外交政策上也給了他一個很好的賭注。對於這些事實，社會民主黨之所以視為異端，無非是它的理論基礎已經根深柢固，使它失去了反省的能力，柏恩斯坦在理論上所造成的威脅，徒然強化了黨的既得利益，亦即攸關社會民主黨那種「國中之國」的地位：該黨事實上已經是一個組織綿密的巨大官僚體系，獨立於社會之外，插手一切的利益。柏恩斯坦的修正主義將會使黨回歸社會，這種「整合」之不利於利益正如不利於革命。

社會主義民主黨在德國社會中的那種「化外地位」，以及該黨之未能加入政府，聶托有一個滿有趣的理論。⑦在該黨的成員看來，黨大可以「靠著本身的優勢取腐敗的資本主義而代之」，事實上，這種「togetherness」（聶托用語）的優越感全是靠著「黨在政策上全力防堵社會」才得以保持不墜，看在法國社會主義者的眼裡根本不值一哂。⑧說穿了，該黨越是在人數上不斷增加，其衝勁也就跟著「組織的擴張而稀釋」。在這個「國中之國」裡面，避免跟社會發生摩擦，毫無作為地陶醉於道德上的優越感，日子過起來當然愜意，甚至還可以不必為嚴重的異化（alienation）付出代價，因為這個化外團體根本就只是一個鏡中的影像，是整個德國社會的「縮小影像」。德國社會主義運動走進了這條死巷，也可以從相反的角度來加以分析——如果從柏恩斯坦的觀點來看，資本主義社會的勞動階級既然已經獲得了解放，那麼就大可以不必再去討論一個沒有人會想要的革命；至於另外一個角度，當然就是沒有被布爾喬亞「異化」，真正想要改變這個世界的那些人了。

後者主要是以東歐的革命派為主，他們所攻擊的是柏恩斯坦，其中包括普列漢諾夫、巴福斯（Parvus，譯註：俄國社會主義革命家，1867-1924）與羅莎．盧森堡；他們雖然受到卡爾．考茨基的支持，但是，比起這些外國來的新盟友，這位社民黨內最傑出的理論家可能還是比較放心柏恩斯坦。革命派雖然勝利了卻也付出了慘痛的代價；「推開了事實卻加深了疏離」。因為問題並不是出在理論也不是出在經濟。關鍵在於柏恩斯坦的信念：「中產階級——德國的也不例外——整體來說仍然很健康，不僅經濟上如此，道德上亦然」，被可恥地隱藏到註腳裡面去了。普列漢諾夫說他是「法利賽人」（Philistine，譯註：1828 年德國人稱布爾喬亞為法利賽人，意指唯利是圖的人，後來又指沒有文藝修養的人），巴福斯與羅莎．盧森堡則認為，黨的未來就在此一戰。而就事實來說，柏恩斯坦與考茨基之不喜歡革命乃是一致的，考茨基的看法是，「需求的鐵律」（iron law of necessity）就是無所作為最好的理由（譯註：意指由市場的需求決定一切）。東歐的客卿們則不僅「相信」革命是理論的必然結果，而且都想要為革命做些事情，他們總認為，無論站在道德的立場或正義的立場，當時那樣的社會已經令人忍無可忍。柏恩斯坦與羅莎．盧森堡則不同，他們有一個共同點，就是兩個人都誠實（柏恩斯坦私底下對她親切，原因或許在此），他們分析自己的所見，忠於事實，對馬克思卻不假辭色；柏恩斯坦注意到了這一點，回應羅莎．盧森堡的攻擊時，用語也就技巧得多，指出她也曾經提出過這樣的質疑：「馬克思主義者有關未來社會演進的預言，到目前為止，所根據的無非都是危機理論。」

羅莎．盧森堡早期在黨內的成功，其實是雙重的誤解所造成。在世紀之交的那個時候，德國社民黨「廣受全世界社會主義者的嫉妒與羨慕」。從俾斯麥為德國打下基礎到第一次世界大戰爆發，該黨「主導黨的政策與精神」的，一直是都「太上老祖」奧古斯都．巴伯（August Bebel），他的名言：「我永遠都是所處社會的死敵。」乍聽之下，豈不正與波蘭的那個同奮神似？對一個以這種反抗精神自許的人來說，德國的這個大黨豈不正是波蘭社民黨的放大版？這種想法對羅莎．盧森堡的影響幾乎長達十年之久，直到她從俄國第一次革命回來，才清楚地認知到，這種反抗精神根本無關乎整個世界，其唯一在乎的只是黨組織的成長而已。基於此一體認，一九一〇年之後，她開始醞釀自己那套應該經常與社會「摩擦」的計畫，她深知，若非如此，革命精神的活水勢將乾枯。她不打算讓自己的一生耗在一個派系裡面，不論這個派系有多大；她對革命的承諾主要是基於道德，也就是說，她仍然積極參與公共生活與民間事務，投入這個世界的命運。她對歐洲政治的涉入之深，遠超過勞動階級的直接利益，如此一來，乃完全脫離了馬克思主義者的地平線，對於德國與俄國的黨，她念茲在茲的，則是她一再堅持的「共和方案」。

在著名的《社會民主黨之危機》（*Juniusbroschüre*）中，這正是她所提出來的重點；此一戰時的獄中之作，後來成為斯巴達克同盟的基礎。對於這項文件，列寧卻在作者是誰都搞不清楚的情況下就公告周知說，宣佈「一個共和國方案……（亦即）等於是在宣佈一套革命方案——一套不正確的革命方案」。然而，一年之後，俄國革命卻在沒有任何「方案」的情況下爆發了，而且它所做的第一件事就是廢除帝制，建立共和，緊接著，同樣的事在德國與奧地利也發生了。當然，俄國、波蘭或德國的同志們並未因此就不再激烈反對她的論點。由此可見，真正將她與其他人切割開來的其實是共和的問題，而不是民族的問題。在這方面，它是完全孤立的，一如她之主張全面的個人自由與公共自由，也是孑然一身，只不過沒有那麼明顯罷了。

第二個誤解則與修正主義的辯論有直接的關係。考茨基之不願接受柏恩斯坦的分析，羅莎．盧森堡誤以為他真正主張的乃是革命。一九〇五年的俄國革命之後，她為此匆匆趕回華沙，她無法再對自己不誠實。對她來說，這幾個月不僅是一次極為重要的體驗，也是「我一生中最快樂的時光」。回去之後，她試圖與德國的朋友討論此事，卻很快地發現，「只有在真正的革命情勢面臨瓦解」成為無意義的音節時，「革命」一詞「才會有所關聯」。德國的社會主義者都相信，這種事情只有在偏遠的蠻荒之地才會發生。這是第一次打擊，她也從未能夠釋懷。第二次發生在一九一四年，這一次更是使她幾乎自殺。

她首次與真正的革命接觸，除了讓她感到幻滅，覺得人心之可鄙與不值得信任外，很自然地也讓她學到了更多更可貴的東西。她從其中看清楚了政治的本質，聶托說她在政治理論上最重要的貢獻正在於此，的確是一語中的。其重點在於，她從革命工人會議（蘇維埃的前身）那裡了解到了許多的道理，「好的組織不存在於行動之前，而是行動的產物」，「就像游泳只有在水中才能學會，革命行動的組織只有在革命之中才能學到」，以及革命不是什麼人「製造」的，而是「自發」爆發出來的，「行動的壓力」永遠來自「底層」。「只要社會民主黨人（當時仍然主張革命的唯一政黨）不把革命砸爛掉，就會有一次偉大而有力的」革命。

一九〇五年的序曲另有兩項事實倒是她沒有考慮到的。其中最重要也最令人驚訝的是，革命居然是發生在非工業化的落後國家，而且是在一個根本沒有群眾支持，沒有強大社會主義運動的國度。其次，同樣不可否認的事實，革命乃是俄國人在日俄戰爭中吃了敗仗的結果。正視這兩項事實，列寧牢記在心，並從中得到兩個結論。第一，革命並不需要一個龐大的組織：一個小而組織嚴密的團體，加上一個清楚知道目標的領袖，一旦舊政權的權威掃地，就足可一舉拿下權力。龐大的組織只是累贅。其次，革命既然不是「製造」出來的，而是環境與重大事件的結果，是超乎任何個人力量的，因此，戰爭乃是有利於革命的。⑨正是第二點，在第一次世界大戰期間，成了羅莎·盧森堡與列寧唱反調的癥結；對於一九一八年列寧的俄國革命策略，她首次提出批評也是基於這一點。她堅決相信，在戰爭中，除了最恐怖的災難外，根本看不到任何東西，不論戰爭最後的結果是什麼；在任何重大的動盪中，人命，特別是無產階級的人命，所要付出的代價實在太過於高昂。更重要的是，就算是打死她，她也不願意將革命視為戰爭與屠殺的獲利者——對列寧來說，這一點至少不是問題。在組織的議題上，她並不認為，在一項勝利中，人民既沒有份也沒有聲音；她也不認同為了掌握權力可以不計任何手段，正因為如此，「她所擔心的與其說是一次不成功的革命，令她更害怕的，是一次變質的革命」——事實上，這也正是她與布爾什維克黨人之間「最大的差異」。

有沒有什麼重大的事件證明她是對的？蘇聯的歷史算不算是「變質的革命」所表現出來的重大危險？「在大家都真心地要與優勢的武力對抗，不顧歷史情勢的極端不利」，而有可能成功的時候，她所預言的「道德墮落」——當然，她並未預見列寧接班人所犯的公開罪行——是否誠如她自己所理解的，對於革命理想所造成的傷害更甚於「每一次的政策失敗」？她認為列寧所採取的手段「統統都是錯的」，堅信唯一的解放之道就是「公共生活本身的訓練，是最沒有限制、最開放的民主與言論」，每個人的「去道德化」只會毀掉所有的事情，難道她錯了嗎？

可惜她活得不夠久，來不及看到她自己的不幸而言中，也來不及目睹俄國革命在全世界播種所生長出來的共產黨竟然是如此恐怖，如此迅速地道德墮落。列寧無須為此負責，儘管他所犯的錯誤不少，但是，跟那些因追隨他而崛起的人比起來，他還算是比較像那個最初的同奮。我們前面所引述過的那些有關俄國革命的評論，均寫於一九一八年，是「只寫給自己的——也就是說，絕不出版」，但是，李奧．攸格歇斯的接班人保羅．李維（Paul Levi）出掌斯巴達克同盟，卻在羅莎．盧森堡死後的第三年將之付梓。⑩德國與俄國的黨「一時間備感困擾」，列寧如果毫不客氣地強力反擊，倒也是可以體諒的，但他卻這樣寫道：「我們以……俄國一則古老的寓言作為答覆：鷹有的時候可以飛得比一隻小雞還低，但小雞永遠也不可能飛升到鷹的高度。羅莎．盧森堡……儘管錯了……她過去是一隻鷹，今天也還是。」接著他要求出版「她的傳記與作品全集」，不得刪除「錯誤」，並指責德國的同志居然「令人難以置信地」忽略了這個責任。時在一九二二年。三年之後，列寧的接班人

．鷹有的時候可以飛得比一隻小雞還低，但小雞永遠也不可能飛升到鷹的高度。

決定將德國共產黨「布爾什維克化」，下令「對羅莎．盧森堡的遺作展開鬥爭」。一個名叫魯絲．費雪（Ruth Fischer）剛從維也納來的年輕女人欣然應命，跟她的德國同志們說，羅莎．盧森堡「絕不輸給梅毒桿菌」。

水溝蓋一開，羅莎．盧森堡所講的那種「另類動物物種」也就冒了出來。消滅同奮碩果僅存的幾個人，並將他們殘餘的精神埋葬在遺忘之地，根本無須假手「布爾喬亞的代理人」與「社會主義的叛徒」，更不用說編輯她的作品出版了。二次大戰之後，她的兩卷選集出版，「詳詳細細註釋了她的錯誤」，還附有「一篇分析盧森堡思想種種謬誤的長文」，作者是弗萊德．奧斯勒（Fred Oelssner）。但因為它「太過於史達林化」，很快就「銷聲匿跡」。毫無疑問地，這顯然不是出於列寧的要求，應該也不是他所希望的，用以「教導世世代代的共產黨員」。

史達林死後，情況開始有了變化，只不過並不是在東德；對於史達林主義的修正，東德的方式相當奇特，採取的是「巴伯崇拜」（唯一反對這種新花招的是赫曼．當柯〔Hermann Duncker〕，也只有這個又窮又老的僅存碩果，還沉湎在「跟羅莎．盧森堡、卡爾．萊布涅克特與法蘭茲．莫林一同生活共事，那段我一生最美好的時光中」）。波蘭人則不然，他們所出版的兩冊選集雖然「與德國的有部分重複」，但

「在回復她的名譽上卻是毫不保留，幾乎將列寧死後所珍藏的一切全都從箱子裡搬了出來」，而在一九六五年之後掀起了一波以羅莎．盧森堡為題材的「波蘭出版潮」。對於她的為人行事，遲來的肯定想來大家都樂觀其成，正如有人預見，她終將會在西方國家政治學的教學中找到她的地位。聶托說得極好：「任何地方，只要有人認真教導政治思想，就必有她的思想。」

註釋

①另有一項至為明顯的缺失，亦即近年來有關希特勒與史達林的大部頭傳記，對他們的推崇顯然名不副實。Alan Bullock筆下的希特勒傳或Isaac Deutscher的史達林傳，儘管中規中矩，皆能遵守這種傳記體裁的方法與技巧，但若照這些不入流筆法來看歷史，就只會看到歌功頌德，以及對歷史事件的巧妙扭曲。對這些人物與事件，如果想要有個恰如其分的認識，最好對照著去讀 Konrad Heiden 與 Boris Souvarine 所寫的希特勒與史達林傳，儘管這兩本傳記的始料都嫌不足，也相當地不完整。

②*Rosa Luxemburg*, 2 vol., Oxford University Press, 1966.

③See the *Bulletin, des Presse-und Informationsamtes der Bundesregierung*, of February 8, 1962, p.224.

④In a letter to Hans Diefenbach, March 8, 1917, in *Briefe an Freunde*, Zürich, 1950.

⑤*Ibid*., p. 84.

⑥柏恩斯坦最重要的作品現在已經有了英文本，書名《演化的社會主義》（*Evolutionary Socialism*, Schocken平裝版），可惜的是缺少關鍵的註釋，也沒有為美國讀者寫一篇導讀。

⑦ See "The German Social Democratic Party, 1890-1914, as a Political Model", in *Past and Present*, April 1965.

⑧這種情形與法國陸軍於德雷福危機時在法國的處境頗為類似。羅莎．盧森堡曾經在〈論法國的社會危機〉（Die Soziale Krise in Frankreich）一文中有過精闢的分析。「陸軍之所以不讓步，是存心要跟共和國的民間力量對抗，同時又可以靠自己」透過政變，組成另一個政府，「而導致失勢。」

⑨列寧在一次世界大戰期間閱讀克勞塞維茲（Clausewitz）的《戰爭論》（*Vom Kriege*, 1832）；他做的筆記與註釋五〇年代於東柏林出版。據Werner Hahlberg的〈列寧與克勞塞維茲〉（Lenin und Clausewitz, *Archiv für Kulturgeschichte* , vol. 36, Berlin, 1954），列寧受到克勞塞維茲的影響，開始思考戰爭導致歐洲民族國家體系瓦解的可能性，以取代馬克思所預言的資本主義經濟的崩潰。

⑩說來相當諷刺，在她的作品中，迄今唯一可以讀到與讓人引述的就是這本小冊子。以下則是可以找到的英文版本：《資本的累積》，London and Yale, 1951；答柏恩斯坦書（1899），Three Arrows Press, New York, 1937；《社會民主黨之危機》，*Juniusbroschüre*（1918），英文書名*The Crisis in the German Social Democracy*, by the Lanka Sama Samaja Publications of Colombo, Ceylon, 1955，明顯為油印機印刷版本，原版出版於一九一八年，the Socialist Publication Sociaty, New York；《群眾示威、政黨與工會》（*The Mass Strike, the Political Party, and the Trade Unions*, 1906），由Ceylon同一家出版社於一九五三年出版。

3

世界公民①

頌：卡爾・雅斯培 *Karl Jaspers, 1883-1969*

Karl Jaspers: A Laudatio

二十世紀德國的存在哲學大師

今天我們齊聚一堂來頒發這項和平獎，如果我記得沒錯，聯邦共和國的總統曾經說過，這個獎不僅是頒給「卓越的著作」，同時也是頒給「證明自己活著的人」。換句話說，它是在獎勵一個人，也是在獎勵這個人所立之言，只不過這些言論都還沒有跟立言之人脫離，尚未走入歷史的前途難卜而已。基於這個理由，今天頒發這個獎就有必要搭配一篇頌辭，一篇頌揚人而非其作品的褒揚文。至於該如何褒揚一個人，我們則不妨借鏡古羅馬人，因為，在有關公共的意義方面，他們的體會要比我們來得深刻，大可以教導我們如何去應付這等大事。西塞羅曾說：「說到頌辭……唯一該考慮的就是當事人偉大而尊貴的人格。」②換言之，頌辭的重點在於一個人的尊貴，比較不考慮他的功業與創作，至於肯定這一份榮譽的，並非專業領域的專家或同業，而是公眾對一個接受公開檢驗的人所給予的共同認定。這個獎只肯定這個社會長久以來就已經受到認同的人。

因此，今天這篇頌辭所談的，無非都是大家所了解的東西，問題是，既然許多人在私底下就已經耳熟能詳，在公共場合再拿出來講，就更不能敷衍了事了。不管什麼事情，一旦成為眾所週知，也就等於將事情攤到了陽光底下，也就是肯定了它的存在事實。但是，我也不得不承認，像這種「進入公共領域冒險」（雅斯培語），成為公眾矚目的焦點，我自己是不免猶豫卻步的，在座的各位，絕大多數想來也是如此。我們全都是現代人，而現代人身處公共領域時，行事處世總是疑慮而侷促，之所以如此，在於現代的偏見作祟，總認為只有「客觀的事」，亦即非關於人的，才是屬於公眾的；事情背後的人與他的生活都屬於私領域，跟這些「主觀」成分相關的感情一旦曝光於公眾，都會失真並流於煽情。儘管如此，德國出版界之決定頒獎典禮搭配一篇頌辭，其實是有所本的，是回到一個對公共領域更古老也更正常的認知，也就是說，唯有進入公共領域，一個人的主觀才能夠達成充分的實現。如果我們接受這個既新又舊的觀點，就必須改變既有的態度，徹底揚棄現有的習慣，不再將人等同於主觀，將客觀等同於事或非關於人的；像這樣在此與彼之間劃上等號的等式是科學的，也只有用科學加以說明才有意義，用在公共事務上顯然是說不通的。因為，人在公共領域中的所言所行是一個整體的表現，也正因為如此，公眾人物在公共領域內就不再是私人事務。不過，在公共的心智生活領域中，這種等式同樣也不適用，相當程度地超出了學術生活領域，當然也包括在內。

為了要抓得住這方面的重點，不僅要了解主觀與客觀的區別，還要知道個人與人之間的分野。沒錯，個人的主觀一旦將作品向公眾提出，其作品也就成為公共領域內的客觀存在，個人也就將它讓渡給了公眾。主觀因素，亦即我們所說的產生作品的創作過程，的確與公眾完全無關；但是，一件作品如果不僅僅是學術的，而且也是為了向公眾「證明自己活著」的一個結果，那麼這中間就一定有一個實實在在的活動與聲音，作者那個人也就自在其中。對那個將自己的作品呈現出來的人來說，接下來會出現什麼狀況，顯然就不是他所能知道的；他不可能再像準備出版那樣地去控制作品（任何人意圖強行介入自己的作品，頂多也只是擺擺姿態，更何況，如此一來出版原本可以為自己與別人所提供的機會也就浪費掉了）。人的因素非主觀所能控制，正因為如此，人正是主觀的對立面。不過也因為這樣，對於人這個主體來說，這個主觀也才比較容易「客觀地」予以掌握，處理起來也比較不費力氣（譬如說「克己自制」，無非就是我們能夠有效掌握自己內在的純粹主觀因素，才可以隨意加以運用）。

個性就完全是另一回事了。個性很難加以掌握，最貼切的比喻大概就屬希臘神話中的守護神（*daimon*），每個人的一生，這個守護神寸步不離，但永遠都只是向外看，以致別人一眼就可以認得出來，自己反倒看不清楚。這個守護神——不具任何魔性——亦即一個人的個人因素，只有在公共空間存在時才會出現；公共領域——

範圍大於我們一般人所謂公共生活——的深層意義就在於此。就此而言，此一公共領域也是一個精神領域，其間所呈現的就是古羅馬人所說的「人文」（*humanitas*），亦即人性最頂端的某些東西，因為它不需要是客觀的就能夠成立。這也就是康德與雅斯培後來所說的 **humanität**（譯註：亦即德文的「人文」。有關「人文」一詞，詳見本書第一章），是一個人一旦具備了就再也不會喪失的個性，縱使其他身心的稟賦都會在時間的毀滅力量之下低頭。一個與世隔絕的人是無法具備這種人文教養的，縱使他有作品問世也難以獲得；唯有將自己的生活與整個人投入「公共領域的冒險」——亦即讓自己冒某種風險去展示一些非「主觀的」的東西，而這些東西由於是非「主觀的」，因此很難加以辨識並予以控制。同時，也正因為「公共領域的冒險」可以讓人得以具備人文素養，說它是賜給人類的一份禮物也不為過。

• 人文是一個人一旦具備了就再也不會喪失的個性，縱使其他身心的稟賦都會在時間的毀滅力量之下低頭。

講到這裡，如果我說，隨著雅斯培之進入公共領域，他的個人因素——人文素養——也帶了進來，亦即，若說有人能夠幫助讓我們克服對這個公共領域的不信任，並因為耳聞它褒揚一個我們所喜愛的人而感受到榮耀與歡喜，那麼這個人必非雅斯培莫屬。因為，雅斯培絕不同於一般有教養的人，他沒有他們所具有的那種偏見，他們總認為，公共領域的明亮只會使一切為之平板、淺薄，只會讓平庸之輩出頭，而這也正是哲學家必須與之保持距離的原因。各位當記得，康德曾經說過，一篇哲學文章之難度究竟是真正的艱深還是僅屬「小聰明所製造的煙霧」，只要從它被接受的程度就可以見出真章。在這方面，其實在其他方面也一樣，雅斯培堪稱康德唯一的繼承人；跟康德一樣，他也能夠走出學術的藩籬，擺脫概念性的語言，對著一般讀者侃侃而談。更重要的是，他曾經三度直接介入當時的公共議題——第一次是納粹當權不久後所發表的《現代時期的人類》（*Man in the Modern Age*, 1933），③緊接著是第三帝國瓦解後的《德國罪行的問題》（*The Question of German Guilt*），以及今天的《原子彈與人類的未來》（*The Atom Bomb and the Future of Man*）。④只因為他跟政治家一樣，明白政治問題之嚴肅不宜丟給政客了事。

雅斯培之重視公共領域有別於一般人，之所以如此，在於他是以哲學家的眼光看問題，更在於他的基本信念是以一個哲學家的整體內涵為基礎：哲學與政治，兩者所關心的都是每一個人。而公共領域非他，正是每一個人以及他證明自己的能力接受考驗的場域。兩者的共同點在此，兩者都屬於公共領域的道理也在於此。不同於科學家，哲學家跟政治家一樣，必須對自己的言論負責，也就是說，他是負有責任的。只不過政治家相對來說又比較輕鬆，他只要對自己的國家負責，至於雅斯培，無論寫什麼東西彷彿都是在對全人類負責，至少一九三三年以來，篇篇皆是如此。

對他而言，責任並非負擔，也與道德的要求無關，而是一種本然的喜悅，自然流露出來，使混沌為之澄清，使黑暗為之照亮，讓一切成為可見。他之論政治問題往往成為定論，皆在於他之唯光明與澄清是求，而他在這方面長久以來的堅持，也成了他整個人的人格特質。在任何偉大的作品中，幾乎都可以發現作者獨具一格並一以貫之的一種比喻，貫穿於所有的作品，最後聚焦於一個點上。在雅斯培的作品中也有這種比喻，其中之一就是「照亮」一詞。理性「照亮」存在；理性為「各種包覆的模式」（modes of encompassing）——一方面是我們的心靈「包覆」著一切發生於我們的世事，另一方面是這個世界，「包覆」著我們這個「我之所以為我的存在」——「藉由理性帶來光明」；最後則是以理性自身的「廣度與亮度」來確認它與真理的密切關係。只要迎著光明而立，而不是消解於光明底下的煙霧之中，也就擁有了一份人文精神；以這種態度面對人類，為自己的思想負責，也就是活在明亮之處，讓自己以及自己的所思所想接受檢驗。

哲學家之「有名」大有人在，雅斯培自不例外，早在一九三三年之前，他就享譽已久，但在希特勒的統治時期，特別是之後的歲月裡，他才真正成為一個實至名歸的公共人物。我們可以想像得到，之所以如此，並非全是時代的大環境使然；他先是因為受到迫害而不得不隱姓埋名，後來則是因為他已經成為時代與風氣改變的象徵。就此而言，環境就算有所影響，也只不過是順勢將他推到那個原本就屬於他的位置——進入到世間言論的充分光照之中。整個過程並不是他先對某些事情已經忍無可忍，然後再接受證明自己的考驗，最後才在環境壞到不能再壞時成為某種東西——譬如說「另一種德國」——的象徵。由此看來，他不代表任何一方面；他總是獨來獨往，獨立於任何群體之外，包括德國的反抗運動。這個位置的莊嚴性，完全自足於這個人的份量，除了他自己的存在，不代表任何東西，也正因為如此，乃能夠確信，縱使是在全體支配之下的黑暗中，連僅存的善良都已經消失並因此而失效，但是，只要不是所有有理性的人都遭到了屠殺，理性是絕對無法遭到徹底摧毀的。

大難臨頭他依然屹立不搖，這是眾所周知的。但是，他卻也絕不是有所為而為——這比較少為人知的一點，則是他的氣節，就了解他的朋友來說，那絕不止於反抗精神與英雄主義，而是一種無需他人肯定的信念，是一種在任何時代萬變不改其志的大勇。因此，當雅斯培煢然獨立時，他代表的不是德國，而是德國依然存留了下來的人文教養。理性在人與人之間所產生並保留的空間，彷彿因他一人的氣節而照亮，縱使僅存一人獨存，這個空間的廣度與亮度也因而得以續存。但是，之所以能夠如此，既非本來如此也非機會所造就。雅斯培常說：「就一個人而言，理性並

・當雅斯培煢然獨立時，他代表的不是德國，而是德國依然存留了下來的人文教養。

非自有。」就此而言，他從來就不是孤獨的，也從來不認為這種孤獨是高高在上的。他深信不疑人文的存在，那也是他的思想源頭，是一個少人問津的領域，而使雅斯培得以與眾不同之處，正在於他對這個理性與自由的領域駕輕就熟，對其間的路徑滿是自信，而不像其他的人，可能對這個領域並不陌生，但卻無法持久生活於其中。由於支配他存在的就是那股追求光明的熱情，他乃能有如一盞燈，從某個隱藏的光源照亮黑暗。

說到氣節，那種威武不屈、誘惑不移、挫折不撓，頗值得一探究竟。若是從心理的與傳記的角度來看，或許可以從雅斯培的家庭談起。他的雙親都是菲仕蘭人（Frisian，譯註：菲仕蘭〔Frisland〕乃今荷蘭最北部的一省，原屬於德國），仍然保有當地農民那種性烈如火、意志如鐵的脾氣，具有完全不同於日耳曼人的獨立性。沒錯，自由更重於獨立，何況對雅斯培來說，還有待於從獨立中發展出理性的自由意識，因為，唯有在理性的自由意識中，人才能夠如實地體認自身。這種獨立自主的本性——或如他自己說的，一種瀟灑的肆無忌憚——使他喜歡快意於流行一時的趨勢與言論；但是，這種性情有可能還是來自於他那不假外求的自信，使他大可以作他自己的夢，來來去去於一己專屬的源頭與人間寬廣的天地之間，自信滿滿地告訴自己，縱使獨處於一隅，他所代表的也非他個人的意見，而是隱身於公共觀點中的另類看法——是康德所說的「小徑」，「有朝一日必將拓寬成為一條通衢大道」。

這種斷事論理十足篤定的作風與獨立自主的心態，當然不是沒有危險。不輕易受到誘惑有可能導致缺乏歷練，總之，將無從經驗任何一個時代必然會提供的現實。更何況，雅斯培最拿手的那種豪放不羈，那種對旁人所言所思的瀟灑不顧，離我們這個時代的經驗豈不是已經夠遠了嗎？這種精神甚至說不上是對傳統的反叛，因為在人們的眼中，傳統早已經是明日黃花，甚至連作為行為的標準都已經沒有人當真。還有什麼會比我們這個「懷疑的年代」（*ère du soupçon*，譯註：法國作家納托里．沙霍特 Nathalie Sarraute的書名）更不同於那種深植於獨立的自信，以及那種對人和人類人文無以言說的信任呢？

既然我們一直都在檢視主觀上的、心理上的東西，也應該要知道，希特勒掌權

• 唯有在理性的自由意識中，人才能夠如實地體認自身。

的時候，雅斯培已經是個半百之人。在這一段期間，絕大多數人早已經停止吸收新的經驗，特別是知識份子，看事情的觀點已經僵化，以致碰到重大的事件也跳脫不出既有的窠臼。倒是雅斯培卻對這個時期幾件決定性的大事做出了回應（對於這些事件，他未必比別人更有先見，而心理上的準備，甚至可能比許多人都還更有所不足），他既不是退縮回到自己的哲學天地，也不是去否定這個世界，更不是掉進憂心的深淵之中。一九三三年之後，亦即三大卷的《哲學》（*Philosophy*）終卷之後，以及一九四五年之後，亦即《論真理》（*On Truth*）成書之後，他都啟動了我們所稱的新多產時期，只不過，這種說法未免有點美中不足，好像是在說某個大有才華的人重新出發似的。但就算是重新出發，最難能可貴的是，他卻一點都沒有改變——仍然跟過去一樣，與這個世界緊密相連，仍然是以同樣的敏銳與關懷緊追世事的流變。

《偉大哲學家》（*The Great Philosophers*）之完全落實於我們最貼近的經驗範圍，絕不下於《原子彈與人類的未來》（*Atom Bomb*），其時代性，或更精確地說，活在當下而又超越時代，有如神來之筆，廓清了所謂罪有應得的問題。同樣值得慶幸的是，雅斯培雖然一生深居簡出，但絕不是被迫退隱。這一點則要歸功於他的那一段婚姻，使他能得一伴侶，自年輕時即相隨於側。兩人結褵，卻能夠不幻想從此二者合為一體，乃能在彼此之間產生一新的世界；就雅斯培來說，這樁婚姻雖屬私事，卻證明了兩個淵源大不相同的人——雅斯培的妻子為猶太人——確實可以在彼此間創造一個屬於他們自己的世界。就是從這個縮小版的世界——一個模型——雅斯培了解了整個人事領域的精要。他那無與倫比的對話才能、絲絲入扣的傾聽之道、反覆再三討論的耐心，以及最重要的，引導沉默進入交談使之成為值得一談的循循善誘，全都是在這個小世界裡得到開啟並培養出來的。也正是在講談與傾聽之中，他乃能做到變化轉折、別開生面、一針見血——或如他自己所說的，成就了他「光照」的能力。

就是在這個家中，透過講談與傾聽使思想豐富，發光照亮，雅斯培乃得以自在；這種自在也使他的心靈得以自由，因為這個家是言之有物的，一如他的哲學所教導給我們的思想之道，是直探言說本源的路徑，也正是這些路徑，開啟了一塊非如此則無法抵達的處女之地。雅斯培的思想之所以開闊，是因為他的思想能夠與這個世界及其間的人們互為參照，他絕不會將自己綁死在任何一個現存的空間，事實正好相反，他最深層的目的就是要「創造一個空間」，使人的人文氣質能夠在其中變得純淨而澄清。這種思想永遠「緊扣著旁人的思想」，因此必定是公共性質的，縱使它所處理的事情一點都無關於公眾；之所以能夠如此，又在於它總能謹守康德的「開闊的心胸」，也唯有這種態度，才是面對公共事務最可貴的心態。

既要探索那個使他得以自在的人文空間，雅斯培就需要偉大的哲學家。但是，他也為他們的厚賜做出了可貴的回報，也就是說，他拿他們建立了一個「精神領域」，使他得以在這個領域中再現並發聲——自幽靈之域發言——使這些已經逃離塵世的人再度成為心中所思所想的永久旅伴。我在這裡所談的這些，無非是要跟各位談談思想自由、思想獨立的一些概念，目的也就是要建立一個精神領域，而首要之務則是揚棄那個被傳統所掏空的舊秩序。傳統這個東西不過是一個序列，是一個哲學家將真理傳給下一個人所產生的相續結果，就算它對我們而言早已經是徒具形式，但這種代代相傳的模式，有形無形之間還是深深影響著我們每一個人，若是沒有了這捲阿麗亞杜妮之線（Ariadne's thread，譯註：希臘神話，克里特島國王的女兒，暗戀雅典英雄 Theseus，給他一捲線，使他能夠安然進入迷宮，消滅牛頭人身怪物 Minotaur），對於過去，我們還真的會手足無措，完全無法去追本溯源。正因為有著這樣的難處，現代人與過去的關係乃出現了危機，而雅斯培適時地出現了，將這個序列轉換成一個空間的並置，使我們與一個哲學家的距離，無論遠近，都不再被歲月所分隔，而能夠毫無限制地任選一點，從那兒進入精神領域，一個只要地球上仍然有人存在就將持續擴展的精神領域。

正是這個精神領域，雅斯培優遊自在於其間並為我們開出了路徑，它既不是遙不可及的也不是烏托邦式的，既不屬於昨日也不屬於明天，而是當下的，是屬於這個世界的。這個由理性所創造、由自由所駕馭的精神領域，不是由某種東西所安排、所組織的，它可以無遠弗屆，遍及地球上所有的國家，並進入它們全部的歷史。雖然這種精神無所不在，但卻是無形無影的。它，就是那個人文的領域，是每個人都可以從他自己的源頭中去發現得到的。凡是進入了這個領域的人，彼此認得，因為到那個時候，他們都「有如星火，綻放明亮的光芒，漸弱而至於無形，更迭而生生不息。當眾星火看見彼此，每一朵火焰便更為明亮，因為它們看見對方，並期待相互輝映。

• 當眾星火看見彼此，每一朵火焰便更為明亮，因為它們看見對方，並期待相互輝映。

互輝映」。

雅斯培曾經引領過一些人進入這個領域，我在這裡所說的不過是替他們發言而已。至於他們打從心底想要表達什麼，我不敢掠美，而說得最好的則莫過於亞道柏・史提夫特（Adalbert Stifter，譯註：奧地利小說家，1805-1868），我就借用他的話吧：「對於這個人，眾人驚訝之不及，讚歎之聲已然升起。」

註釋

①本文講於雅斯培接受德國出版業同業公會和平獎頒獎典禮。

② De Oratore I, 141.

③ The German original, *Die geistige Situation der Zeit*, appeared in1931.

④此文寫於一九五八年，之後，雅斯培最重要的政治著作則為一九六七年的《德國的未來》（*The Future of Germany*）。

4

世界公民②

卡爾·雅斯培 *Karl Jaspers, 1883-1969*

Karl Jaspers: Citizen of the World

二十世紀德國的存在哲學大師

一個人，只要他還是自己國家的公民，就不可能成為世界公民。在《歷史的起源與目的》（*Origin and Goal of History*, 1953）中，①雅斯培廣泛討論了世界國家與世界帝國的問題。一個中央集權統治全球的世界政府，一個治理整個地球的單一主權，一個獨佔一切武力的政權，無論它是什麼形式，如果沒有其他的自主力量加以監督控制，那將不僅是一個揮之不去的夢魘，也將把我們所了解的政治生活予以終結。政治的概念是建立在多數、多元與相互制衡上。就定義而言，公民則是眾多國家中一個國家裡面眾多公民中的一員，他的權利與義務必定有著規範與限制，而這種規範與限制不僅是來自於他的公民同胞，也受到領土的限制。哲學或許可以設想地球乃是人類的家園，有著一部行之久遠、普世適用的不成文法。但是，政治所處理的卻是眾人，是許多國家的民眾，是許多資源的繼承；其法律則是明確訂定的籓籬，劃出一個保障與限制的空間，在這個空間裡面，自由並不是一個概念，而是一個活生生的政治現實。至於建立一個單一主權的世界國家，其前提則絕不是在於提供一個世界公民的身分，而是所有的公民身分都將因此而終結；它絕不會是世界政治的巔峰，只會是政治徹底的終結。

總之，心中想著一個世界國家，懷抱著一幅萬國一統的畫面，或是一個世界帝國，一幅羅馬帝國的畫面，都是危險的（羅馬帝國之統治雖然及於文明與野蠻地區，但是，相對於當時地球上整個未知部分的黑暗與恐怖，它還是可以忍受的），也絕不會是當前政治問題的解決之道。世世代代以來，「人類」一詞不過是一個概念或一個想法，如今卻已經成為某種迫切的現實問題。正如康德所展望的，儘管歐洲將自己的法律強加於各大洲，但是，隨著許多國家的持續存在，人類摩肩接踵地不斷冒出來，結果卻是一個完全不同的景觀，是康德早就看到的：人類的統一還在「遙遠的未來」。②而說到生存這檔事，人類受惠最多的，既非人道主義者的夢想，也非哲學家的說理，甚至不是重大的政治事件——至少不是最主要的——而是西方世界所發展出來的技術。當歐洲急著將它的「法律」強加於各大洲之際，曾幾何時，連它自己也都不再相信那一套東西了。科技雖然將世界加以整合，歐洲卻在向地球的各個角落輸出它的分裂大業，也就是在這個時候，傳統上它所接受的形而上信念

•一個人，只要他還是自己國家的公民，就不可能成為世界公民。

與宗教信仰開始式微，隨之而來的還有自然科學的突飛猛進，以及民族國家壓倒所有其他政府形式的大勝利。西方古代的信仰與公共生活方式，歐洲花了好多個世紀才將之破壞殆盡，但也正是同樣的一股力量，持續發展並由西方獨領風騷，不過短短幾十年，就從外面將世界其他地方的信仰與生活方式摧毀無遺。

的確沒錯，地球上所有的人民，可以說是有史以來第一次活在一個共同的屋頂下：一個國家有個風吹草動，旁的國家沒有不受到影響的。國與國之間彷彿緊鄰而居，這邊打個噴嚏，地球的另一邊就感冒。但是，這種共有一個屋頂的現實卻不是建立在相同的過去上，而且也不保證會有一個共同的未來。科技為世界所帶來的整合，科技同樣可以輕易予以摧毀，而為了達到天涯若比鄰所設計的全球通訊，卻也意味著潛在性的全球毀滅。很難加以否認的是，此刻人類一元化最有力的象徵是有那麼一天，一個國家只要其少數幾個政治首腦，就有可能用原子彈將地球上整個人類的生活毀掉。人類若是因此而達成團結，那真是十足的負面；因為，它的共同利益居然是不得不達成一項禁止使用原子彈的協議，但是，這項協議就跟其他的協議一樣，全都是出於相互的猜疑，如此一來，一個各懷鬼胎的世界或許反倒成了大家共同的願望。

團結是建立在恐懼全球的毀滅上，聽起來滿弔詭，但絕對有其道理，由此可以做出這樣的理解：人類的團結唯有跟政治責任結合才有積極的意義。按照我們對政治的認知，在自己能力所及的範圍內，無關於個人的「罪愆」，我們都應該對公共事務負起責任；因為，既然身為公民，政府以國家名義所行的種種作為，我們都不應當置身事外，由此更進一步，那麼我們對全球也負有責任，但這種要求顯然又超出了我們的能力範圍。人類一家徒然變成一種難以承受的負擔，而放眼所見無非是政治的冷漠、鎖國的民族主義、或是對所有權力絕望的反抗，這種絕望超越了對人文主義復興的熱情與願望。從整個現實情況來看，人文主義的傳統理想及其對人類所持的觀點都只是毫無根據的樂觀主義而已。所有這些影響所及，又為我們帶來一個沒有共同過去的現在世界，勢將使所有傳統、所有個別歷史變得與我們無關。

以他的政治與心靈現實為背景，雅斯培對這種情形的了解可能勝過任何一位哲學家，因此，他對人類所持的新概念以及他的哲學思想，我們實有必要去做個了解。康德曾經呼籲他那個時代的歷史家，「以世界主義的理想」寫一部歷史。而從雅斯培最初的《世界觀的心理學》（*Psychology of World Views*, 1919）到他的世界哲學史，③我們很容易就可以「證明」，他全部的哲學著作都懷抱著「追求世界公民的目標」。

如果人類一家的理念有了新的基礎，不再是對人類喪心病狂的能力抱持著想當然爾的恐懼；如果所有國家都能夠以四海為鄰的新境界讓人類有更大的期待，相互仇恨的大量增加不再，彼此敵視所造成的世界動盪不再，那麼相互了解與持續自清的過程也就可以水到渠成。同樣地，依雅斯培的看法，世界政府的前提是權威的重新整合，以建立一個全世界的合眾政治結構；因此，相互了解的前提也就是重新整合，但重新整合的對象不是個別的傳統與各個民族的歷史，而是將權威以及傳統與歷史所主張的普世要求加以結合，換句話說，就是要打破傳統的權威而不是要打破傳統。雅斯培思想的出發點即在於此。在《世界觀的心理學》（*Psychology of World Views*）中，他反對任何理論的絕對性，代之以一個普世的相對性；在此一相對性中，每個哲學的內涵都只是個人思辯的手段，於是傳統權威的硬殼乃為之破除，大量歷史的內涵釋放出來，並「隨興」置入彼此的溝通之中，接受現行思辯的檢驗。在此一世界性的溝通中，由當今哲學家的存在經驗加以彙整，所有定於一尊的形而上內涵都將融入一個思想之流，並因為和我人當下的存在與思辯有關，任何權威的思想乃脫離其歷史年表上的固定位置，全都被置於當前的時代，進入同一個精神領域。不論我此刻思考的是什麼，都應當與過去被思考過的每件事維持經常性的溝通。之所以要如此，不僅因為「在哲學上，新就是對真理的辯難」，更因為「直到目前為止，西方思想都有一個順理成章的定論，清楚明白的綜合論述都是由一個大到足以涵蓋一切為真的原則所產生」。而原則自身即是溝通；真理絕不可以被理解成教條，其之顯現是出於「存在的」實體，是經過理性照亮，透過清楚的陳述將本身表達出來，並訴之於其他人的理性存在，是可以理解的，也是能夠理解其他一切的。「**存在**唯有透過理性才會變得清楚；理性唯有透過**存在**才有內涵。」④

所有這些與人類一元哲學基礎相關的考慮，都非常清楚地說明，雅斯培的哲學理念——即使並非中心理念——就是「無限溝通」，⑤同時以此突顯所有真理都是可以理解的信念，**以及**表現出展示與傾聽的善意，並以此作為全人類對話的基本條件。就此而言，溝通之不被認為是「表達」思想，這還是第一次；因此，就思想本身而言，緊接著應當就是溝通。真理本身是可溝通的，離開了溝通，真理也就無從顯現，也無從想像；在「存在」的領域中，真理與溝通是二而一的。「真理就是將我們連結在一起的東西。」⑥但是，唯有溝通——在同時代的人之間，也在生者與亡者之間——真理才會顯現。

能夠將真理與溝通視為同一個東西或二而一的，也就不致淪為純粹出於想像的象牙之塔，所思所想乃是實踐的，儘管未必是實用的，是人與人之間的一種實踐，而非一個人選擇不食人間煙火所做出來的作業。據我的了解，在哲學家中，大力反對不食人間煙火的，雅斯培是第一個也是唯一的一個，對他來說，不食人間煙火根本是「有害的」，曾經這樣毫不客氣地問道：在這種情形下產生的「所有思想、經驗、內涵」，「於溝通有何意義？這種作法有助於溝通還是在逃避溝通？是要誘人不食人間煙火還是要激發人去溝通？」⑦今天，哲學在神學面前已經不再恭順，面對人的日常生活也不再是高高在上；哲學已經變成「生活的女僕」（*ancilla vitae*，譯註：拉丁文）了。⑧

在德國的哲學傳統中，這種態度有其特別的價值。但是，深信自己能夠被人理解而且能夠消除誤解的，康德似乎已經是大哲學家中的最後一人了。黑格爾臨終時說：「沒有人了解我，唯有一人例外，而他也誤解了我。」從此以後，在一個完全被科學所吸引而又不再關心哲學的世界，哲學家的孤芳自賞乃日甚一日，結果淪為惡名昭彰的模稜與晦澀，在許多人眼裡，成為德國哲學的典型，也成為思想徹底不食人間煙火與無法溝通的標誌。按照公共意見的標準，清晰與偉大居然是無法相容的。大戰之後，雅斯培發表的許多東西，包括文章、講演、電台談話，無不刻意地以婦孺能解為導向，談哲學絕不使用術語，這也正是因為他深信，只要是一個人，就必定能夠訴諸理性並關懷全人類的「存在」。

從哲學的觀點來看，人類所面對嶄新現實的內在危機，是這種建立在以科技的溝通與暴力手段為基礎的一元化，每個民族的傳統將因之而摧毀，全體人類的源頭也將遭到埋葬。但是，有人卻認為，為了要達到人與人之間在文化、文明、種族與民族的終極了解，此一摧毀乃是必要的前提。果真如此的話，結果將會變成淺水一灘，對於人類所共有的五千年歷史，我們將不復認識。更嚴重的還不止於淺薄而已，若是失去了整個歷史的深度，人類的思想甚至在科技層面的創新也將無由存在，只

- **真理本身是可溝通的，離開了溝通，真理也就無從顯現，也無從想像。**
- **今天，哲學在神學面前已經不再恭順，面對人的日常生活也不再是高高在上；哲學已經變成「生活的女僕」。**

有消失一途。這種全面性的淺薄化將會是公分母的巨幅降低，降低到我們今天無法想像的程度。

任何人，只要他認為真理歸真理，既不需要表達出來，也與表達與否無關，就真理本身而言，它是不可溝通的，也無需與理性溝通或訴諸於「存在的」經驗，那麼在他看來，科技全自動化機制既然使世界得以整合，亦即可以將人類統一起來，當然也就不至於不可避免地觸發此一摧毀過程。一般的看法是，各民族過去的歷史本就各形各色，就彼此而言，其分歧與陌生本就不免令人困惑而難以理解，在通往那個空有其名的一元化之路上，徒然構成障礙而已。當然，此一看法顯然大錯特錯了；現代科學與技術所源出的深度如果遭到摧毀，技術上來說，人類的新一元可能根本就無法存續。當全球性的溝通系統覆蓋整個地球表面時，如果想要應付此一態勢，勢必要將各民族原本就五花八門的過去納入彼此的溝通之中，唯有如此才能夠搞定一切。

經過這樣的反思醞釀，此一重大創見乃成為雅斯培歷史起源與目的的哲學基石。按照《聖經》的說法，所有的人類均系出亞當，來自同一個祖先，並走向同一救贖與最後審判的目標，但此說顯然無法以理性知識加以證明。基督宗教的歷史哲學，從奧古斯丁到黑格爾，以基督之來到世間為世界史的轉捩點與中心；但此說的效力顯然僅及於基督徒，如果竟宣稱其唯我獨尊並欲以此統一人類，那麼，其他起源與目的均不相同的神話又將置於何地呢？

相對於此的是另一種歷史哲學，其世界史的概念是以各個民族或世界上某一部分的歷史經驗為基礎，雅斯培發現，其間有一條由經驗所賦與的軸線貫穿，為所有的民族提供了「一個共同的架構，亦即從本身的歷史中去認識自己。這條世界史的軸線，穿過紀元前五世紀，並在紀元前兩百至八百年之間進入精神的進程」——孔子與老子在中國、奧義書與佛陀在印度、查拉圖斯特拉（Zarathustra，譯註：古伊朗民族宗教瑣羅亞斯德教〔Zoroastrianism〕的先知，該教現今在伊朗境內僅剩約十萬信徒）在波斯、先知們在巴勒斯坦，以及希臘的荷馬、哲學家與悲劇家。⑨那一段時期所發生的大事，雖然彼此間互無關聯，也都各自成為重要歷史文明的源頭，但這些互異的源頭間卻有著一個特殊的共相，可以經由許多途徑加以確認並界定，包括：人，或是揚棄或是採用神話，以超自然的一神為世界性的大宗教打下了基礎；哲學家在世界各地出現：人，發現**存有**是一個整體，自己則是與其他存有極端不同的存在；人，第一次成為（用奧古斯丁的話來說）自己的問題，開始覺察到意識的作用，開始思考思維的功能；到處都有偉大的人物出現，他們不再以僅做一個社會成員為足，而是自許為一個獨立的個體，走出自己新的人生道路——或為智者，或為先知，或過著隱士的生活，退出社會，進入一個全新的內在精神境界。我們今天的思想基本範疇與信仰基本教義，全都是這個時期的產物；也正是那段時間，人類首度意識到自己在地球上的處境，因此，原來只是按時間順序發生的事件變成了故事，這些故事又被編入歷史，成為反思與瞭解的重要課題。人類這條歷史的軸線產生於「紀元前最後一千年中葉的一個時代，之前的一切都可以看成是為此所做的準備，而之後接著發生的一切，往往都會出於自覺地倒溯回去。人類世界史的架構也就是源自此一時期。這一條軸線，我們或許不能說它是永世不變、獨一無二的，但是，就迄今為時還不算久遠的世界史來說，這一條可以清楚意識到的軸線，是人類歷史一元的基礎，也是人類各自在不相往來的阻絕中所共同認知的。這一條實有的軸線可以轉化為一條理念的軸線，成為將人類拉攏到一塊的一條動線」。⑩

從這個角度來看，透過一個溝通的系統，人類的新一元可以得到一個屬於它的過去，亦即以彼此共有的共相各自展露本身的源起。但是，這個共相絕非是制式的；正如男人與女人都叫做人，彼此間卻存在著絕對的差異，也正因為如此，每個國家的國民唯有始終秉其身分，才能夠進入這個人類的世界史。至於一個世界公民，生活於一個世界帝國的專制下，所言所思都是定於一尊的世界語（Esperanto，譯註：俄國人 Zamanhof 博士為使世界通用所發明的語言），那又何異於一頭雌雄同體的怪物。人與人之間的結合，其主觀條件在於「無限溝通的意願」，其客觀條件則是普世的可理解性，人類的統一與團結，單靠一種宗教、哲學或某一形式的政府是無法達成的，而是要靠一種信念，亦即多中有一，而在這個「一」中，「多」同時是既隱又顯的。

構成我們所通稱的世界史的，是世界各大文明的發軔，也正是在那個關鍵的年代並因其接續的開展，我們所稱的史前時代乃宣告結束。按照這種歷史分期來看我們自己的時代，大可以這樣說，隨著全體人類進入了一個實質的政治實體，世界史

- **每個國家的國民唯有始終秉其身分，才能夠進入這個人類的世界史。**
- **人與人之間的結合，其主觀條件在於「無限溝通的意願」，其客觀條件則是普世的可理解性。**

發軔的那個關鍵年代也就跟著告終。亦即，我們的時代已經結束，進入了一個新的時代；對於這種相當普遍的認知，雅斯培大體上是同意的，但是，對於那種太過強調宿命的診斷，他卻不表認同。「我們活著，彷彿是在敲一扇仍然對我們緊閉的大門。」⑪再清楚不過的是，了解一個結果容易，欲知一個開始的終極意義卻難。我們當前的處境，說得嚴重一點，正懸在往者已矣與來者不可追之間，世界史結束之後，人類史今天剛要開始，其結果將會如何，我們一無所知。面對這種懸慮，我們所能為自己準備的，就只有藉助於雅斯培那一套以溝通理念為中心的人類哲學（philosophy of mankind），對於過去所有偉大的思想體系，中國的、印度的、西方的，既不予以抹煞甚至不做批評，也不去剝除它們武斷的形而上論斷，而是將它們原原本本地加以融合，納入思想的列車，彼此碰頭會車，互相溝通，最後就只看得到普世的交流。不同於人的哲學（philosophy of man），所謂人類哲學，堅信一個事實：人類居住在這個地球上不是自說自話，而是人與人之間彼此在對話與溝通。當然，人類哲學無法開出任何政治活動的處方，但卻也不像柏拉圖以來過去的哲學家那樣，認為政治活動（*bios politikos*，譯註：希臘語，在亞里斯多德的政治學中，指人類公共生活領域中的互動）無非是尋常的生活，視政治為必要之惡，而是將政治理解為人類生活的一個大領域，或如麥迪遜（Madison）所說：「對人性最大的反思。」⑫

雅斯培的人類概念與世界公民，二者在哲學上有著什麼樣的關聯，要了解這一點，就不可不回顧一下康德的人類概念與黑格爾的世界史概念，因為，雅斯培的人類概念的傳統背景正在於此二者。在康德的眼裡，人類的行為各行其是又不可預測，唯一能期待的，就是從政治上將人類結合成一個人性可以充分開展的社會，如果連這個希望最後也落空的話，那麼歷史的結果無他，一幅「悲慘的混亂」畫面而已。放眼所見，「人類在這個世界的大舞台上……無非是愚蠢、幼稚與虛妄的交織，惡意與破壞率皆出於任性」，「人類之行為如此不可理喻」，除了假設必有某種神秘的「自然目的」在人的背後操弄，否則根本無從加以解釋。⑬傳統政治思想史的特點之一就是要找出政治史的究竟意義，但是，第一個認為其中必有一神秘力量在作祟的人，則是康德而非黑格爾，這一點頗堪玩味。談到這種想法，恐怕沒有人比哈姆雷特體認得更為深刻，他說：「思想是我們的，但其結果卻不是我們要的。」此外，對於一種以人類尊嚴與自主為中心的思想來說，這種體認也未免顯得太卑微了。對康德來說，人類的理想境界仍在「遙遠的未來」，到了那個境界，人只要活在地球上就自有其尊嚴。但是，我們今天所熟悉的政治與政治活動，以及歷史所記載的愚蠢與虛妄，也必將在此一理想的境界絕跡。康德預言了一個遙遠的未來，到時候，過去的歷史勢將有如萊辛所說的「人學」（the education of mankind）；屆時人類史大概也跟博物史一樣乏味，有如我們對自然的認知，每個物種都是一個自足的目的（*telos*），全都是先前的演化所訂下來的，其最後的結果是雙重意義的，既是目的也是結局。

至於黑格爾，對他來說，人類以「世界精神」展現其自身；在人類發展的各個階段中，這種精神都以最純粹的形式存在，但永遠也無法在政治上實現。之所以如此，同樣也是一種神秘而詭異的力量作祟；但是，這種「理性的脫軌」卻不同於康德的「自然的作弄」，大可以視為這位哲學家經過深思之後所得到的一種心得，對他而言，只不過是對世事有如脫韁野馬般的無意義發展好有個說法而已。世界史的巔峰並不會出現在人類的現實面，所指的乃是世界精神在一種哲學中獲得自覺的時刻，到時候，絕對性終於將其自身向思想展露。儘管黑格爾年輕時的政治衝動極強，但在他的作品中，世界史、世界精神與人類這類字眼幾乎不具任何政治意涵，雖然很快成為史學上重要的概念，但在政治學上仍然沒有絲毫的影響力。直到馬克思出，決心「重振黑格爾的雄風」，將歷史的**詮釋**轉化成為歷史的**創造**，才使這些概念與政治產生了關聯。但是，這卻也完全變成了另外一回事。很明顯地，不論人類的完美是遠在天邊還是近在眼前，只有在康德所規劃的架構內，一個人才有可能成為世界公民。至於在黑格爾世界精神的歷史系統中，最好的情況也只是：一個人如果運氣夠好，生而為人，既生對了人家又生逢其時，一出世就跟那個時期所揭示的世界精神若符合節。對他來說，生而為歷史人類的一員，無非就是在紀元前五世紀時要生為一個希臘人，而不要做一個野蠻人，在紀元第一世紀時，要生為一個羅馬人而非一個希臘人，在中世紀時則要做一個基督徒，千萬不要是猶太人，諸如此類等等。

相對於康德，雅斯培的人類與世界公民概念是歷史的，相對於黑格爾，則是政治的；總而言之，是將黑格爾歷史經驗的深度與康德偉大的政治智慧結合了起來。然而，最關鍵的並不在於此，而在於他跟他們不同的地方。無論是政治活動「悲慘的混亂」，史冊所載的愚行，還是操弄人類使之獲得智慧的神秘魔力，他一概不信。康德那一套「善意」的說法，他根本予以揚棄，因為善意要靠理性，於行動卻無能為力。⑭他打破了德國哲學理想主義的絕望與安慰。哲學如果只是「生活的女僕」，那麼，毫無疑問地，其作用也應該有如康德所說的，「寧願在高貴的女士身前為她掌燈，而不要在她的身後為她捧裙襬」。⑮

雅斯培所展望的人類史不同於黑格爾的世界史；人類史將耗掉一個又一個國家，一個又一個的民族，經過一個又一個的階段，世界精神終得以逐漸實現。人類在現今這個現實中的整合，也不是如康德所期待的，只是因為過去的歷史才得到安慰與報償。因科技主宰地球而帶來的新整合極為脆弱，在政治上，唯有在普世相互協議的架構下才能獲得保障，並由此走向一個全世界的合眾政體。在這方面，政治哲學所做的，頂多只是規劃政治活動的新原則而已。正如康德所說，戰爭使得一事無成，只會使未來的和平與和解胎死腹中，正因為如此，按照雅斯培的思想，今天，人類的團結實際上是存在的，在政治上任何違反這種狀態的行為都應當絕對避免。也就是說，任何因政治火藥所引爆的戰爭都必須予以排除，不僅因為原子戰爭將危及整個人類的生存，同時也因為每場戰爭，不論其手段與範圍多麼有限，都會立即而直接地影響到全體人類。戰爭之廢除一如取消主權國家的多元，自有其另類的危險；各式各樣的軍隊，擁有古老的傳統與多少值得尊敬的榮譽符碼，到時候將會被聯邦的警力所取代，而在現代的警察國家與極權政府中，原來屬於軍隊的力量已被無所不在的警察所侵蝕，依我們的經驗，對於這種前景，實在無法讓我們太過於樂觀。還好，這一切仍然還在遙遠的未來。

註釋

① *Origin*, p. 193ff.

②"Idea for a Universal History with Cosmopolitan Intent"（1784）.

③ See now *The Great Philosophers*, vol. I, 1962, vol. II, 1966.

④ *Reason and Existence*, New York, 1955, p. 67.

⑤"*Grenzenlose Kommunikation*"（無限溝通）一詞幾乎見於雅斯培所有的作品。

⑥ Cf. "Vom lebendigen Geist der Universität"（1946）in : *Rechenschaft und Ausblick*（Munich, 1951）, p. 185.

⑦ Cf. "Uber meine Philosophie"（1941）in *op. cit*., p. 350, 352.

⑧雅斯培並未用這個說法。他常用的說法是，思辯乃是「內在活動」的實踐等等。思想與生活的關係此處無法討論，但下文將可顯示我對「生活女僕」的詮釋，應可解為："*Was im denkenden Leben getan werden muss, dem soll ein Philosophieren dienen, das erinnernd und vorausgreifend die Wahrheit offenbar macht.*" *Ibid*., p. 356.

⑨ *Origin*, p. 1f.

⑩ *Ibid*., p. 262f.

⑪"Vom Europäischen Geist"（1946）, in *Rechenschaft und Ausblick*, p. 260.

⑫ *The Federalist*, No. 51.

⑬"Idea for a Universal History", *op. cit*., Introduction.

⑭「……建基於理性的意志，可敬但特別缺乏自信。」" To Eternal Peace"（1795）, translation quoted from Carl Joachim Friedrich, Modern Library edition.

⑮ *Ibid.*

5

遠離非洲

伊薩・迪內森 *Isak Dinesen, 1885-1963*

她的作品曾兩度提名諾貝爾文學獎。
以作者生平為藍本改編拍成的電影《遠離非洲》，
曾榮獲一九八五年奧斯卡金像獎最佳影片。
根據她的中篇小說《芭比的盛宴》拍攝的同名電影，
則獲頒一九八七年奧斯卡金像獎最佳外語片。

如同傑作，至情至性罕有。

——巴爾札克

丹麥傑出女作家，卡倫．布里克森從男爵夫人（Baroness Karen Blixen），卡倫．克里斯汀絲．迪內森（Karen Christentze Dinesen）——家人叫她妲妮（Tanne），情人則叫她妲妮亞（Tania），然後朋友也跟著叫——只因為死心塌地愛著過世的情人，便用他的母語英文寫作，用的是典雅的舊式文體，至於做為一個作家，卻是猶抱琵琶，在娘家姓氏的前面用了一個男性筆名「伊薩」（Isak），一個連她自己都笑的名字。笑，多半是為了要應付一些滿棘手的問題，而其中最不令她困擾的，大概就屬她堅信女人實在不適合當個作家，因為如此一來就會成為公眾人物；公共領域的光線太強，令人難以禁受得起。之所以會有這種想法，還得怪她的母親，一個女權運動者，在丹麥積極投入婦女投票權的爭取，一個絕不會向男人賣弄風情的優秀女性。二十歲那年，她發表了幾個短篇小說，頗受到鼓舞，未幾卻又決定擱筆。她「從未想要成為一個作家」，「本能地害怕陷進去」，若是從事其他職業，角色總是固定得多，即使陷在裡面，至少可以使她免於生命本身的難以捉摸。直到年過四十，才開始專事寫作，將近五十歲時出版了第一本小說集：《歌德人軼事七則》（*Seven Gothic Tales*）。當時，她已經了解到（我們從〈夢想家們〉得知的），在一個人的生命中，把自己陷得最深的莫過於自我的認同——「我不再是一個人……身為一個女人，我不再有自己的心靈、自己的生活」——因此她給一位朋友（小說中的馬可仕．柯珂茲〔Marcus Cocoza〕）的最佳忠告就是「不要太在乎馬可仕．柯珂茲」，意思是說，真的「成了他的奴隸與囚犯」。因此，儘管寫東西或專業寫作會困住她，相對於太在乎自己，以及在公共領域不可避免地拿女人跟自我認同穩定的男作家相比，反倒是其次了。人生的挫折加上情人在非洲喪生，使她成為一個作家並給了她一個新的生命，在她看來卻是開了她一個玩笑，於是「上帝喜歡開玩笑」也就成了她後半生的格言（她喜歡這一類的人生座右銘，開始是：**追尋是必要的，生活則否**，後來則是丹尼．芬奇—哈頓〔Denys Finch-Hatton〕的**交給我，我負責**）。

但是，害怕被困住之外，還有更嚴重的，就是接受訪問時，對於一般人認為她是天生的作家與「有創意的藝術家」，她總是誠惶誠恐地抗拒。事實上，對於寫作，她從來沒有野心，更別說當個作家；在非洲寫的一點東西根本不足掛齒，因為那都只是用來打發「乾季」的，目的不過是遣懷散心，免得操心農作，兼可消磨漫漫長日。僅有一次，是「為了賺錢才寫點小說」，儘管《復仇天使》（*The Angelic Avengers*）確實是為她賺了一些錢，但結果卻是「糟透了」。她之真正開始寫作，純粹是「生活所逼」，何況她「能做的也只有兩種事，烹調……或許還加上寫作」。烹調先是在巴黎學的，後來在非洲也下廚，目的不過是取悅朋友；為了取悅朋友與土著，她又學會了說故事。「如果她一直待在非洲，也就不會成為作家了」。因為，「我，我只是個講故事的人，其他什麼都不是。讓我著迷的，無非是故事以及如何把它講出來。」只要有生命與世界，任何一種世界與環境都行，她就能夠話說從頭；因為這個世界充滿著故事，大大小小的事件，奇奇怪怪的遭遇，全都是在等著人去講的，有的之所以沒有講出來，依她的看法，只不過是缺少了想像——不管什麼事情，怎麼發生的，只要能發揮想像，你也就看到了故事，又只要耐得住性子，一講再講，你也就可以把它說得活靈活現。在這方面，她的確是一輩子都在做，但絕不是為了要成為一名作家，甚至不是要成為她書中所說的那些智者或講故事高手。若不能在想像中重新活過，就不曾真正活過，「缺乏想像」使人難以「存在」。「忠於故事」，正如她書中一個講故事的人對年輕人的規勸，「永遠都要堅定不移地忠於故事」，也就是說，要忠於生活，切勿作虛弄假，應當接受生活所給你的一切，憶想思索，無非是老老實實地把自己給呈現出來，如此在想像中反覆再三，自會有聲有色。活得有聲有色，從早期起就一直是她唯一的目標與願望。「我的生命，我是不會放你走的，除非你賜福於我，到時候，我自會讓你離去。」對於一個講故事的人來說，報償就是能夠放手：「講故事的人只要能夠忠於……故事，到了末了，連靜默也會發聲。若是背叛了故事，靜默就只有空洞。因為我們忠實，講完最後一個字時，自會聽到靜默之音。」

無疑地，這當然需要技巧，也就是說，講故事的人不僅要活在生活當中，更要能夠按照所需的條件把它變成藝術。做個藝術家需要投入時間，並要與渾渾噩噩過日子的生活有所區隔，在生命當中，或許只有天生的藝術家才能做到這一點。以她來說，就有一條清楚的界線將她的生命與她後半生的作家生活一切為二。正因為她失去了生命中的一切，包括她在非洲的家與她所摯愛的人，只帶著悲傷、痛苦與回

‧講故事的人只要能夠忠於故事，到了末了，連靜默也會發聲。

憶，一無所有地回到朗斯提德蘭（Rungstedlund，譯註：丹麥著名的文化城），她才真正成為一個藝術家，並獲得了非如此便無法達成的「成就」——「上帝喜歡開玩笑」，而神的玩笑，希臘人最了解，往往都是殘酷的。接下來，在當代的文學界，她的表現的確是獨樹一格，倒是十九世紀才有幾個作家差堪比擬——克萊斯特（Heinrich Kleist，譯註：德國十九世紀劇作家）的軼事與短篇小說，以及黑貝爾（Johann Peter Hebel，譯註：德國作家，1760-1826）的一些故事集，特別是《未曾預見的重逢》（*Unverhofftes Wiedersehen*）。總之，用尤朵拉・薇爾蒂（Eudora Welty，譯註：二十世紀美國作家）一句入木三分的話足可道盡一切：「她萃取了故事的精華，又將精華煉成瓊漿，再用瓊漿合成故事。」

就一個藝術家來說，生活與作品之間的關聯往往會造成困擾，記錄、展示、討論，一經公開，原本不足為外人道的私事，我們總是迫不及待地想要一睹為快，儘管知道這樣不對，我們的好奇心卻按捺不住。講到這些問題，有人一定會提到帕米尼亞・密格爾（Parmenia Miguel）寫的那本傳記：《泰妲妮亞：伊薩・迪內森傳》（*Titania: The Biography of Isak Dinesen*, Random House, 1967），但問題卻不是屬於這個層次的。說它乏善可陳還算是客氣的，雖然花了五年的工夫，照講足以產生「夠多的材料……

成就一部可以傳世的作品」，但幾乎通篇都只是引述之前發表過的東西，不是取材自相關的書籍就是相關人士的訪問，要不然就是蘭登書屋（Random House）一九六五年出的那本《伊薩．迪內森：紀念文集》（*Isak Dinesen: A Memorial*）。其中有些地方是首次拿出來談，但任何內行的編輯人都可以看得出，處理的手法簡直粗糙到了極點（有個要自殺的男子〔指她的父親〕不能說有「某些徵兆……預示他正接近死亡」；頁三十六，書上告訴我們，她的初戀情人「始終不知姓什名啥」，但卻又並非如此，在頁二一〇，我們知道他是誰了；書中又說，她的父親「同情公社份子，有左派傾向」，但在書中，他的孀母卻透露，「他在巴黎公社目睹種種恐怖，被嚇到不行」。如果我們沒有看過前述的紀念文集，我們大可以這樣說，他是一個為人正直的人，在後來他寫的那本回憶錄中，「給『公社份子』的愛國主義與理想主義還了一個公道」。他的兒子也證實了他對公社的同情，並說「他的黨在國會是左派」）。還有比這種草率更糟的，則是那種大言不慚的「美味」，亦即該書中關係至鉅的新事實，性病的感染——是她離了婚但仍保留其名銜與姓氏的丈夫傳給她的（之所以不改夫姓，真的是像傳記作者所言，是「滿歡喜別人稱她從男爵夫人」？），「留給了她一身的病」——結果使她吃了一輩子的苦頭。她的病史想來大有看頭；

據她的秘書說，晚年的大部分時間，她都耗在「跟痼疾纏鬥不休的戰鬥中……勇敢得就好像一個人想要阻擋雪崩似的」。而其中最糟糕的是，人一出了名，總不免會有愛慕者，卻經常惹出一些莫名其妙的空穴來風：海明威在諾貝爾獎得獎致辭中十足大方地說，這個獎應該頒給「美麗的作家伊薩．迪內森」，說他「忍不住嫉妒（妲妮亞的）舉重若輕」，「非得除掉才能證明自己是個男人，並一掃自己從未能真正克服的不安全感」（譯註：海明威並未出席一九五四年十二月十日的諾貝爾文學獎頒獎典禮，僅由美國駐瑞典大使代讀簡短致辭，文中完全沒有上述情節）。不幸的是，伊薩．迪內森（還是卡倫．布里克森從男爵夫人？）授權了這本傳記，還一連幾天花了好幾個鐘頭交代密格爾夫人（Mrs. Migel），去世前猶耳提面命，一再提到「我的**書**」，極力要求「只要我一撒手」就要付梓，若非如此，所有這些也就會無疾而終，整個出版計畫大可以默爾而息。虛榮也好，想要留名青史也罷，總之罪不致死，卻沒想到，這樣一個人，一生中所能給的只有愛與互愛，希望受到最高的肯定，竟換來這樣的可悲；但是，話又說回來，他們那些人可是一等一的提詞高手，如果我們聽信了他們的提示，卻幹下了徒留笑柄的蠢事，那也就怨不得人了。

很明顯地，關於她的故事，沒有人會比她自己現身說法講得更好了，但她何以沒有寫一本自傳，這個問題之耐人尋味，絕不下於問題之沒有答案（這麼明顯的問題，她的傳記作者居然從未問過她，還真是可悲）。說到《遠離非洲》（*Out of Africa*），總認為是一部自傳性的作品，但是，她的傳記作者想來一定大惑不解，全書絕大部分居然找不到任何可供參考的蛛絲馬跡。不愉快的婚姻與仳離，書中隻字未提，只有從丹尼．芬奇—哈頓這個非同一般的常客與朋友身上，細心的讀者才能夠知道有這麼回事。迄今評她評得最為中肯的羅伯．藍包姆（Robert Langbaum）就說，這部作品是「標準的田園詩，允為當代最佳的田園散文」。也正因為是田園的，嗅不到絲毫的激情，即使芬奇—哈頓的墜機身亡，以及最後幾個禮拜她孤身一人守著行李與空屋，也只見暗筆淡描，點出潛伏在底下的「至情至性」，而這，一直到最後，也正是她講故事的活水源頭。無論是在非洲或一生中的任何地方，她從不曾隱藏過什麼；想來她定是有幾分傲氣，縱使得獲這位男子並以情相許，筆下所寫的他，卻始終都是無影無形的。在《遠離非洲》中，對於這段情事，她也只是隱約提起——他「在非洲，田地就是他的家，住在我家，也是跟他的非洲土著混在一塊」，每次回來，「都把一切散盡；總是說——彷彿是咖啡田在說的，只要雨季的第一場甘霖來臨，它們就會都發出來」；然後，「田裡的東西全都自顧自地說著自己」，而她呢，「每當他飄然離去，就編出許多（故事）」，「就如席赫莉莎德（Scheherazade，譯註：一千零一夜中講故事給國王聽的女孩）那樣，盤腿坐在地板上，編出了許多故事」。

當此情境，她說自己是席赫莉莎德，就已經超越了那些後來跟著他亦步亦趨的文學評論家，也跳脫了講故事這回事，正所謂：「我，我只是個講故事的人，其他什麼都不是。」一千零一夜——「在她的心目中，那些故事高於一切」——講故事可不只是用來換取時間的，還生出了三個男娃兒。而她的情人，「每次來到農莊就問：『妳又生了一個故事沒？』」卻又絕不跟那個阿拉伯國王一樣，「想到有故事可聽就歡喜地坐立不安」。芬奇—哈頓與他的朋友柏克萊．柯爾（Berkeley Cole）都屬於那個世代的年輕人，第一次世界大戰使他們徹底跟傳統分道揚鑣，也沒有辦法履行日常生活的義務，生在一個令他們厭離的社會裡，他們自去追尋自己的生活與角色，有的人成了革命派，活在未來的夢土中，有的則完全相反，選擇了過去的夢土，活在一個彷彿「不再存在的世界」。他們都有著相同的信念：「他們不屬於這個世紀」（用政治術語來說，可以說他們是反自由派的，而就自由主義來說，無非是全盤接受這個現有的世界，但也懷抱著它會「進步」的希望；歷史學者就明白，在中產階級的世界裡，保守的批判主義與革命的批判主義其實是若符合節的）；他們寧願做個「放逐者」與「離棄者」，準備好要「為自己的一意孤行付出代價」，而不願意安定下來成家立業。總之，芬奇－哈頓來去一任己意，要他被婚姻綁住，那是萬萬不能的。除了那一把性情之火，任何東西都綁他不住，吸他不走；只有時間與纏身的俗務、彼此的相知相惜與講不完的故事，才會將那把烈火壓熄，而為使火燄不滅，最保險的辦法就是不斷地完成新的東西。因此，可以確定的是，她也跟席赫莉莎德一樣，一心想要討好，也同樣意識到，若討好不成，自己也就完了。

對於非洲那塊完美無暇的地方，那股至情至性仍然是狂野的，是未曾被馴化的。我們可以「在可貴與適性之間」劃出一條線，「照這個方法將我們所熟悉的東西，人與動物，做出一個區隔。馴化的動物歸為可貴的一類，野生動物則歸為適性的一類，並按照這種方式來決定牠們與社會的關係，決定誰的存在與重要性是第一的，至於其他的，就任其直接與上帝去接觸。無疑地，豬隻與家禽是可貴的，值得我們去看重，因為牠們忠實地回饋了我們在牠們身上所做的投資，而且……行為也符合我們的期望……但是，我們卻將自己歸為野生動物一類，不得不承認自己對社會的回饋並不足夠——還有我們的抵押——但我們卻都明白，即使是為了得到社會最高的肯定，我們也寧願跟河馬與紅鶴一樣，不可能放棄直接與上帝的接觸。」在各種情感裡面，至情至性是會跟社會唱反調的，社會所接受的，至情至性棄之而後快，猶如「凡是值得肯定的」，全都不屑一顧；放逐者與離棄者之所以都來自文明社會，道理在此。但是，生活脫離不了社會，正因為如此，愛——並非愛情，愛情只是為婚姻幸福所搭設的舞台——對生活是具有毀滅力的，在歷史與文學中，這種至情至性的愛侶，我們都知道，無不是以悲劇收場。逃避社會——能不能看作並非不容於感情而是不容於世俗的感情？她之所以離開丹麥，置自己於一個沒有社會保護的生活中，難道不是基於這個理由？她曾經問道：「是什麼東西讓我把心放在非洲的？」答案就在那首歌中：「主」的「話語是我腳前的燈、道上的光」——

遠遠拋掉志向，
熱愛活在陽光，
飢餓就找吃的，
所獲都覺快樂，
來到這，來到這，來到這：
放眼所見

皆非敵人，
但有寒冬與冰封。
如果就此過去，
任誰都成笨驢，
財散盡福撇清，
天涯一意孤行，
丟客單，丟客單，丟客單：
放眼所見
皆是笨蛋，
只要他肯跟我走。

（譯註：出自莎士比亞《如你所願》〔*As You Like It*〕第二幕第五場）

席赫莉莎德，就這個名字的意義來說，就是活到莎士比亞筆下的笨蛋群中，拋開志向，熱愛陽光，找到一個地方，「高達九千英尺」，在那兒，對著「那些新來者、傳教士、生意人與政府」嘲笑他們要把「非洲弄成一個可貴的大陸」，而她則是一無所圖，只想保留土著、野生動物與從歐洲來的放逐者和離棄者，這些冒險家都已經成了嚮導與獵人，活在「時代崩潰前的天真無邪中」——這是她所希望的，是她所要活的，也是她所要求於自己的。但是，這並不必然是她要表現給別人看的，特別是她所愛的人。他先是叫她妲妮亞，後來又叫她泰妲妮亞（「這裡的人與土地都有著魔力」，她對他說，丹尼卻微笑看著她，深情款款地說：『有魔力的不是人與土地，而是在那一雙看他們的眼睛裡……妳將魔力帶給了自己的眼睛，妲妮亞……泰妲妮亞』）。帕米尼亞．密格爾拿這個名字作為她傳記之名，倒是一個不壞的書名，問題是她應該知道，這個名字的意涵並不止於精靈皇后與她的魔力（譯註：泰妲妮亞是莎士比亞《仲夏夜之夢》中的人物，為精靈之后）。自從這個名字在這一對情侶之間叫開來之後，他們彼此便經常引用莎翁的句子，對於這個名字的意涵當然是再清楚不過；他們都知道，精靈之后很明白自己愛上了巴特姆（Bottom），也知道自己高估了本身的魔力，有點不切實際：

「我要清清你凡人的俗氣
好讓你像個精靈般飄移。」

可是，巴特姆並沒有變成精靈，倒是帕可（Puck）把事情的真相告訴了我們：

「我的女主人愛上了一個大怪物……

泰妲妮亞一醒來就愛上一頭驢。」

麻煩的是，魔力再度證明是完全無效的。最後，她為自己所帶來的災難終於臨頭了；在她去世之後，她的弟弟帶著幾分感傷回憶道，事情是始於她決定留在農莊，儘管她知道，「在一個海拔這樣高的地方……絕對不利於」咖啡的生長，偏偏她又把事情弄得更糟，她「對咖啡所知不多，卻堅決相信自己的直覺會告訴她該怎麼做」。直到最後，經過了漫長的十七年，她不得不離開那塊土地，在家人的資助下才成為真正的皇后，精靈之后，真相才有如曙光照亮她。遙想自己在非洲的烹調與卡曼提（Kamante，譯註：《遠離非洲》中的一個吉庫尤族男子，矮小頭大，不成比例）時，她寫道：「大廚陷在沉思中走著，滿腦子主意，你所看到的不是別的，是一個曲腿的吉庫尤（Kikuyu）侏儒，生著一張沒有表情的平臉。」的確，不是別人，就只有她，不斷用想像的魔力反覆醞釀每件事情，從中生出故事來。不論什麼事情，即使扭曲變形，一旦出現了，就能成為一則故事的材料。如此這般，在〈夢想家們〉裡面，我們再度碰到了泰妲妮亞，只不過名字換成了「曼卡的朵娜．吉克索特」（Donna Quixota de la Mancha），使那個聰明的老猶太人——故事中取代帕可的角色——想起他曾經在印度看到的「跳舞的蛇」，那些蛇「雖然沒毒」，但只要牠們想要卻能致死，完全用纏繞的力量。「事實上，那真可以說是奇觀，鬆開你巨大的盤曲，一繞一纏，將自己的力量加上去，最後就將一隻野鼠給壓碎，贏得一個滿堂彩。」就是這樣，她晚年的「成就」，一頁接一頁地讀下去，你可以感覺得到，她是何等地陶醉於其中，經過放大之後，一切都變了形——張力如此之大，情感如此之強，讀書會的每月選書，上流社團的榮譽會員，徒然糟蹋罷了，還是早年那些頭腦清楚的慧眼所見說得好，傷痛總好過一片空白，「悔恨與空白，我寧取悔恨」（福克納語），就算最後獲得了大獎、報償、榮譽，那些小小的零頭，回想起來卻不免悲從中來；那一幕看起來想必不過是喜劇一場。

重大的打擊之後，故事保住了她的愛，也保住了她的生命。「所有的傷痛都是可以承受的，只要你將它們放進故事，或把它們用故事講出來。」故事如果不講出來，它們的意義就仍只是一系列不可承受的事件。「沉默，無所不容，許可自在其中，真信也在其中」——當她的阿拉伯僕人聽聞丹尼．芬奇—哈頓的死訊，只回道：「真主偉大。」這就跟希伯來喪禮的主禱人一樣，在親人死後，什麼也不說，只說：「奉主聖明。」——真信乃從故事中升起，因為，在想像的反覆醞釀中，種種遭遇都已經成為她所說的「宿命」。唯其如此，一個認命的人，正如舞者之於舞蹈，答案之於問題，**你**是誰？別人是無從置喙的。唯其如此，那位樞機主教的回答：「請容我……照老規矩回答你，講個故事給你聽吧。」將生命已經放在我們手上的事實講出來，才是唯一有價值的。這，也可以說是骨氣，那條分野的界線將人分成兩種，不是「甘於（自己的）宿命」，就是「認同別人也嚮往的成功……念茲在茲。但不

- **一個認命的人，正如舞者之於舞蹈，答案之於問題，你是誰？別人是無從置喙的。**
- **將生命已經放在我們手上的事實講出來，才是唯一有價值的。**

論是哪一種，老實說，在命運的面前都只有顫抖的份」。她的故事其實全都是「宿命的寓言」，反反覆覆說的，無非是事到臨頭做判斷的還是操之在我；或者換個方式來說，無非是「一個人，無論智愚，似乎注定了只能在兩種想法中間」擇一而行……而「上帝創造世界、海洋、沙漠、馬、風、女人、琥珀、魚、酒，難道有什麼用意嗎？」

沒錯，如果故事講得不離譜，自會揭露其用意，事情如實地各安其位，環環相扣，甚至會使我們相信，預期中的「審判日」結論也隱含於其中。不過話又說回來，如果我們知道伊薩．迪內森的講故事「哲學」，並從這個角度來看她的人生，很自然就會發現，即使是最小的誤解、最小的偏離重點，都難免會把事情搞砸掉。果真如此的話，不妨先看看她的「哲學」；她認為，每個人都有一個人生，將這個人生故事講出來是值得考慮的，既然如此，我們可不可以這樣說，人生能夠，甚至應該活得像一個故事，而一個人在人生中就應該讓故事成真？她曾經在筆記簿上寫道：「有骨氣，就是相信上帝在造我們時所抱持的理想，一個有骨氣的人體會得到那個理想，而且會發願去實現它。」根據我們對她的了解，很顯然地，在她還是個小女孩時就以此自許，要「實現」一個「理想」，以實現一個老故事做為自己命運的期許。她的這個理想是她父親的死亡留下來給她的——十歲那年，她深愛的父親去世，為她帶來了第一次的大悲慟，後來又知道父親死於自殺，更成了她最大的打擊，終其一生無法釋懷——而她要在人生中付諸實現的故事，其實就是接棒父親的故事。在她父親的心目中，有一個人見人愛「神仙故事中的公主」，是他婚前認識並深愛著的，不幸卻在雙十年華遽然去世。父親曾經跟她提及此事；一個姑姑後來也說，失去那個女孩是他一生的最痛，甚至自殺也是因為無法跳脫悲傷所致。她後來又知道，那個女孩是父親的表妹，小小年紀就一心想要成為父親家族的一員，據女孩的兄弟說，父親的家族當時是丹麥首屈一指的望族，跟她的出身「有如天壤之別」。很自然地，去世女孩家族中的一員，應該算是她的姪女，跟她結成了知交，因而認

- 反反覆覆說的，無非是事到臨頭做判斷的還是操之在我。
- 有骨氣，就是相信上帝在造我們時所抱持的理想，一個有骨氣的人體會得到那個理想，而且會發願去實現它。

識了她的表哥漢斯．布里克森（Hans Blixon），應該是去世女孩的姪兒，並「如她所說的，『一見鍾情，死心塌地』愛上了」。由於這個男子對她並不中意，儘管已經二十七歲，應該是懂事了，她卻做了一個決定——讓周圍的每個人既失望又不解——嫁給漢斯的孿生兄弟，並於第一次世界大戰爆發前不久一同前往非洲。接下來，一切乏善可陳，根本不值得寫進故事，也不足以成為講談的素材（戰後，她立即跟他分手，並在一九二三年正式離婚）。

真是這樣嗎？據我所知，這一段荒唐的婚姻她還真的不曾寫過半個字，倒是寫過一些小品，無非是自己年輕衝動幹下蠢事所嚐到的教訓，也就是說，為了要讓一個故事成真居然犯下了「大錯」，為了一個預設的模式竟然干預了生命，而不是耐心等待故事的自然浮現，在想像中反覆醞釀，以有別於創造一個虛構的東西再去活出它來。在這些故事當中，最早的一篇是〈詩人〉（The Poet，收在《歌德人軼事七則》）；另外兩篇則成於將近二十五年之後（帕米尼亞．密格爾的傳記中居然連年表都沒有，真是糟糕），分別是〈不朽的故事〉（The Immortal Story，收在《命運篇章》〔*Anecdotes of Destiny*〕）以及〈回聲〉（Echoes，收在《最後的軼事》〔*Last Tales*〕）。〈詩人〉講的是一個農村出身的年輕詩人與他贊助人之間的衝突。後者為一年長仕紳，年輕時受到威瑪文化與「大詩人歌德」的薰陶，「除了詩以外，生活中別無理想」。不幸的是，光有志向是成不了詩人的，他了解，「自己的生命詩篇還得另闢出路」，乃決定扮演一個「密希樂斯」（Maecenas，譯註：古羅馬詩人維吉爾〔Virgil〕與賀拉斯〔Horace〕的贊助人，紀元前 70-80），開始尋找一個值得關心的「大詩人」，並就近在自己住的城裡找到了一個對象。但是，身為一個贊助者，他太了解詩了，光是出錢還不夠，更必須提供大悲劇與大不幸做為偉大詩篇的靈感來源。因此，他想辦法娶了一個年輕妻子，安排兩個年輕人在自己的保護下相戀，卻不讓他們有任何機會結成夫妻。結果呢，下場十足血腥；年輕詩人擊斃自己的贊助人，而正當老人死前猶掙扎於歌德與威瑪之夢時，少婦彷彿作夢般看著情人「把繩索套上脖子」結束自己，她自言自語道：「他只適合活在美好的世界，現在他要動手把它實現了。」

「『你！』她向他吼道，『你，詩人！』」

說到〈詩人〉十足的諷刺性，除了熟悉作者本身的遭遇，了解德國文化及其與歌德之間那種扭曲關係的人，恐怕最能體會箇中的滋味（故事中有好幾處影射歌德與海涅的詩作，也涉及佛斯〔Voss〕翻譯的荷馬，可以當作一篇批評文化墮落的小說來讀）。〈不朽的故事〉則完全不同，構思與筆法都走民間故事的路子。男主角是廣州一個「富甲四方的茶商」，目空一切，「自以為無所不能」，走到了人生的盡頭才接觸書本。令他煩惱的是，書裡面講的淨是些做不到的事，好不容易讀到一個故事，不禁激起了他的興致——有個水手上了岸，遇見一位老紳士，是城裡「最有錢的人」，求他「搬出看家的本事」，跟自己的老婆上床，好讓他還能夠獲一麟兒，並給他一枚五基尼的金幣做為酬勞——「哪有這種事，正因為過去沒有……未來也不會有，才拿出來講。」於是老先生開始去找一個水手，好把這個老故事搞定，他走遍了全世界的港口，終於有了眉目。一切看來進行順利——唯一不對頭的是，早上起來，年輕水手全盤否認故事裡所說的那回事，晚上什麼也沒有發生，拒絕了五基尼，跑去找那位夫人，要討回他僅有的寶貝，「一個閃閃發光的粉紅色大貝殼」，他認為那可是「全天下再也找不出第二個的」。

〈回聲〉是這類作品的最後一篇，可以看作是《歌德人軼事七則》中〈夢想家們〉的續篇，跟佩勒格里納．李奧尼（Pellegrina Leoni）有關。「失了聲的首席女高音」正感到徬徨無緒，又聽人說起那個男孩伊曼紐（Emanuele），便決定著手將他打造成為自己的形象，好讓她的夢想，一點最美好而又最卑微的私心能夠成真——讓如此令人陶醉的聲音再度復活。我在前面提到過的藍包姆就指出，在這裡「伊薩．

迪內森批評的正是她自己」，正如小說的第一頁就說到，這是一個「同類相殘」的故事，只不過故事裡面沒有提到歌唱家「供養（男孩）是要找回自己的青春，並讓十二年前她在米蘭埋葬掉的佩勒格里納．李奧尼重生」（選擇一個男生來接棒，就是為此埋下了伏筆）。歌唱家自己的結論是，「佩勒格里納．李奧尼的聲音是不會再回來了」；而為了要上下一堂的歌唱課，男孩咒罵她，「妳是個巫婆，是個吸血鬼……我現在才知道，如果我變回妳，還不如死了得好」，然後拿石頭丟她。同樣的指控，年輕詩人可以拿來指責他的密希樂斯，年輕水手也可以拿來攻擊他的雇用者，任何人，只要是為了讓別人夢想成真而接受幫助，也都可以一體適用（正因為如此，她認為自己可以不為愛而結婚，因為她的表哥「需要她，或許還是唯一需要她的人」，雖然她確實也利用了他才能夠在東非展開新生活，生活在土著當中，就跟她的父親一樣，曾經像個隱士般與奇匹威（Chippeway）印地安人生活在一起。他曾告訴他的小女兒，「印地安人好過我們歐洲的文明人」，而她最大的回報就是永遠不曾忘記。「他們的眼睛所見比我們多，他們比較聰明。」）

因此，她從自己早期的生活了解到，雖然你能夠用故事或詩把生活寫下來，未必能夠將生活變成一首詩，將生命活得有如一件藝術品（如歌德那樣），或者用生活去實現一個「理想」。生活中或許有「精華」（還能有什麼呢？），收集起來，在想像中反覆醞釀，或許就可以淬煉精華變成「瓊漿」，到最後或許可以「製造」一些東西出來，「合成故事」。但是，生活本身既非精華也非瓊漿，如果你誤以為它是，它就只會是玩弄你的惡作劇而已。或許正是因為生活的惡作劇造成了痛苦的經驗，才讓她（說來稍微遲了點，大約是她三十五、六歲遇到芬奇—哈頓時）落入「至情至性」的陷阱，而至情至性之可貴卻絕不下於傑作。總之，講故事到底讓她變得聰明了——而且隨著週遭人對她的關心，沒有讓她變成一個「女巫」、「賽琳」（Siren，譯註：希臘神話中以甜美的歌聲迷惑男人變成豬的女妖）或「女先知」。智慧是老年人的美德，但似乎又只有年輕時既不聰明又不規矩的人才會如此吧。

6

勉爲其難的詩人

賀曼・布羅赫 *Hermann Broch, 1886-1951*

德國重要作家。他的「多面小說」(multidimensional novels)獲國際好評。

I 勉為其難的詩人①

賀曼．布羅赫（Hermann Broch）之為一個詩人，有其不得已的苦衷。天生就是個詩人，卻不願意成為一個詩人；正是這種本性使然，反而使他寫下了自己最偉大的作品，卻也成了他人生的基本衝突。說它是人生的衝突而非心智的衝突，是因為這種衝突無關乎心理；若是心理的衝突自會表現出心智上的掙扎，這又跟布羅赫的情況不同；對於這種衝突，他頂多半開玩笑半不耐煩地稱之為「靈魂的喧囂」。這種衝突也無關乎才華——譬如說科學、數學跟創意、文采之間的互不相容。這一類的衝突是可以解決的，就算無法解決，充其量寫出來的東西缺乏創意而已。更重要的是，因為具有各種才華，取捨之間形成心理的衝突與掙扎，絕不是本性的基本特質，後者的層次更深於才華與才能，也更深於任何一種可以從心理上加以描述的特性或特質。後者源自於本性，其發展自有本性的法則作為依據，若非如此，它也將被本性所摧毀。無論在生活或創作上，布羅赫所走的線路都不是圓形的，而類似於一個各邊都標示清楚的三角形，亦即一個由文學、知識與行動三個邊所構成的三角形，也只有他這樣與眾不同的人，才結構得出這樣一個三角形。

就我們來說，文學的、科學的與政治的活動，基本上是人類在不同領域三種完全不同的才能。但是，布羅赫之涉身於這個世界，縱使不曾公開表明，卻始終如一地自我要求，既然在這個地球上生而為人，就應該三者並重且合而為一。他之要求於文學的，如同科學，也有其無可規避的實效性，而一如藝術的「使命在於世界不斷的創生」，②科學所呼應的也是「世界的完整性」，③藝術因知識而得以充實，知識乃得以獲得想像力，二者都應理解並涵蓋人類所有日常的實踐活動。

這就是他本性的基本特質，絲毫沒有衝突可言。但是，一生當中，要以有限的時間應付人生，這樣的要求當然就免不了導致衝突。因為，在當代的觀念與專業的架構內，無論藝術、科學或政治，所承受的負擔都極為沉重。布羅赫對於自己是個詩人這件事所持的態度，就充分突顯了這種衝突；他之勉為其難與迫不得已，使他本性的基本特質與人生的基本衝突全都表現無遺。

說到布羅赫的一生，「勉為其難的詩人」一詞所呈現的衝突，基本上指的可能是《維吉爾之死》（*The Death of Virgil*）完成後的那段時期。這件作品就整體而言，已經是在對藝術提出了質疑，加上作品完成時剛好又碰到那個時代最令人髮指的罪行，亦即死亡集中營的大屠殺，布羅赫從此封筆不再寫作，他一貫解決衝突的習慣乃為之中斷。在生活方面，他開始把行動放在第一位，在創作活動方面，則是以知識為主。如此一來，文學、知識與行動之間所形成的緊張紛至沓來，持續不斷影響著他的作息（談到這裡，我們最好回顧一下這種緊張的客觀基礎，之所以會如此，完全是因為布羅赫視行動為目標導向的工作，至於思想，則是效果產出的知識）。

因此而造成的結果非常顯著。不論何時，對認識的人——不僅是朋友而已——付出關心，畢竟還花不了多少時間，但若是每個認識的人，只要是有了困難，生病、缺錢或病危，布羅赫都要關心（在大部分朋友與所識者都是以逃難者為主的圈子裡，困難當然無所不在），偏偏大家又都把他伸出援手視為理所當然，問題當然也就來了，而他，根本既沒有錢也沒有時間。只有他自己也進了醫院（絕不是鬧著玩的），非得斷了胳臂摔了腿，才能夠喘口氣，免掉這一類的責任，也正是這些責任不可避免地拓寬了他交往的圈子，卻也佔掉了他更多的時間。

當然，這種衝突唯一對他沒有造成妨害的一段時期，造就了他在美國的生涯。過去身為詩人與小說家，難免盛名之累，而他這個人又絕不閃躲，總是來者不拒，於是《我無罪》（*Die Schuldlosen, The Guiltless*）就這樣起了一個頭。這部作品的創作，起於戰後一個德國出版商打算重印他的舊小說，幾乎都是些被遺忘的舊東西，他為了搶在前頭，乃改寫了一些舊作，務使趕得上當時的「品味」，另外又加上幾篇新東西進去，包括那篇講女僕瑟琳（Zerline）的故事，堪稱德國文學中最動人的愛情故事。毫無疑問，這絕對稱得上是一本好書，但說不上是出於他的自由意志。

去世之前的一段期間，他所處理的一些小說，情形如出一轍。這本小說今天收在他的作品集《誘惑者》（*Der Versucher, The Tempter*）。④事情的緣起是肯諾夫（Alfred A. Knopf）打算出版一本他的書，由於布羅赫正好缺錢因而沒有拒絕。當時大家都知道，他從奧地利來到美國，隨身帶著一部已經完稿的小說，一直都放在抽屜裡，他大可將原稿交給出版社翻譯成英文付梓，但他卻不此之圖，而是再做了第三次的修改——堪稱文學史上難得一見之舉。說到這部小說，屬於他人生中完全不同的一個時期，寫成的時間或許是他最感困惑的年代，亦即希特勒執政的第一年。小說的內容在許多方面跟他本人頗不搭調，但他予以重新打造，用的是「老式的風格」；這種風格，在〈神話時代的風格〉（The Style of the Mythical Age）⑤中，他就曾經加以說明並推崇過。如果拿兩百頁最後的打字稿跟第二次稿來比較，不難看出那種老式風格的「提煉」過程。經過「提煉」的文字，簡練而精純，華美生動至一字不易，人物場景交織得天衣無縫，令人嘆為觀止，大有捨此就只有求諸古代大師之手方可得之，而相較之下，古代大師又不免顯得過時了。

從他晚年還有那麼多未完成作品來看，我們可以確定，儘管意願越來越低，但他卻也從未擱筆，自始至終都是一個詩人與小說家，所發表每一篇文章無不是在向世人宣告他是一個作家。霍夫曼斯塔爾（Hofmannsthal，譯註：Hugo von Homannsthal，奧地利詩人、劇作家，德國戲劇新浪漫主義先驅，1874-1929）的研究尤其如此。在這篇歷史洞見俯拾皆是的皇皇大作中，他交代了自己寫作的大環境：身為被同化的猶太人後裔、奧地利的興起與沒落、可敬但在他眼中卻俗不可耐的中產階級，以及「道德真空大都會」（metropolis of the ethical Vacuum）——令人深惡痛絕的維也納文學界小圈圈；⑥最能展現他宏大歷史視野的是：對巴洛克風與戲劇的結合（譯註：巴洛克風，baroque，為十七世紀歐洲建築的主要風格，影響所及，至十八世紀成為音樂與文學的主流，以形式嚴謹、裝飾繁複為特徵），以及在一個風格蕩然的時代，劇場之所以成為偉大風格最後庇護所的分析；⑦同時還發現了「藝術史上一個新奇的現象，亦即身後名更重於在世名」，並分析了這種現象與布爾喬亞時代的關係；⑧最後，則是為奧地利末代遜帝以及他的孤獨勾畫了一幅畫像，令人印象深刻難以忘懷⑨——所有這些，恍如在眼前，只因為他是一個作家，而這一切，雖然都是借用霍夫曼斯塔爾的眼睛（特別是那幅遜帝的畫像），但仍然是要通過布羅赫這個詩人的眼光才得以呈現出來。

他的最後一部小說，雖然風格迥異，走的是史詩而非抒情的路子，但若能夠完稿，成就想必不下於《維吉爾之死》。但話又說回來，這本未完成的作品也還是在勉為其難的情況下動筆的。在他人生的最後幾年當中，對於創作大有妨害的世俗活動，雖然已經不是那麼熱中，但在他的心目中，卻是知識重於文學，科學重於藝術。到了生命末期，他更是相信，關於科學與政治知識的總體理論，即使不是放在第一位，至少也應該是擺在優先的地位（他曾經談到這一類的理論，將科學與政治放到一個新的基礎上，念茲在茲的一個主題則是《群眾心理學》（*Mass Psychology*）。由於外在與內在情境的混合，導致他陷入極度的掙扎，使得原本並不衝突的本性也為之矛盾起來。當時他正寫的那本小說，在他看來不過是浮光掠影（他顯然錯了，但那又何妨呢？），真正在後面催促他的是《群眾心理學》的龐大身軀，換句話說，眼前的壓力已經夠大，而更大的壓力還沒有開始。在這兩者的後面，壓力更大也更為令人沮喪的，則是他在知識論上的焦慮。最初，他只不過是打算以一系列群眾心理學理論附帶說明他的知識論，但在研究過程中卻發現，那才是他真正的主題，是根本的核心所在。

寫作這本小說，雖然不是出於本意，他卻完成了一個作家的進程，成就了舊時代的風格，另一方面，在心理學與歷史學術研究的背後，他卻還有最後一段路要走，艱辛而不懈地追尋一個絕對（absolute）。而此一追尋使他之所始與所終合而為一，結果也讓他悟到了「塵世的絕對」（earthly absolute），既滿足了自己的思維也得以告慰自己的心靈。

命中該是一個勉為其難的詩人，布羅赫自有一套客觀的說詞，這在他所有的作品中幾乎都可以找得到；如果想要徹底了解他，我們就必須深入他的小說，看看他是如何解決這種衝突與問題的，並了解他將什麼樣的角色個別分配給文學、知識與行動。既然如此，我們不妨來看看《維吉爾之死》；在這件作品中，阿尼亞德（Aeneid）為了知識的緣故遭到了火刑，而為了維吉爾與皇帝之間的友誼，知識也成了犧牲品，至於那種特殊的友誼，在那個時代，則是一種高度現實的政治產物。所謂「說到知識，文學一點耐心都沒有」；[10]還有那句格言：「懺悔一點用也沒有，知識才是一切。」[11]特別適用於詩歌；然而，在他看來，當時所需要的不是知識而是行動，不是「科學的」而是「倫理的藝術作品」，⑫藝術的認知功能雖然脫離不了「時代的精神」，⑬卻更脫離不了科學；最後則是，當代文學的「特別使命」乃是「首先就是要通過為藝術而藝術的地獄」，「將任何美的東西都打造成為倫理的力量」⑭——以上所講到的這些，在他的創作上，自始至終都是他從未懷疑過的原則，是他從未懷疑過的絕對，倫理的優先與行動的優先是無可改變的。正因為他的人生無法擺脫這種衝突的影響，乃迫使他不得不表現自己本性的基本態度與基本要求。

關於這一點，可以確定的是，他自己從來都沒有直接提起過；之所以會如此，或許是他的個性特別不同於一般人，對於明顯屬於私人領域的事，他總是持保留的態度。「說到人，是我們這個時代的問題；個人的問題越來越見不得陽光，甚至變成了禁忌，為道德所不許。私人問題無非只是諸神談笑的話題，而諸神之殘忍卻自有其正當的理由。」⑮布羅赫似乎從來不寫日記，在他的文件中，甚至找不到任何筆記；唯一一次看到他直接談自己最內心的事，並非間接出之以文學的變形，還真令人動容不已；他談的不是自己而是卡夫卡，並以影射的手法將他在《維吉爾之死》中想要講的東西再次地提出來，只不過所用的不再是那個簡單的理由，說什麼該書的文學力量因「寓意」過於強大，以此攻擊文學的本身，所造成的衝擊也大。因此，他用英文來談卡夫卡，實際上是暗中在做自我表白；當然，誰都有權力談自己，但可沒有人是像這樣說的：「他走到了非此即彼的關頭；純文學要不走向神話，要不就走向破產。在卡夫卡必須完成新神譜的新宇宙起源學中，他表現了**對文學的愛恨交集，體會到了任何藝術取向根本的不足，乃決心離開文學的領域**（托爾斯泰也曾經面對過），要求將自己的作品毀掉；之所以如此，則是因為宇宙新的神話概念已經授予了他。」（黑體字為作者所標示）⑯

不論是布羅赫的評論文章，或有關藝術的哲學思辨，乃至於早期對倫理與價值的反思，厭惡文學的惺惺作態及其廉價的美學，並嚴厲批判為藝術而藝術，一直都居於中心的地位。在他看來，藝術作品本身就有問題，文學本身則是「根本的不足」。因困惑而沉默並不等同於謙遜，那樣只會讓他卻步，不能將自己想要表達的東西拿出來做個示範；但是，就像他曾經以論紀德（Gide，譯註：André Gide，法國小說家，1869-1951）為名批評《夢遊者》（*The Sleepwalkers*）一樣，早在論喬哀思（Joyce，譯註：James Joyce，愛爾蘭小說家，1882-1941）的前十年，他談到《維吉爾之死》時就指出，「拿小說來架構心理分析或其他科學根本就是旁門左道」，於現代化無異緣木求魚。⑰不過話又說回來，就跟他早期對自己的批評一樣，在他早期寫的東西裡，他唯一擔心的是將小說從「文學性」解放出來，因為如此一來，文學勢將變成布爾喬亞的臣屬，只會用「娛樂與教條」去餵飽布爾喬亞的閒暇與附庸風雅。⑱無疑地，《維吉爾之死》儘管不脫通俗與自然主義的傾向，他還是成功地將小說的形式回歸了真正的純文學——藉此也將文學的不足突顯了出來。

這裡之所以提到托爾斯泰，無非是要針對布羅赫認為文學之有所不足做個說明。文學並不會搬出硬梆梆的教條，而且文學也不具有神話（*mythos*）那種強制性的特色，不像宗教觀點那樣的神聖不可碰觸——而藝術之為用正在於此（就布羅赫而言，藝術之為用，其最原始形式與範型始終都是生活中一個由上而下的既定體系，並認為這種特性在中古基督宗教時期達到了頂點）。在他看來，藝術，特別是文學，不具有邏輯陳述的強制力，並不是無可反駁的，縱使也是以語言文字展示其本身，卻不具備邏各斯（*logos*，譯註：西方哲學中一個極為重要的概念，中譯為「道」、「理」、「理性」，為一絕對價值）的說服力。因此，首度面對第一次世界大戰時，布羅赫可能會提出的問題就是：「那麼，我們該有什麼作為呢？」接下來，眼見我們這個時代的災難層出不窮，這個問題乃更形迫切，有如當頭霹靂，一次又一次地把他壓得喘不過氣來。他的結論是，一個完全站得住腳的答案，一方面要如同神話，另一方面則要如同邏各斯，就是必須擁有強制的力量。⑲

對他來說，問題雖然是出在二十世紀的脈絡之中，出在一個「大混亂、大倒退、大殘暴，集黑暗之大成的時代」，⑳但卻也是與凡人生死相關的問題。因此，其答案不僅要能夠因應時代，還要能夠因應死亡本身的現象。關於「我們該有什麼作為」這個問題，時間的力量或許可予以照亮，但對布羅赫來說，這個問題也牽涉到是否可以用塵世的力量戰勝死亡。因此，如同死亡本身，其答案應該具有無可規避的必然性。

就布羅赫而言，這個問題一旦形成，終其一生也就取決於神話與邏各斯之間的抉擇。到了他最後的歲月，他或許已經不再相信什麼「新神話」，㉑儘管從《夢遊者》到《維吉爾之死》他全部的希望都放在這上面。總之，在撰寫《群眾心理學》的過程中，他的整個重心越來越從神話倒向邏各斯，從文學倒向科學，在致知上也越來越傾向於一種邏輯嚴謹、可以驗證的模式。

但是，就算他從未失掉對神話的信念，《維吉爾之死》寫成之後，他對文學所抱持的心態，亦即他對自己身為詩人所持的態度，大概也已經定型了。布羅赫的思想從神話轉移到邏各斯固然關係重大，儘管結果證明這對他的知識論是大有裨益的（這種轉移確實正是知識論的源頭），然而，這跟他要不要做個詩人的問題卻沒有關係。同這個問題有所關聯的，乃是社會批判以及藝術家在時代中的位置，正是這些問題，布羅赫在許多層面都提出來過，而答案幾乎都是否定的。之所以如此，關鍵在於他的藝術哲學主張；他認為一件藝術作品真正的認知功能，全在於它非此不足以表現時代的完整性，一個「價值分裂」的世界能夠代表一個整體嗎？舉例來說，在論喬哀思的文章中，他就提出了這個問題，只不過在這篇東西裡面，文學之於他仍然是「神話的使命與神話的行動」，㉒但十二年之後，在他的霍夫曼斯塔爾研究中，甚至連但丁的詩都「不再能夠定位為真正的詩」了。㉓論喬哀思的文章，出於一股強烈抒情節奏的泛溢與噴湧，跟《維吉爾之死》如出一轍，仍然緊抱著「新神話」的希望，指望匯集時代所有的文學努力，造就一個「自動重新調整的世界」。而在霍夫曼斯塔爾研究中，我們所能聽到就只是在「呼籲所有的藝術、所有偉大的藝術……得以再一次成為神話，再一次表現宇宙的完整性」。㉔但這樣的呼籲其實已經欲振乏力，幻想已經破滅。

對於布羅赫身為一個作家的開展，這種幻想的破滅具有決定性的影響，因為對他來說，寫作本身必然就是一種忘我。但在幻想破滅之外，他永遠都明白一件事：沒有一首詩可以成為一個宗教的基石，更重要的是，沒有一個詩人有權作此奢望。他之推崇霍夫曼斯塔爾，原因在此（他雖然知道里爾克〔Rilke〕之偉大，對於里爾克「詩的宗教宣言」，他卻大表懷疑），㉕他從不會把文學與宗教相混，也絕不會為美套上「宗教的光環」。㉖而在他持續不斷地走下去並超越了霍夫曼斯塔爾之後，他說，藝術「永遠不可能提升到一個絕對的地位，因此，必將只是一個認知上的弱音」，㉗說得如此一針見血，雖然絕不是他早年可以做到的，但卻始終都是他思想的一部分。

II 價值論

身為一個作家以及文學評論家，在布羅赫最早期也最精采的階段中，是以批評為「藝術而藝術」為其發端，這也是他價值理論的起點（不同於比較不具攻擊性及比較次要的學院「價值哲學」，布羅赫深知自己的價值概念得之於尼采者甚多，儘管他很明顯地也站在同樣的立場上批評尼采）。㉘對布羅赫來說，世界之所以裂解，價值之所以分歧，始作俑者是西方世界的世俗化；在此一過程當中，失去了對上帝的信仰，尤有進者，則是世俗化動搖了柏拉圖的世界觀；按照柏拉圖的觀點，在一個價值的層級體系中，有一個最高的、絕對的、因此也是非世俗的「價值」，為人類所有的行為提供了一個對照的「價值」。時至今日，這種宗教的與柏拉圖式的世界觀分崩離析，碎片殘塊無不稱孤道寡，宣稱自己才是絕對。如此一來，乃產生了「價值的無政府狀態」，每個人都可以任意地從一個封閉而統一的價值體系轉變到另外一個。更重要的是，每一個體系必然都變成其他體系的死對頭；由於每個體系都說自己是絕對的，於是再也沒有一個體系可供參照。換句話說，世界的無政府狀態以及人類無可奈何地掙扎於其間，全都是肇因於參照標準的喪失，因而導致行為的過度，有如癌細胞般擴散到每個各行其是的地方。就拿為藝術而藝術的想法來說，只要敢，就可以把教條說得頭頭是道，弄出一個美的偶像崇拜來。如果我們突發奇想，以燃燒的火炬為美，搞不好就會像尼祿（Nero，譯註：羅馬帝國暴君，在位期間為西元五十四年至六十八年）一樣，一時興起便點火焚燒活生生的人體。

在布羅赫的心目中，媚俗的藝術絕不止於墮落這樣簡單的事（在他之前，可曾有人嚴肅而深入看待過這個問題？）媚俗的藝術與真藝術之間的關係，同宗教年代中迷信與宗教的關係，以及大眾年代中偽科學與科學的關係，他認為是不可以相提並論的。在他看來，媚俗的藝術還是藝術，或者可以這樣說，藝術一旦擺脫了價值體系的規範，搖身一變也就成了媚俗的藝術。特別是為藝術而藝術儘管擺出一副高貴上流的姿態，以頗具說服力的文學作品迎合我們——布羅赫想來定知箇中真髓——其實就已經是在媚俗，根本無異於商場上那句老調：「生意歸生意」，本身就已經道出了奸商的寡廉鮮恥，也無異於第一次世界大戰時那句狼子野心的格言：「戰爭歸戰爭」，以至於將戰爭變成了濫殺無辜的屠殺。

在布羅赫的這套價值哲學裡，有幾個特別的因子，使他不僅將媚俗的藝術界定為「藝術價值體系中的惡，同時也看到了惡的因子與根本惡的因子化身為經過美化的彬彬君子（譬如尼祿與希特勒，他就歸為此類），同樣地，媚俗的藝術亦同。這並不是因為惡會自動向作家現身，讓他心領神會，成為他「價值體系」中的首席；相反地，乃是因為藝術家洞燭了藝術的特性以及藝術對人類巨大的吸引力。在他看來，惡的誘惑，或魔鬼化身為誘惑的特質，根本上乃是一種美學的現象，美之為物，就最廣義而言，以「生意歸生意」為信條的商人，以「戰爭歸戰爭」為圭臬的政客，全都無異於「價值真空」中經過美化的文人。當他們陶醉於自己和諧的體系中時，他們就是審美家，但是，為了維持這種和諧以及這種「美的」一致性，他們隨時可以把任何東西都犧牲掉，這時候，他們也就成了謀殺者。布羅赫這一自成體系的思想，在他早期的作品中就以不同的形式出現過，由此出發，很自然地，或者說毫不做作地衍生出他後來的觀點，包括「開放系統與封閉系統」之間的區別，以及教條主義與邪惡本身的同一。

前面我們提到過布羅赫的柏拉圖主義（Platonism）。在他創作的早期，亦即從《夢遊者》到《維吉爾之死》，大約是從二十八、九至四十五、六歲之間，他常常以柏拉圖主義者自居，但到後來，他卻轉向了塵世的絕對論與邏輯實證論的知識論；我們如果想要了解這一轉向，就必須明白，布羅赫從來不是一個無條件的柏拉圖主義者。柏拉圖的理型論（theory of ideas），照他的詮釋不是別的，就只是一個規範理論（a theory of standards），其重要性並非關鍵的，也就是說，那個原初的理型並非絕對的，而是特指塵世觀念的超越（相當於《理想國》中的洞穴，觀念的蒼穹只是橫跨於大地之上，而非絕對地超越於大地），他把柏拉圖的理型轉換成邏輯上的必然，就變成了一種規範的絕對超越；各種規範有如各種碼尺，若非各有不同的尺度，而且能夠從外面對標的物加以度量，否則根本無從量起。關鍵顯然不在於把理型轉換成「度量」人類行為的規範與碼尺，關於這方面，柏拉圖自己就是如此，因此，即使有什麼誤解，柏拉圖自己就已經誤解了。對布羅赫而言，真正的關鍵在於那條用於所有「價值領域」的絕對碼尺，無論使用在哪一方面，永遠都是一項倫理的規範。規範一旦消失，整個價值領域便會在一夕之間淪為無價值領域，善淪為惡：絕對與絕對超越的規範是一倫理的絕對，並為人類生活的不同面向設定「價值」。這個道理同樣適用於柏拉圖，只不過，在布羅赫的作品中，我們所看到的倫理概念是與基督宗教義不可分割的。

接下來，讓我們看看布羅赫自己所舉的例子。根據他的說法，經商這一行業有其固有的「價值」，那就是誠信，按照此一價值，每樣事情都得照規矩來，此一價值也是商業活動唯一的標的。因此，從事商業活動所得的財富必然只是副產物，乃一非所欲求的結果。同樣地，對藝術家來說，美也是副產物，他唯一要追求的是「好的」而非「美的」作品。欲求財富，欲求美，從倫理上來說，都只是為了要媚俗；就審美上來說，則是藝術的媚俗，若就價值理論而言，則是將一個專業領域的信條予以絕對化。㉙柏拉圖如果也選擇以經商為例（看來不太可能，因為他謹守希臘人的觀點，總認為做生意只不過是牟利而已，因此視之為毫無意義的行業），他應該會認為，這個行業的固有目的不過就是人與人、國與國之間的物物交易而已；以他所生的時代與環境來說，可能根本不會想到誠信的問題。或者讓我們換個方式，拿一個布羅赫在作品中提到過的例子來做說明。對於醫療行為，柏拉圖所界定的標的是幫助維護與恢復正常的身心。布羅赫則是以醫治取代了幫助。醫師是一個關心正常身心的人與醫師是一個醫治者，這兩個概念不能相提並論。無疑地，柏拉圖本人應當會同意這種說法，因為，在他的觀念裡——彷彿事情是理所當然的——醫師的責任之一乃是，凡是自己無法治癒的人，大可以任他們自生自滅，用毫無根據的醫療措施去延長病入膏肓的生命並沒有意義。人的生命並非絕對的重要，人之事是從屬於一個超越人之上的規範。人「不是一切事物的尺度」；更重要的是，生命本身未必就是一切人事的尺度。所有這些理念，在柏拉圖的政治哲學中都居於核心地位。但是，所有基督宗教與後基督宗教哲學卻非如此，他們最初只是默認，十七世紀以來則是越來越清楚地表明：生命乃是最高的善，生命本身就是價值，而死亡則是絕對的無價值。這，正是布羅赫的觀點。

這種對死亡與生命的看法，在布羅赫的作品中，從頭到尾都是一個不變的主調，也形成他社會批判、藝術哲學、知識論、倫理學與政治學所環繞的主軸。在他的一生當中，此一觀點使他有很長的一段時間與基督宗教維持著密切的關係，但在態度上卻全然不是教條主義的，並獨立於任何教會之外。正是因為基督宗教，在古典文明奄奄一息之際，帶來了戰勝死亡的「佳音」；拿撒勒人耶穌所傳播的佳音，不論其原始的意義為何，也不論早期基督宗教是如何解讀他的話語，對當時那個異教徒的世界來說，這些佳音所代表的是：你們認為有一個永恆的世界，並因為有那個世界，你們乃能夠使自己坦然地面對死亡，而你們對這樣一個世界是有所憂慮的，而且這個憂慮也是合理的，因為世界的命運已經注定，其末日比你們所能想像的更為接近；然而儘管你們認為世事悠忽即過，但是天道酬勤，人類個體的生命，特別是就每個人的人格來說，是沒有完結的。世界將會死去，但你們卻會永生。那正是在古代瀕死的世界中所聽到的「佳音」，布羅赫用詩的觀照磨利自己的聽覺，在二十世紀垂死的世界中也聽到了。他所謂的文藝復興時期的「罪愆」，以及他一再診斷為世俗化的破壞性過程，「使得天主教穩定的世界觀為之搖搖欲墜」，㉚以致到了現代，使人類的生命成為世界的芻狗，換句話說，為了達到某些塵世的目的毫無例外地，人是注定要被犧牲的。正是這種人類生命的犧牲，他認為永生是絕對的，確定的也隨之喪失了。

但是，如果要了解布羅赫後期的作品，這種基督宗教的與世俗化的觀點卻失去了它的重要性。若要了解布羅赫最抽象、同時看起來（僅止於看起來）最專業的論點，唯有回歸他對生命與死亡最初的觀點，才是真正的不二法門。終其一生，他信守「死亡本身就是價值的否定」，我們「都只是負面地、從死亡的觀點去經驗價值的意義。價值意味著死亡的勝利，或者更精確地說，意味著心懷拯救的幻想以驅散死亡的意識」。㉛在這裡，我們大可不必急著唱反調，說西方道德史上豈不一直都有著一種重大的混淆，將壞與惡混為一談，將根本惡與至惡（*summum malum*）相提並論，這只不過是一種新的翻版而已；但對布羅赫而言，壞與惡也好，根本惡與至惡也罷，在本質上都是一樣的，唯其如此，絕對的倫理規範才有存在的必要。因為我們知道死亡是絕對的惡，是至惡，我們才能夠說殺人乃是絕對的惡。如果我們不將壞與惡掛鉤，那麼也就沒有規範可以加以衡量了。

‧生命乃是最高的善，生命本身就是價值，而死亡則是絕對的無價值。

很明顯地，此一論點是基於這樣的信念：人對人所能做出來最壞的事情就是殺人，因此，最殘酷的懲罰莫過於死刑㉜（這也正好證明，在《政治學》的兩章遺稿中，他所面對的「絕對」的限度），也說明了布羅赫與他那個世代在經驗上的侷限。就第一次世界大戰那個世代以及二〇年代的德國哲學來說，死亡的經驗在哲學中達到了一個從所未知的高峰，這個高峰過去只有在霍布斯（Hobbes）的政治哲學中出現過，而且僅止於是浮面的。在霍布斯的哲學中，死亡的恐懼雖然居於中心的地位，但他所強調的恐懼並非針對生而為人無可避免的死亡，而是對「暴力死亡」（violent death）所產生的恐懼。無疑地，戰爭與暴力死亡的恐懼是不可分的，只不過大戰世代所表現出來的恐懼尤勝於此，那是一種因死亡而產生的普遍焦慮，或者可以說，這種恐懼根本只是一種表面的理由，骨子裡所表現的乃是更普遍、更核心的焦慮現象。但是，不論我們如何看待此一死亡經驗的哲學高峰，布羅赫顯然仍侷限於他那一代的經驗視野，而此一視野之得以突破，關鍵則是另一個世代的經驗不在於戰爭而在於極權統治。時至今日，我們都知道，殺人還算不上是人對人所能做的最壞的事情，死亡也不是最令人恐懼的。死亡並非「恐怖的極致」，還有比死刑更為殘酷的懲罰。「如果沒有死亡，世上也就再無可懼之事」，㉝這句話大可修改一下，也就是說應該把死亡改成「無可忍受的痛苦」才對。更重要的是，如果所受之苦連求死都不可得，其苦也就更令人難以忍受了。所謂地獄中永世不得超脫的懲罰，指的正是這種悲慘，之所以會有這種說法，也正是因為這種悲慘更勝於一死百了。三、四十年前，學院派哲學因為忌諱死亡經驗而不屑一談，今天的哲學對受苦的經驗可說是如出一轍，因此，以我們所經歷過的恐懼來說，在哲學上深入地去探討這個課題，今天該是時候了。

儘管布羅赫的視野有其侷限，他還是從死亡的經驗做出了最全面、最徹底的推論。可以確定的是，在他早期的價值理論中，死亡之為物不過是「至惡」而已，那時候他還沒有考慮到塵世的絕對，並將之視為形而上的實在；「就其實質的內涵來說，死亡對這個世界的剝奪及其所具有的形而上意義，是任何其他現象所無法比擬的」，㉞這個終極的結論是在他的知識論中才出現的，根據此一看法，「一切真知識都指向死亡」，㉟而不是指向世界，唯其如此，知識才跟人類所有的行動一樣，其價值之判定，端看它在戰勝死亡這件事情上能否有所作為，以及能有多大作為而定。最後——象徵他創作生涯的最後階段——他達到了知識絕對的優先，在《群眾心理學》的筆記中，「一個通達於一切的人，乃能取消時間，並因而取消死亡。」此一原則已經形成了。

Ⅲ 知識論

知識如何才能取消死亡？一個人又該如何才能「通達一切」？提出這些問題，我們也就一腳踏進了布羅赫的知識論核心。從布羅赫自己的回答中，我們可以得到某些概念。對於第一個問題，他的回答是這樣的：綜括萬象的知識必然有其跨越時空的特性，此一特性打破了時間的連續，因此也就超越了死亡；因此乃能在人生中建立一個永恆或永恆的形象。至於第二個問題，關鍵則在於下面這句話：「當前所欠缺的就是一種普遍性的經驗主義理論。」㊱也就是說，一個可以把未來一切可能的經驗都予以納入的知識體系（「如果能夠真正地測知人類一切可能性的總體，按照此一模式，我們就可以勾勒未來一切可能的經驗。」布羅赫在為《群眾心理學》所訂的「內容草綱」中如此寫道）。透過這樣的一套理論，人「藉由在他內在運作的絕對，並藉由他所獲得的思維邏輯」，㊲乃能獲致一種「自足形象」的「形象」，㊳即使他心中沒有上帝，此一形象仍然得以確立。用布羅赫的話來說，亦即嘗試去探究知識論能否「直達上帝的背後，也就是說，從那裡去觀照他」。㊴一個「知識論的主體」就跟觀察場域中的科學主體一樣，可以代表「人性抽象化的極致」，㊵只要能發現這項知識論的主體，就能夠在知識的跨越時空性中超越時間，並建立綜括萬象的經驗理論，個別經驗無可預料的偶然性與經驗的資料也就因此轉化成為邏輯命題自證自明的必然性與確定性（因此乃是恆真句〔tautology，譯註：依據古典邏輯，由純粹邏輯推理便可知其為真的任何命題〕）。但是，在觀察場域中，科學主體所代表的只是「看的動作的本身，亦即觀察的本身」，而知識論的主體所代表的則是整個人類，是普遍的人性，因為認知乃是人類最高的活動。㊶

關於布羅赫的知識論，我們稍後再來詳細地討論，這裡先讓我們來看看最有可能產生的誤解。究其實，他的知識論並不是一種哲學，而且「認知」與「思維」這兩個字眼也不能跟它們用在別處時相提並論。嚴格來說，唯有認知才有目標，而布

・一個通達於一切的人，乃能取消時間，並因而取消死亡。

羅赫主要關切的，始終都是一個高度實踐性的目標，無論其為倫理的、宗教的還是政治的。思維則不同，思維沒有一個真正的目標，除非思維在其自身中發現意義，思維是完全沒有意義的（當然，這只是指思維活動的本身，而不是指寫下來的思想，較諸思維本身，寫下來的思想跟藝術與創作過程有著密切的關係。把思想寫下來，既是動機也是目的，一如所有生產性的活動，是有開始也有結束的）。思維既無所謂開始也沒有結束；只要我們活著，思維就在活動，因為我們非如此不可。康德的「我思」之所以必定伴隨著「概念」，而且伴隨著人類主動與被動的一切行為，其道理在此。

布羅赫所謂思維的「認知價值」，本質上其實是相當曖昧的；世界上的客觀事實或意識中的材料，全都有其確定的屬性，哲學上所稱的真理則不然；此外，可以驗證的正確命題也未必成其為真理——無論是出於亞里斯多德的矛盾律還是黑格爾的辯證法，或者像布羅赫的邏輯那樣，不論其內涵所表現的必然性是多麼地無可規避，只要它是不證自明的，也就是絕對的。這種唯有用恆真句才能表達的不證自明，正如布羅赫反覆強調的，絕不是什麼丟臉的事；恆真句的「認知價值」在於它直接表達了事情無可否認的特性，而這種無可否認的特性又是所有有效命題的屬性。唯一的問題是，如何才能使恆真句免於形式化，使其免於在原地打轉；對於這個問題，布羅赫認為他已經解決了，至於他所憑藉的，則是他所發現的塵世的絕對，其中既包括恆真句，亦即不證自明的說服力，也包括了一個可以驗證的自足內涵。但是，無論其形式是發現的還是邏輯的，認知完全不同於思維（這在文學與哲學中表現得極為明顯）；唯有認知才具有強制性，才能導致必然與無可規避的絕對，因而產生行動的理論（政治的或倫理的），這種行動的理論，一般來說，可望超越人類行動的不可預測性與不可預見性。

哲學與認知之間的這種差異，布羅赫始終牢記於心。在早年的作品中，他就認為藝術的求知潛能大於哲學，充分顯示了他對這方面的認知。關於哲學，他說道，「自從與神學分道揚鑣之後」，哲學就不再是一種「涵蓋整體的知識」，因此，涵蓋整體知識的任務就只好留給藝術了。㊷在霍夫曼斯塔爾的研究中，他宣稱，從歌德那兒，霍夫曼斯塔爾了解到，「詩之為物，若要導致人的淨化與自我認同，就必須一頭栽進人的內在矛盾。哲學剛好完全相反，始終是待在深淵的邊緣上，從來不敢縱身一躍，只是一味地滿足於所見事物的分析」。㊸在早期的作品中，論到知識的價值與內涵時，他就認為，哲學的地位次於文學，不僅如此，連科學也不例外。

在那段時期，布羅赫依然相信，「世界整體的絕對至關緊要，但科學的認知體系從未能夠進到（文學所達到的）此一境界」，倒是每一件「個別的藝術作品都是整體的鏡子」。㊹但是，此一觀點卻在他後期的作品中改變了，尤其是在有關價值與真理的對立上，表現得最為明顯。思想一旦與神學脫離了關係，真理也就「不再能夠當成證據」，㊺從此也就變成了一般的知識。但也正因為如此，價值乃應運而生；事實上，價值不是別的，根本就是「變成了知識的真理」。㊻對於哲學，他曾經說，「思想（排斥印度式的超邏輯與神秘途徑）純粹由自身出發，其認知邏輯是無法產生最後的結論的」，不論如何努力想要弄出一個結果來，「充其量也不過是毫無內涵的空想罷了」。㊼儘管這種對哲學的反對態度依然未變，但他也不再認為，哲學所做不到的可以由文學來接手，已經成為救星的反倒是科學。如此一來，「不容許恆真句的問題的確是一個哲學的問題，但這個問題卻在數學的運算之中獲得了解決」，相對論就已經顯示，哲學視為無解的矛盾，大可以用「方程式予以解開」。㊽

站在布羅赫的立場，所有這些反對哲學的意見都是言之成理的，只不過他所提出來的要求先要能夠成立，其中包括戰勝自我的無可免於死亡、戰勝世事的偶然與世界的「無政府狀態」；所有這些，基督宗教的世界觀已經用人子與神子死而復活的神話完成了，但哲學在這方面卻徒然顯出它的無能。哲學所提出來的問題，神話曾經用宗教與詩回答過，時至今日，卻要靠科學用調查與知識論來提出答案。神話與邏各斯，或者用標準術語來說，宗教與邏輯，就二者都是「人類基本結構的產物」而言，它們「支配」著宇宙外部的事務，因此，對人類來說，「代表永恆的本身」。㊾而人類跟動物一樣，都擁有原始的生命衝動，無不熱切渴望不死，但是，絕不是基於這個理由，才把戰勝死亡這一任務分派給人類的認知活動；相反地，戰勝死亡的想法乃是認知本身的產物，是來自於非肉身的自我。因為自我既是認知的主體，它也就「完全無法想像自己的死亡」。㊿

儘管自我無法想像自己的開始與結束，但生在一個身不由己的世界裡，人最根本的經驗就是對時間、無常與死亡的經驗。因此，對於「自我之核」（**ego nucleus**）來說，外在世界的表現不僅完全是異類的，而且具有十足的威脅性。在自我的認知裡，這個世界其實並非「世界」而是「非我」。由於「知識論的自我之核」對無常毫無概念，對外在世界也一無所知，因此，對人而言，在這個異類的世界裡，「沒有比時間更為異類的」。[51]也就是從這裡，布羅赫開展了他自己別具一格的時間觀，據我所知，也是他所獨創的。從奧古斯丁的《懺悔錄》到康德的《純理性批判》，西方人都將時間視為一種「內在的覺知」，布羅赫卻反其道而行，時間所具有的作用是屬於空間的。時間是「最內在的外部世界」，52意思是說，透過對時間的覺知，我們由內向外地領受外部世界。但是，此一由內裡顯現自身的外部世界，從此也就不再屬於自我之核的本體，這種情形跟死亡不一樣，死亡雖然居於生命裡面，並從內部掏空生命，它卻歸屬於生命的本身。另一方面來說，對人而言，空間的範疇並非外在世界的範疇，因為它是當下在人的「自我之核」中呈現。人如果想要支配有敵意的「非我」，無論是透過神話或邏各斯，都只有「取消」與終止時間才做得到，「而時間之終止就是所謂的空間」。53因此，對布羅赫來說，音樂這種藝術，通常被認為是最受到時間限制的，反而「把時間轉換成了空間」；音樂是「時間的終止」，亦即「取消了匆匆朝向死亡的時間」，把時間的連續性轉換成為空間的共容性，他將此稱為「時間進程的結構化」，「在人類意識中，死亡之直接終止」乃在此一結構中大功告成。54

很明顯地，這裡另外還涉及到同時性的達成，亦即將時間的連續性轉換成空間的共容性；在這種情境中，世界這個由時間構成的過程，儘管其中有著林林總總的經驗，但在一個神的觀照中，一切都只不過是一瞬而已。人多少都會覺得自己跟神一樣，因為人的自我跟世界與時間（布羅赫認為二者實一）本不屬於同一層次。自我之核的本體是非時間的，因此，人註定是要活在絕對的自身之中。正因為如此，在專屬於人類的行為模式中，這種情形至為明顯，而其中尤以語言為最；對布羅赫來說，語言並非溝通的工具，也無關乎地球上居住眾多人（而非個別的人）彼此需要相互溝通。關於這一點，他雖然不曾言明，卻似乎認為，人與人之間的溝通，僅僅動物的聲音也就足夠了。對他來說，語言真正重要的意義，在造句時「於句子中」將時間給終止了，因為句子必須「把主體與客體置入瞬間的關係中」。55說話的人被分派到的「任務」，是要「使各個認知個體都可以聽得見、看得到」，這也正是「語言唯一的工作」。56這種句子的同時性，無論其所凝結的是什麼，對「瞬間能夠涵蓋極大整體」的智慧與思想而言，句子已經被拋出時間之外了，當然，更不必說這些想法所產生的「絃外之音」了，而這四個字正是別人對布羅赫那種看似抒情的抒情風格，以及對他那種超乎尋常的長句和其間超乎尋常精確的反覆所下的評語。

布羅赫對語言所做的這些思考，時間是在他人生最後的幾年，當時，他正試圖解決邏各斯領域中的同時性問題。但是，他深信語言表達的同時性可以讓他瞥見永恆，使「邏各斯與生命」得以「再次合而為一」，57以及確信「同時性之不可或缺乃是所有史詩與詩作的真正目標」，⑱所有這些想法，其實都是更早期他論喬哀思時就領悟到的。一如在後來的歲月中，當時他已經在思考「要將相續的印象與經驗納入統一，迫使時間的序列退入瞬間的統一中，使被時間綁住的東西解放，成為單子的無時間狀態」，這也就是他後來所稱的「自我之核」。⑲然而，到了晚年，「在藝術作品中建立超時間性」已經無法使他感到滿足，他更想要為生命的本身也打上於瞬間超越時間的印記。在寫作論喬哀思的文章時，他還不得不承認，「一心想要做到同時性……但是，共容性與互依性卻又必須用相續的序列，尤其是必須不斷反覆才能夠表達出來，這種必然性……光是求同時性是無法突破的」，但到了後期，他又不得不承認，之所以會如此，實在是因為文學與文字的表達頂多只能做到這個程度，而數學則不然，透過方程式的建立，再加上支撐數學的絕對邏輯，就能夠充分勝任此一功能，將所有的時間序列轉換成空間的共存（當然，並不是任何具體的東西都能處理，只是當作一切可能認知的一個模型而已）。

布羅赫之常用「強制性」、「必然性」、「無可規避的必然性」這些字眼，尤其特別依賴邏輯論證的強制特性，可說是令人印象深刻。當他大幅度地從神話轉向邏各斯，也就是他踏上知識論的起點時，他就迫不及待地要以邏輯論證無可規避的必然取代神話世界觀的強制。說到無可規避的必然性，一直以來都是神話世界觀與邏輯世界觀的公分母，也唯有必然以及因此而讓人感覺到的強制力，才稱得上是絕對的。正因為將必然與絕對視為同一，乃使得布羅赫在對待人的自由這個問題上出現了他獨有的矛盾。事實上，對於自由，他所給的評價並不會高於哲學；總之，只有在心理學的領域，他才會去探討自由，從來不會把自由的問題歸入形而上學或以科學為基礎的領域，因為在他看來，這些領域與必然性屬於同一調性。

對布羅赫來說，自由之為物，是一種我行我素的追求，是縮在自己的自我裡面高臥，是從人群中「脫離」。這種追求，可見於動物世界中的「獨行客」，如果人也隨著自我一味地追求自由，也就無異於一隻「我行我素的動物」。⑥⓪但是，偏偏人卻是「沒有同類就活不下去的，因此也就無法完全實現其我行我素的傾向」，於是就想要去征服別人、奴役別人。自我這種叛逆的任性——儘管處處要依賴別人，為了獨立，卻寧可獨來獨往不跟他人發生關係——在他早期的作品中，就已經被他視為是一種根本惡。只不過，在那些早期的作品裡，他更專注於分析本性之惡的純粹審美傾向，以致掩蓋了他對自由所做的探討。到了晚年的著作，由於全都是以知識論為導向，情況乃為之一變。從知識論出發，他直接導出了一個政治的結論：人在自我的認知，亦即自我的對話中，必然會服從於某一種強制，因此，在與其他人的關係中，也就會服從於同一種強制。在這樣的一個政治領域裡，人生與外界的活動隨著外部世界的機制運轉，布羅赫從不相信，單憑政治的運作就可以加以處理；因為，「世界的紛擾與混亂只會導致無政府狀態……」，而「政治學所分析的又僅止於外部世界的混亂」。㊶世界的紛擾跟自我的本身一樣，同樣會服從於一個明顯而又無可規避的必然，而此一強制若要有效，就必須證明這種強制是屬人的，亦即是源於人性的。知識論的政治倫理學，其使命就是要證明這一點，其理論必須證明人性是一種無可規避的必然，並據此解決無政府的狀態。

從這一點出發，很明顯地，在他所留下來的殘篇中，我們不難勾勒出一個體系的大綱。他的這項工作，之所以更為吸引人，在於他的體系多年來雖然曾經多次轉換，但其基本特質卻是一以貫之的。在這個體系裡面，認知及其終止時間的同時性功能，必須運用到兩個難題上才能加以證明，這兩個難題是：其一，它必須能夠終止世界的無政府狀態，也就是說，它必須能夠把非世界的自我與非自我的世界統合起來；其次，它必須用「邏輯預言」取代「神話預言」，從而用跟現在一樣的確定性將未來帶入同一個時間的框架，並用記憶將過去贖回，將它從無可挽回的湮滅中拉回到現在來，使《維吉爾之死》以詩的手法召喚的「記憶與預言的統一」付諸實現。62

第一個難題：自我與世界的統合，考量的是如何將自我從極端的主觀意識中救贖出來；在這種極端的主觀意識中，「人之所『是』的一切都屬於自我，人之所『有』的一切都緊貼自我，至於其他的一切，世界上所有其他的……對自我而言都是異類的、敵對的，是虎視眈眈的死亡」63——關於這個難題，布羅赫似乎並未另闢蹊徑，他所採取的途徑，仍然是那些曾經認真對待過主觀意識的前輩所走的舊路，而其中最了不起的則屬萊布尼茲（Leibniz）。這條路亦即所謂的「預設的統合」，也就是說，有如建兩棟「同一設計、同一基礎的房子，但因為房子的主體結構無限大，並非輕易能夠完成，兩棟房子的可見結構都已經在不同的地方動工，因此，儘管建築的時間沒完沒了，二者之間卻越來越相像，但實際上永遠無法達到一模一樣的程度，或者也可以說，無法達到可以互換的地步」。64

至於人，「直覺地掌握自己本性與外在世界之間最內在的相似點」，65又該如何才能夠做到呢？對於這個問題，布羅赫的回答是，「預設的統合是一個邏輯的必然」，66也正是這個回答，他跨出了決定性的一步，超越了所有的單子論（monadology，譯註：萊布尼茲本體論中的一個概念，指空間上不可分割的、非物質的實體），包括萊布尼茲的在內。預設統合在邏輯上乃是必然的；按照布羅赫的看法（大致上不脫胡塞爾 Husserl 的路子，布羅赫在許多地方都頗受到他的啟發），在思維的活動中，客體（也就是這個世界的模型）已經呈現了出來，因為「我思」之所以可能，是因為任何「我思」都是「我思某一事物」。因此，在思維的活動中，自我乃在其自身中找到了一個非我的形象，「思維縱使是自我不可分割的一部分，卻異於自我那個主體，因此同時也是非我」。㊼

由此往下推，自我之屬於這個世界，其方式不同於「自我的擴展」；自我擴展的高峰是狂喜，要不然就是在恐懼達到頂點時的「自我喪失」。自我之屬於世界既無關乎狂喜也無涉於恐懼。由此再往下推，對於這個世界，我們並非只是從外面去經驗，在這些經驗發生之前，它們早已經被放進了「無意識」中。無意識既不是非邏輯的也不是非理性的。事實剛好相反，一切真正的邏輯必然包括「無意識邏輯」，也必須要在「無意識的知識論領域中」檢驗自身，㊽存在於這個領域裡的，不是具體的經驗，而是對經驗的整體認知，是先於一切經驗的——換句話說，就是「經驗的本身」。

同樣地，第二個難題的解答也是在這個認知可以達到的無意識領域中，也就是說，在這個領域中，居於支配地位的同時性，將未來和過去都自連續性的拘縛中解放了出來，只不過，未來與過去的共容是由無意識所獨有的夢境來完成。「人，也只有人，對未來的切入，使未來成為現在的一部分」；是一種超越亞里斯多德邏輯的邏輯，是總有一天能夠預見那些打造未來新境界的「靈感」。「這些領域中的形式論據，其所承諾的事情必有完成的一天」，⑲到時候將會提出一套恰如其分的「預言理論」，為我們勾畫出「未來一切可能經驗的輪廓」。此一「邏輯預言」的對象就是無意識；孕生新事物的衝動與「靈感」來自無意識，而邏輯預言的本身乃是一套完全合乎理性與邏輯的知識，是「自然而然……從基礎研究的成長與深化中」汩汩流出。⑳儘管時間被視為「最內在的外部世界」，此一「新事物理論」——「邏輯預言」的別稱——的前提是，「世界上」任何「嶄新的東西，即使是以經驗的姿態出現，卻絕不是由實際經驗產生，而永遠都是來自於自我的領域，來自於靈魂、心靈與〈心」。㉑換句話說，認知的主體，「極端抽象化的人」，㉒在其本體之內有一個世界，而由預設的統合所產生的認知奇蹟，則是此一內在世界與外在經驗世界的統合。

特別值得注意的是，這種統合是由一個「控制體系」來加以完成的，這個「體系」不僅接受世界以及世界永不耗竭的「經驗內容」，而且透過對世界的控制使其推陳出新；⑬此一創造性的「邏各斯系統化功能」，乃是「邏各斯根本而且唯一的展現」，⑭透過此一展現，邏各斯「一次又一次地創造出全新的世界」。認知與創造本一，不僅存在於「直觀創造性」（康德）的神格中，事實上，這種二者本一無處不可見，獨立於一切的啟示，並顯現於人的「創生義務」中，根據這項義務，人必須「不斷溫習宇宙的創生」，⑮而這項義務也是可以用邏輯實證加以證明的。在「未來統一的科學」中，⑯正是這個邏各斯將取代神話，並使一個脫序的世界回復到「系統」的秩序狀態，引導迷失在無政府狀態的人回歸必然的約束之下。

因此，到了三〇年代中期，既是預言也是期待，布羅赫表示，理性將循著科學的道路使人類得到救贖。到他生命的末期，這樣的想法更形確定：「如果塵世所有的內涵真的都能夠回復平衡，如果這個世界經過再造，真的能夠成為一個完整的體系，一個各個部分相互約束、彼此支撐的體系，又如果這種在嚴格的邏各斯領域中以科學為導向的狀態真的能夠實現，那麼，存有的終極和諧就將來到，人性中所有形而上的宗教也可望匯入此一世界的救贖。」⑰

任何人讀到這樣的句子，都不免想到〈約翰福音〉第一章所說的：「太初有道……道成肉身……」，但這個肉身是邏各斯所形成的，不再是具有神性的神子，而是「極端抽象的人」。布羅赫認為，此一道成的肉身，如果可以用實證而不是用形而上的思辨證明他就是人自己，那麼，不需要任何超越的飛躍，只要在塵世的領域內，此一證明就可以被定位為「形象自身」，而以「形象自身」出現的人，也就不再是以神的形象存在的人，時間與死亡因此也將為之終止。這，就是人類在塵世的救贖。

Ⅳ 塵世的絕對

布羅赫一路所思考的，以及他在殘稿中所留下來的，其精華或者說他的發現，令在於「塵世的絕對」這個概念。說到塵世的絕對，若真要了解其意義，必須千萬小心的是，他早期認為死亡乃是人生在世的絕對——偶爾也見於晚年——絕不可以跟他後期的這項創見相提並論。在這兩個一前一後的觀點之間，唯一也是至關緊要的關聯，就是二者都跟死亡有關，二者的決定性因素都是死亡經驗；但是，其間的差別仍然至為明顯。正因為布羅赫將死亡理解為絕對，為生命無法跨越的界限，才會提出這樣的觀點：死亡之外，「再也沒有其他的現象如此遠離這個世界，並對生命具有如此重大的形而上意義」；⑱以人類的觀點來說，「從永恆的角度思考」，實際上就是「從死亡的角度思考」；⑲刺激人類去尋找絕對價值的，乃是死亡那個「無價值的本身」；以及「作為實在界與自然界唯一的絕對，死亡的絕對必然引起另一種絕對的反抗，這一由人類意志所推動的絕對，能夠創造靈魂的絕對與文化的絕對」。⑳毫無疑問地，布羅赫的這一信念從未動搖過：「唯有跟死亡發生真正的關聯，唯有老實承認死亡無所不在的絕對性，才會有真正的倫理學。」㉑事實上，正因為他對此一信念的堅定不移，在《政治學》中——亦即他以知識論處理人間世的紛亂時——他又再度訴諸於死亡，並視之為塵世領域中的一項絕對。換句話說，他的整個法律與政治體系都是基於下列事實：死刑所代表的是，自然的極限為懲罰所設定的絕對限度。但是，布羅赫的塵世的絕對，其概念所指涉的並不僅止於死亡而已，更重要的是，死亡所固有的絕對，儘管唯有透過死亡才能在塵世領域顯現，但在本質上卻是非塵世的，因為，這種絕對很明顯地是在死後才開始的，也就是說，是在死亡之外的。既然如此，想要將這種他世的、超越的絕對有限化、現世化，乃是世俗化所犯的最大錯誤，其結果則是導致價值的崩潰與世界的裂解。

塵世的絕對與死亡之間的關係，在性質上則有所不同。塵世的絕對所涉及的問題是，活著的時候要取消死亡的意識，只要是活著，就想將生命從死亡中解放出來，好讓生命可以存諸永恆。正如認知的功能是要戰勝「時間這個最內在的外部世界」，是要征服這個最靠近自我，但對自我乃是最陌生、最危險的世界，塵世的絕對則是要以自我去對抗死亡，去征服生命中的死亡，戰勝那個「孕育死亡的世界」，因為在自我的認知之核中，知道自身是不死的。即使在他轉向邏輯實證論之後（雖然他的邏輯實證論乃是別具一格的），對於自己早期基本的基督宗教信念，布羅赫仍然堅信不疑；他深信，死亡與腐朽的根源是世界，而不死與永恆則繫於自我，因此，對我們來說，看起來不免一死的生命其實是不死的，看起來永恆的世界其實卻是死亡的獵物。

布羅赫之轉向邏輯實證論——其中最強調的概念就是塵世的絕對——當然也就意味著他對自己的「時代批判」有所修正，只不過他並未明說罷了；他的「時代批判」，最初只是要抗議世俗化的過程，經過修正之後，最明顯的變化是，從寄望於「新神話」轉而相信「實證的去神化過程」已經是一個必然的趨勢。但是，之所以有此一轉變，源於布羅赫在遺稿〈知識論〉（Theory of Knowledge）中用邏輯實證論的術語針對一個問題所提出來的回答，問題大致上是這樣的：自我之深信自身不死，其信念源自何處？之所以會有這種信念，其基礎是否就是自我本身能夠證明這種不死？

這個問題，如果跟他早期完全以死亡為導向的價值理論關聯起來，問題或許可以是這樣的：由於自我之核永遠無法預見死亡，對人而言，突如其來的打擊乃是莫名的恐懼，死亡的經驗因此乃是負面的（儘管在那個絕對非世界的本體中，人知道自己是不死的），難道沒有某種正面的經驗——在其中，不死與絕對有如死亡那樣實在而真切——可以予以抵銷嗎？說到這個問題的答案，雖然要追溯到布羅赫的早期，只不過要等到晚年他才充分理解其含意；扼要地說，答案就是：「形式邏輯的結構建立於材料的基礎上。」㉜

布羅赫的思想體系，如果用簡單的形式予以概括，認知的本身是以兩種知識形式出現，與之對應的則是基本上完全相異的兩種科學。首先是歸納的經驗科學，是逐個事實、逐個研究的摸索前進，原則上是沒有止境的、沒有完結的，需要不斷的新事實、新發現才能有所進展。第二種則是演繹的形式科學，是自本身得出自明的結果，往往是獨立於一切經驗事實的。對布羅赫來說，最重要的歸納科學是物理學（不過，為了方便說明，他常用考古學來舉例，因為，在這門學科中，每項出土的「發現」都相當於任何經驗科學進展上的新「發現」），至於最典型的演繹科學，當然非數學莫屬。真正的認知絕不僅止於單純事實的認知，布羅赫主張，真正的認知只有透過系統化的演繹科學才能達到，物理學家所發現的經驗事實，唯有經過數學的演繹得出公式，物理事實才說得上是科學的理解。

歸納與演繹之間的這種關係，用到布羅赫的思想上，相當於「原初系統」（proto-system）與「絕對系統」（absolute system）之間的區別。⑧³原初系統的功能是對世界進行直接的控制，其涵化的作用是所有生命，包括動物在內，存活的先決條件。至於絕對系統，就人類而言，其完美狀態是無法達到的；這個系統「包含世界上所有已經發生或可能發生的問題與解答……簡單地說，就是一個神的認知系統」。⑧⁴乍看之下，人的認知系統似乎應該是介乎這兩個系統之間，亦即介乎屬於生命的系統與屬於神的系統之間；但不論怎麼說，這兩個系統一如歸納法與演繹法，彼此始終都是對立的。

為了要消除這種對立，或者換個方式說，證明這種對立只是表面的，布羅赫乃做了下一步的推論。他首先論證，原初系統與絕對系統之間有一座橋樑，一切認知過程的個別重複則是這座橋樑的基礎；其次，他又論證，絕對的演繹系統根本不存在，相反地，每個形式系統的基礎都是經驗性的。既然如此，便意味著每個系統所立基的基礎都高於其本身，唯有將此一基礎置於絕對的位階，否則就連演繹的序列都無法開展。

從原初系統通往絕對系統的橋樑，一方面代表一座從純歸納科學通往演繹認知的橋樑，另一方面，則代表一座從動物透過人通往神的橋樑，其發生的過程如下：原初系統是一個「諸種經驗」的系統，這些經驗是「已知的」但非「已理解的」；每個經驗都內含其本身的知識，若非如此則不成其為經驗，這種經驗實際上已經是一種「所知之知」（knowing about knowing），亦即首度的溫習，若無此一「所知之知」或首度的溫習，記憶便無法形成，記憶一旦形成也就屬於經驗的一部分了；布羅赫將記憶等同於意識，並認為動物也具有這種能力。⑧⑤

這種「所知之知」與世界保持直接的聯繫，以便能夠直接控制世間諸事物的具體狀況，它唯一使不上力的則是世界的「世界性」（worldness）；依布羅赫的看法，所謂世界性，就是世界本初就已經具有的「非理性」（或用政治語言來說，就是無政府狀態）。接下來，「認知系統」所要做的，乃是要完成對此一世界性的控制，而其結果之所以能夠成功，在於認知系統已經使其自身從世界的具體事物中解放出來，因而掌握了世界的世界性，亦即其「非理性」的本體，由此也就形成了絕對系統的初級形式。這時候，直接經驗與它所需要的「所知之知」已經不再重要，重要的是一種「所知之知的知」（knowing about knowing about knowing），換句話說，也就是再一次的溫習，是「所知之知」首度溫習的自然結果。

在「所知之知」的原初系統中，真知識尚未形成，生物也僅止於意識到經驗而已，而在這個原初系統與神的絕對系統之間，則有一系列連續不斷並能夠予以實證的溫習階段。儘管布羅赫曾經明白提醒過我們，切勿「設想有一種層級分明的系統安排——可以由原初系統開頭一路通往絕對系統——並不要以為在這個層級架構中，每個層級都是按照「經驗內容」減少、「認知內容」增加的比例原則高於另一個層級，但他還是認為，此一架構「確實……一路……有其方向，即便不是必然，但也多半會朝著內容的增加以及可描述性的減少而去」。(86)論證塵世的絕對確實存在，其意義在於指出各種認知活動之間的密切關聯，以及認知活動先於塵世的絕對與單純的經驗，同時也指出，在那個連續的序列中，經驗與認知活動相結合，從塵世所有生命的境遇中自有絕對升起。

前面談到的這些，其目的是雙重的，既要告訴我們，絕對之源自於塵世乃是客觀地源自有機生命的進化，同時也讓我們明白，所有的演繹系統都立基於一個絕對的經驗基礎上，而此一基礎並非來自系統本身，相反地，無非是在說明，形式遍在於內容。⑰換句話說，塵世不待外求自能擴大成為絕對，發展成為絕對，由此也可以反證，任何絕對都跟塵世脫離不了關係。這種情形在數學中表現得最為明顯。任何數學的數學性素材，很明顯地都無法用數學加以證明或說明，對數學來說，這種素材始終都是一個「額外的未知」（plus unknown），也就是說，它不在數學的領域之內。所有使數學成為數學的主要成分——布羅赫將之等同於「數自身」——以及導致數學進步的「解題衝動」，都屬於這一類「額外的未知」。事實上，數學的進展始終脫離不了物理學。⑱就知識論或邏輯而言，情形亦復如此；按照一般的看法，最初為數學提供「數自身」的正是邏輯，因此，首先為數學奠定基礎的也是邏輯。因為，「邏輯學家跟數學家一樣，同自己所研究的東西之間維持著一種單純而務實的關係，也就是說，一方面，只要他尚未轉進到下一個更高的層次，亦即後設邏輯時，對於整個邏輯系統的相關知識與邏輯的可操作性——亦即研究時需要特別注意的自明性附加物——他都會置之不理，另一方面，他甚至比數學家更傾向於忽略知識的主體或載體。⑧⑨

因此，演繹性的科學，如邏輯與數學，一般而言，必然會忽略掉兩件東西，其一，對於使邏輯與數學得以成其為邏輯與數學的邏輯性與數學性，他們是看不到的，這就跟一個人看不到自己的立足點是一樣的道理。其次，他們也觀察邏輯與數學操作的主體；打個比方來說，他們永遠都只是看到自己的影子而非其本身。如此一來，我們可以說，數學性，亦即「數自身」，之於數學，就是數學的絕對；此一絕對乃是外加於數學的，其存在於數學系統之外是可以被證明的。儘管如此，此一絕對並非絕對的超越，而是經驗所賦與的。我們可以說，就一門科學而言，其本身的絕對往往得自於一門「相鄰的更高層次」的科學，由此也就產生了一個層級架構，而這個層級架構的原則，則可以透過一個綜括的、統一的、系統化的途徑加以掌握。物理學的絕對得自於數學，數學的絕對得自於知識論，知識論的則得自於邏輯，而邏輯又有賴於後設邏輯。

在此一絕對之鏈中，絕對時時刻刻以不同的方式在傳遞，從一門科學到另一門科學，從一個認知系統到另一個認知系統，每次的傳遞都對科學與認知有所增益；

但是，這種絕對之鏈的傳遞與往復並非無窮的。作為一個絕對，一個絕對的規範，在每一次的運作中，運用它的人並無法觀察它，因為他正在運用它，他就是運用那套規範的主體，是「觀察行為的本身」，一如「物理人」之於物理學之中，同樣地，也如「數學人」之於「數自身」的載體，「邏輯人」之於「邏輯可操作性」的本身。因此，這些科學中的絕對不僅「在內容上」是一個受體——任何科學的內容若非外加的，根本就無從開始——而且其來源完全是塵世的，是實證的，用知識論的術語來說，就是可以在邏輯實證論的基礎上加以驗證的，是「人性抽象化的極致」。此一抽象化的內容會發生變化——從「看的動作的本身」變成運算行為的本身以及邏輯操作的本身。這並不是說，一個身心靈都具有這些素質的人就可以成為萬物的尺度，但至少意味著，人既然是認知的主體，是認知活動的載體，那麼，人也就是絕對的源頭，而此一絕對的源頭——本身也是絕對的、必然的、無可規避的——則是屬於世界的。

正是這個塵世的絕對的理論，布羅赫相信可以直接運用到政治上，在《群眾心理學》「扎扎實實」的兩章中，儘管不免失之片段，他其實已經將自己的知識論轉換成為實際的政治理念。他之所以認為這樣做是可行的，是因為在他的知識論中，行動扮演著核心角色，而這正可以轉換成所有的政治行動；在他看來，這些行動的本身都是非世界的，或者如他所說的，是「放在攝影機的黑箱中」。⑽換句話說，他在乎的不是政治行動或行動的本身，他只是要回答年輕時自己所提出的那個問題：「那麼，我們該有什麼作為呢？」

一如思維與認知，行動與作為並不是同一回事。不同於思維，認知包括認知的動機與認知的動作，有其既定的標的，並必須符合特定的規範才能達成，至於行動，有人群聚集之處便有行動發生，縱使一事無成亦復如此。作為與生產則不同，一切的作為與一切的生產都脫離不了「目的—手段」這個範疇，而此一範疇應用到行動上卻往往是慘不忍睹的。就如生產一樣，作為一旦開始，想當然爾地會認為，「做」的主體充分明白目的之所在以及將會達成什麼目標，因此，唯一的問題就是要去找出正確的手段以達成目的。從這種想當然爾出發，乃會預想一個世界，在其中僅有單一的意志，或者其中所有活動的主體都是彼此孤立的，各自的目的與目標也是互不衝突的。但是，行動則完全不是這麼回事。意圖與目的的交錯與衝突層出不窮，全都匯集在既複雜又廣闊的領域中，在這個世界上，人人都各自打算，各自行動，只不過到頭來，沒有任何目的與意圖是能夠完全如最初之所願的。一切作為之不免遭到挫折，行動之徒勞無功，儘管情況已如上述，但仍然說明得不夠充分並會引起誤解，因為這種說法全都是站在「作為」的範疇在思考，其所指涉的，不出「目的—手段」的範疇。而在這些範疇之內，到目前為止，我們唯一能夠認同的則是新約〈福音書〉中所說的：「因為他們所做的，他們不曉得」（譯註：耶穌被釘上十字架後，請求上帝寬恕那樣對待他的人時所說的話）；按照這句話的意思，每個行動的人都不了解自己為何會這樣做或那樣做，而他之所以不了解，則是因為人的自由注定了他無法了解。自由之為物，正是因為人的行動是絕對無可預測的。這種情形如果我們用悖論（Paradox，譯註：依據哲學，悖論乃是以看似真實的假設為基礎，經由看似合理的推理導向矛盾或看似真實的假結論）來加以說明——只要我們試圖以行為規範來評斷行動，必然會陷入似是而非的窘境——我們可以這樣說：為了一個壞的目的，採取了某些好的行動，這些行動實際上還是為這個世界增加了善；為了一個好的目的，採取了某些壞的行動，實際上還是為這個世界增加了惡。換句話說，就作為與生產來說，目的完全支配手段，但對行動來說剛好相反：手段永遠決定目的。

由於布羅赫從知識論出發，將非世界的自我放進「攝影機的黑箱」，將行動理解為作為，將行動者理解為一個生產性的孤立自我，亦即那個特定的行動主體，可以說是再自然不過的事。但是，還有比這更重要的，身為藝術工作者，他將「作為」理解成一種世界的創造，並要求此一創造應該是「對世界的再創造」，而這種再創造原來卻是他對藝術作品的要求。按照他的要求，政治應該是一種「倫理的藝術作品」。人所具有的兩種根本能力：文學的創造才能與科學的認知及控制世界的才能，在政治的作為中合而為一。因此，對布羅赫來說，政治實質上是藝術，在其中，世界的創造成為一門科學，而科學同時也成了藝術。沒錯，他自己並未這樣說過，但憑著我們所擁有的片段材料，不難將他的基本觀念描摹出一個大致上的輪廓來。

總而言之，認知的目的分析到最後，無非就是希望有所作為。由於文學成不了什麼事，布羅赫乃棄文學而去，又因為哲學徒然框限於思辯與思維之中，他也予以拒絕，到了最後，把所有的希望都放在政治上。他的終極關懷是救贖，對死亡的救贖，在他的政治學中，正如同在他的知識論與小說中，他所在乎的仍然是救贖。在以救贖為導向的政治學中，烏托邦的成分是不可忽略的，但是，在布羅赫實事求是的反思中，我們絕不可低估了在前面引導他的現實主義；正是因為這種現實主義，使他在將知識論中的塵世的絕對運用到政治學上，乃能免於獨斷與濫用。

布羅赫的終極信念無他，塵世的絕對而已。令他感到安慰的是，在這個塵世間，尋尋覓覓，苦苦推求，確有某種絕對的東西存在，甚至在政治領域——人類群聚在塵世生活的情況下，無可避免的無政府狀態——也還是擁有一種有限的絕對。也就是說，有一種「絕對的正義」存在，並可以由此導出一項新的「人權」宣言，屆時此一宣言與政治現實的關係將有如數學之於物理學。在此一宣言的主導下，一種正當生產、「正當創造（因此也是正當思慮）的主體」，乃相當於「物理人」或「看的動作的本身」。⑪正因為這些洞察不斷地向「極端抽象的人」輻輳，布羅赫乃如數學家之準備委身於物理領域，乃能將自己委身於政治領域的現實。或許正因為如此，在一次講演中，他以美與詩意的比喻談到政治生活的現實與可能，就他而言簡直無異於某種數學的公式，他用羅盤做比喻：「這個羅盤的作用是要顯示歷史的風向是從世界四方的哪一方吹來，刻有『正義成就權柄』的一方指向天國，刻有『權柄製造不公』的一方指向煉獄，刻有『不公製造權柄』的一方指向地獄，而刻有『權柄成就正義』則指向一般的塵世生活；由於魔鬼的暴風一再吹襲，對人性造成威脅，人類通常都是卑微地自甘於『權柄成就正義』，儘管心裡所指望的是天國吹來的和風——整個世界上不再有死亡的懲罰——但人卻明白，奇蹟之來並非自來，而是創

造出來的。而『正義成就權柄』的奇蹟，其首要條件就是正義被賦與力量。」㉒

布羅赫或許未曾說過，乃至於未嘗隱含於字裡行間，但在這些句子的背後，我們清清楚楚地感受到，從《維吉爾之死》，以及從《誘惑者》中那個醫生的角色，對布羅赫來說，人與人之間的關係，其終極的主導力量就是「救助」的理念，亦即要求別人的救助乃是權利，「倫理要求」的絕對性（此一統一性依然保持完整的概念，就是完整的倫理要件），㉓他視之為理所當然，是不需要證明的。「倫理要求的目標立基於絕對與無限」，㉔意思是說，在絕對的領域中，每個行動都是合乎倫理的，人之向別人求助，既是不會中止的也將源源不絕。正因為他理所當然地認為，他應當放下一切事情，擺開一切活動，義不容辭地去幫助有需要的人，他也就理所當然地認為，他應當放掉文學，只因為他已經開始懷疑，文學對「認知之絕對所負的義務」，文學根本無法履行。㉕尤其重要的是，了解需求是一回事，對有需求的人伸出援手又是另一回事，他懷疑文學與認知根本無法從前者跳到後者。他不厭其煩掛在嘴上的「使命」，亦即他到處都可以看得到的「無可逃避的天責」，終極地來說，本質上既不是邏輯的也不是知識論的，儘管如此，在邏輯與知識論中，他迎向這項使命，並證明這項使命的無所不在。這項使命不是別的，乃是一項倫理的籲求，其無可規避的任務則是人有救助別人的義務。

註釋

①英譯者註：在本文中，poet指的是德文的*Dichter*（譯註：英譯者既然特別有此一註，顯然別有所指，德文dichter似應指「純文學作家」，亦即包括從事各種文學的創作；事實上，從布羅赫的創作文類來看，確實也不止於詩而已，但為貼近原著，仍譯為「詩人」）。

②"Gedanken zum Problem der Erkenntnis in der Musik," in *Essays*（Zürich, 1955）, II, 100.

③"Hofmannsthal und seine Zeit," *op. cit.*, I, 140.

④遺憾的是，顯然為時已晚，我們從他死後的遺稿中才得知，布羅赫原來打算將書名訂為《流浪者》（*The Wanderer*），之所以如此其來有自，從他的文稿中可以看出，在他做最後的修改中，曾經想到要拿醫師那個角色作為書中的男主人翁，而不是後來的Marius Ratti。

⑤重新改寫的壯觀過程如今已不復得見，因為為了方便閱讀，在今天的版本中，已將第二次與第三次稿（亦即最後一次）加以整合。這篇文章原為Rachel Bespaloff所著"*On the Iliad*"（New York, 1947）的導論，寫作與發表均在英國。

⑥"Hofmannsthal...," *op. cit.*, I, 105.

⑦ *Ibid.*, p. 49.

⑧ *Ibid.*, p. 55.

⑨ *Ibid.*, pp. 96ff.

⑩"Die mythische Erbschaft der Dichtung," *op. cit.*, I, 237.

⑪此處是指歌德所說的：「我所有的作品都只是一次大懺悔的片段。」See Hugo von Hofmannsthal, *Selected Prose*, trans. by Mary Hottinger , Tania and James Stern, introd. by Hermann Broch（New York, 1952）, p. xi.

⑫"James Joyce und die Gegenwart," *Essays*, I, 207.

⑬"Die mythische Erbschaft...", *op. cit.*, I, 246.

⑭"James Joyce...," *op. cit.*, 208.

⑮"Die mythische Erbschaft...," *op. cit.*, I, 263.

⑯ *Ibid.*

⑰"James Joyce ...," *op. cit.*, I, 195.

⑱"Hofmannsthal...," *op. cit.*, I, 206.

⑲"Das Böse in Wertsystem der Kunst," *op. cit.*, I, 313.

⑳"Hofmannsthal...," *op. cit.*, I, 59.

㉑"James Joyce...," *op. cit.*, I, 210.

㉒ *Ibid.*, p. 184.

㉓"Hofmannsthal...," *op. cit.*, I, 65.

㉔ *Ibid.*, p. 60.

㉕ *Ibid.*, p. 125.

㉖"Hugo von Hofmannsthal," *op. cit.*, p. xv.

㉗ *Ibid*.

㉘"Das Böse...," *Essays*, I, 313.（First published in 1933.）

㉙"Das Weltbild des Romans," *op. cit*., I, 216.

㉚ See "Politik, Ein Kondensat（Fragment）," *op. cit*., II, 227.

㉛ *Ibid*., p. 232f.

㉜ *Ibid*., p. 248.

㉝ *Ibid*., p. 243.

㉞ See "Das Weltbild...," *op. cit*., I, 231.

㉟ See "Gedanken zum Problem der Erkenntnis in der Musik," *op. cit*., II, 100.

㊱"Über syntaktische und kognitive Einheiten," *op. cit*., II, 194.

㊲"Politik...," *op. cit*., II, 204.

㊳ *Ibid*., p. 217.

㊴ *Ibid*., p. 255.

㊵ *Ibid*., p. 248.

㊶"James Joyce...," *op. cit*., I, 197.

㊷ *Ibid*., p. 203-204.

㊸ Hugo von Hofmannsthal, *op. cit*., p. xl.

㊹"Das Böse...," *op.cit*., I, 330.

㊺"James Joyce...," *op. cit*., I, 203.

㊻"Werttheoretische Bemerkungen zur Psychoanalyse," *op. cit.*, II, 70.

㊼"Über syntaktische...," *op. cit.*, II, 168.

㊽ *Ibid.*, p. 201f.

㊾"Die mythische Erbschaft...," *op. cit.*, I, 239.

㊿"Werttheoretische Bemerkungen...," *op. cit.*, II, 74.

(51) *Ibid.*, p. 73.

(52) *Ibid.*, p. 74.

(53)"Der Zerfall der Werte. Diskurse, Exkurse und ein Epilog," *op. cit.*, II, 10.

(54)"Gedanken zum Problem...," *op. cit.*, II, 99.

(55)"Über syntaktische...,"*op. cit.*, II, 158.

(56) *Ibid.*, p. 153.

(57)"James Joyce...," *op. cit.*, I, 209.

(58) *Ibid.*, p. 192.

(59) *Ibid.*, p. 193.

(60)"Politik ...," *op. cit.*, II, 209.

(61) *Ibid.*, p. 210.

(62)"Die mythische Erbschaft...," *op. cit.*, I, 245.

(63)"Politik...," *op. cit.*, II, 234

(64)"Über syntaktische...," *op. cit.*, II, 169.

⑥⑤ *Ibid.*, p. 151.

⑥⑥"Das System als Welt-Bewältigung," *op. cit.*, II, 121.

⑥⑦"Werttheoretische Bemerkungen...," *op. cit.*, II, 67.

⑥⑧"Über syntaktische...," *op. cit.*, II, 166.

⑥⑨"Die mythische Erbschaft...," *op. cit.*, I, 244.

⑦⓪ *Ibid.*, pp. 245-46.

⑦①"Über syntaktische...," *op. cit.*, II, 187.

⑦②"Politik...," *op. cit.*, II, 247.

⑦③"Das System...," *op. cit.*, II, 111ff.

⑦④"Über syntaktische...," *op. cit.*, II, 200.

⑦⑤"Politik...," *op. cit.*, II, 208.

⑦⑥"Über syntaktische...," *op. cit.*, II, 169.

⑦⑦"Gedanken zum Problem...," *op. cit.*, II, 98.

⑦⑧"Das Weltbild...," *op. cit.*, I, 231.

⑦⑨"James Joyce...," *op. cit.*, I, 186.

⑧⓪"Das Böse...," *op.cit.*, I, 317.

⑧①"Hofmannsthal...," *op. cit.*, I, 123.

⑧②"Der Zerfall der Werte...," *op. cit.*, II, 14.

⑧③"Das System...," *op. cit.*, II, 122ff.

84 *Ibid.*

85 *Ibid.*, p. 134.

86 *Ibid.*, p. 123.

87 "Politik...," *op. cit.*, II, 247.

88 "Über syntaktische...," *op. cit.*, II, 178ff.

89 *Ibid.*, p. 183.

90 "Werttheoretische Bemerkungen...," *op. cit.*, II, 71.

91 See "Politik...," *op. cit.*, II, 219 and 247f.

92 *Ibid.*, p. 253.

93 "Der Zerfall der Werte...," *op. cit.*, II, 40.

94 "Das Weltbild des Romans," *op. cit.*, I, 212.

95 "James Joyce...," *op. cit.*, I, 204.

7

最後的歐洲人

華特・班雅明 *Walter Benjamin, 1892-1940*

二十世紀重要哲學家

I 駝子

菲瑪（Fama），這個貪得無饜的女神，有許多張面孔，她掌管的名聲當然也不例外，種類份量之多自不在話下，小者如封面故事為期一週的浮名，大者到垂諸青史的顯赫美名。在菲瑪的名譽榜中，還有一種名聲，能得到的人固然不多，想得到的人更是少之又少，那就是人死了之後才跑出來的身後名，只不過，這種名聲才真的不是浪得的虛名，若非貨真價實，還真是輪不到的。最有利可圖的主體既然都作了古，其為非賣品也就是必然的了。像這種非商業、非營利的死後名聲，在德國，今天倒是給了一個人，給了華特・班雅明和他的作品。說起班雅明這個猶太裔作家，名是有的，但又不是頂出名，只知道在希特勒掌權以及他移居國外之前，曾經為雜誌和報紙的文學副刊寫稿，為期不出十年。一九四〇年早秋，他選擇死亡時，知道他的人還寥寥無幾，當時，對他的親人和同時代的人來說，正是戰時最黑暗的時期，法國淪陷，英國受困，希特勒與史達林的條約尚未撕毀，歐洲這兩大警察國家的合作正弄得人心惶惶。事過十五年之後，他兩卷合為一冊的作品在德國出版，一夕之間洛陽紙貴，他那生前少有人知的大名也跟著散播開來。說到聲譽，光是最識貨的大行家所給的評價，不論有多高，對作家與藝術家來說都不足以餬口，非得社會大眾有口皆碑，即便不是為數極眾，那才是活得下去的保證，難怪有人會（附和西塞羅）說，「身後贏得的成功，在身前就成就了」，一切就都大不相同了！

說到身後之名，由於其不同一般，其實不能怪世人之不識貨，也怨不得文學界的墮落，更不能說，跑在時代前面的人活該只能嚐這樣的苦果——彷彿是說，在歷史的跑道上跑得太快的競賽者，由於迅若飆風，反而會一眨眼就消失在觀眾的視野之外了。其實剛好相反，身後能得大名者，活著的時候，通常已在同儕之間獲得了最高的認同。卡夫卡一九二四年去世的時候，出版的書沒有幾本，賣出去的，為數更是不到兩百，但文學界的朋友與區區可數的讀者，儘管只是偶然讀到他的短篇散文（當時他尚無小說問世），莫不為之傾倒，確信他必將成為現代散文的一代宗師。這樣的評價，華特．班雅明也是在早年就獲得了；他年輕時的好友，當時仍然默默無聞的蕭勒姆（Gerhard Scholem）與他唯一的追隨者阿多諾（Theodor Wiesengrund Adorno）固然不必說，兩人後來一起整理了他的遺稿與書信，①另外讓我們立刻想到的，則是霍夫曼斯塔爾（Hugo von Hofmannsthal），早在一九二四年班雅明論歌德的《親和力》（*Elective Affinities*）發表時，他就對班雅明大表肯定，至於布萊希特（Bertot Brecht），在他獲悉班雅明的噩耗時，據說曾表示，那乃是希特勒對德國文學所造成的最大損失。天才之完全不被賞識，這樣的事情是否真有，或者那根本只是自以為天才的人的妄想，我們雖然無法知道，但卻有理由相信，死後能得大名者，肯定是輪不到這些人的。

名聲之為物，是一種社會現象；正如塞尼卡（Seneca）既有智慧又見賣弄的說法：「名聲，不是一個人說了就算。」當然，友誼與愛情就另當別論了。任何一個社會，如果沒有層級之分，人與事也沒有分門別類的安排，那是不可能運作的。這種必然的分類乃是社會差別形成的基礎，這種差別，今天儘管有人大不以為然，但其為社會構成之要件，絕不下於平等之為政治的構成要件。重點在於，完全不同於我是「誰」這個問題，我是「什麼」這個問題，每個人在被別人問起時都必須作答，他的角色，他的功能，他絕不能回答說：我是獨一無二的，不只因為這樣的回答未免顯得傲慢，更因為這樣的回答完全沒有意義。至於班雅明的情形，仔細回顧一下便不難看出問題的癥結；當霍夫曼斯塔爾讀了這位籍籍無名的作者論歌德的長文之後，他的評語是「絕對無與倫比」，問題就出在這幾個字講得太貼切了，他寫的東西跟當時的文學根本無從比較，他的每篇文章永遠都獨具一格。

這樣看來，人之死後才得大名，似乎乃是無法歸類的宿命，他們的作品既非現存的等級可以安排，也沒有因為另闢蹊徑而讓自己成為未來的類型。不知道有多少人想走卡夫卡的路子寫作，而下場之淒慘只是徒然突顯了卡夫卡的獨一無二，以及他那種前無古人後無來者的獨創風格。對於這種人，社會所能做的頂多只是妥協，要叫它蓋個認可的印記那可真是千難萬難了。老實說吧，就如同一九二四年說卡夫卡是個短篇故事家和散文作家一樣，今天說班雅明是個文學評論家和散文家根本就是個誤解。按照我們一般的參考架構來形容他的作品和他這個作家，若要做個充分的描述，就得用上一堆否定的陳述，譬如說，他學問淵博，但他不是學者；他研究的東西包括文本兼及詮釋，但他不是語文學家；他對宗教不感興趣，但卻迷神學以及用神學的方式去詮釋那些神聖不可侵犯的原文，但他不是神學家，尤其不喜歡《聖經》；他是個天生的作家，但他最大的野心卻是寫一本完全用引文寫成的書；他是第一個翻譯普魯斯特（Proust）和聖約翰．佩斯（St.-John Perse）的德國人（與胡塞爾〔Franz Hessel〕合譯），之前還譯過波特萊爾（Baudelaire）的《巴黎圖畫》（*Tableaux Parisiens*），但他不是翻譯家；他寫書評，也寫文章評論在世的、已故的作家，但他不是文學評論家；他寫過一本有關德國巴洛克時代的書，還留下一堆未完成的有關十九世紀法國的研究，但他不是歷史家，也不是文學家或其他什麼家；至於他的思路頗富詩意，我將試著一談，但他既不是詩人也不是哲學家。

倒是有過那麼幾次，對於他自己所從事的工作，他還頂認真地做過一番界定，認為自己是個文學批評家，如果說他曾經立志要在人生中想達到什麼地位的話，那就是「德國文學唯一真正的批評家」（在蕭勒姆付梓的那幾封信中，有一封提到過這句話，那些寫給朋友的信，寫得還真是漂亮），除此之外，類似這種要成為社會有用份子的想法，他其實是相當排斥的，毫無疑問地，他認同的是波特萊爾的看法：「對我來說，做一個有用的人還真是件令人倒胃口的事。」在論《親和力》的那篇文章中，他在導言的部分，談到文學批評的任務，他曾經就自己的理路做過說明。開宗明義，他就為評論與批評做了一個分野（他自己並沒有提到過，或許根本不曾意識到，他之使用 kritik，跟康德談到《純粹理性批判》時用這個字的用法相同，而一般來說，這個字的意思指的是「非難」）。

批評所關切的是藝術作品的真理內涵，評論所關切的則是作品的題材。兩者的關係由文學的基本法則所決定，根據此一法則，作品的真理內涵依賴於題材，因此，越是扣緊題材，也就越能夠跟題材渾然一體，唯其如此，作品的精神只要能夠從頭到尾深深根植於題材，縱使讀者是在隔了許久之後才讀到它，縱使作品在這個世界上已經褪色，還是能夠發現，「實在」（*realia*）在作品中卻是更加突顯了。這也就是說，在作品問世的初期，題材與精神是一體的，但時過境遷，兩者卻分開了，題材越來越突出，精神卻留在原處變得隱晦不明。因此，對後來的批評家來說，盡一切可能去解說題材顯著而不尋常的地方，也就成了先決條件。我們大可把批評家喻為一個古文家，面對的是一張羊皮書，文本的內涵邈不可解，但字體筆畫還是依稀可辨。正如古文家會先從認識字體著手，批評家則必須從評註文本開始。從這項活動中，立刻會產生一項極為可貴的批評判斷準則，亦即，只

•他是個天生的作家，但他最大的野心卻是寫一本完全用引文寫成的書。

有到了這個階段，批評家才能夠提出批評之所以為批評的各種基本問題——作品閃閃發光的精神內涵是否緣於題材，或者，題材的鮮活如故是否緣於精神內涵。因為，正是兩者在作品中分開時，它們才決定了作品的不朽。就此而言，藝術作品的歷史乃為批評提供了準備，這也正是歷史距離加強了作品的力量的原因。我們不妨打個比方，將不斷繁衍的作品視為火葬的柴堆，評論家大可比做是化學家，批評家則是煉金師。把木柴和灰燼留給前者，作為他分析唯一對象，而後者所關心的則是火焰本身的謎，亦即生命之謎。過去的柴木沉重，已逝生命的灰燼細微，批評家所要探討的無他，無非是那繼續燃燒於其上的生命之火的真理而已。

作為煉金師的批評家，所從事的不過就是這樣一種難登大雅的技藝，將實在界細微易逝的成分轉化為閃耀而永恆的真理之金，或更確切地說，針對此一神奇變形的歷史過程，加以觀察，做出解釋——至於這個比喻，不論我們是怎麼想的，跟我們通常將作家歸類為文學批評家的想法，顯然差了十萬八千里。

然而，在那些「身後贏得成功」的人的人生當中，除了無法歸類一事外，還有一個比較不客觀的因素，那就是壞運氣。這個在班雅明一生中相當突出的因素，在此不可不談，因為，以他這個從未夢想過死後名聲的人來說，對於這一點倒是相當在乎的。在他的作品中，乃至於在他平常的談話中，他經常談到的「小駝子」（little hunchback），是德國著名民間詩集《少年的魔號》（*Des Knaben Wunderhorn*）中的一個童話人物。

當我走進地窖，
去取葡萄美酒，
一個駝子過來，
奪走我的酒罐。

當我走進廚房，
打算弄碗湯喝，
一個駝子過來，
弄破我的湯碗。

這首詩是他在一本兒童讀物上讀到的，當時他還是個孩子，從此畢生不忘。但是，直到有一天（在寫完《柏林的童年：一九〇〇年前後》（*A Berlin Childhood around 1900*）時），他預想到死亡，嘗試抓住「據說將在死神眼前一閃而過的……自己的『整個一生』」，以便弄清楚，到底是誰，是什麼東西，在他那麼幼小的時候就嚇著了他，而且纏著他直到死亡。就跟千千萬萬德國的母親一樣，童年時只要碰到倒楣的事情，他媽媽就會說：「砸鍋先生又來問候你了。」孩子當然明白這個怪裡怪氣的砸鍋先生指的是什麼，媽媽說的無非就是「小駝子」，有事沒事作弄小孩，要麼絆得你跌個大跤，要麼撞得你手裡的東西飛出去摔個粉碎。人長大了，童年時候不懂的事情總算弄明白了，也就是說，其實並不是自己盯著小駝子看——就像還是孩子時，一心想要弄明白，到底是什麼東西讓他那樣害怕——以至於得罪了他，反而是那個小駝子，是他一直在盯著他，至於砸鍋呢，反正就是倒楣。因為「只要一不小心被那個小人盯上了，自己既不當一回事，又不去防著那個小人。站在一堆碎片前面，他嚇呆了。」（《文集》〔*Schriften*〕*I*〕, 650-52）

最近，他的書信集出版，很幸運地讓我們能夠把班雅明的一生勾勒出一個更清楚的輪廓。說到這一點，如果把它當成是在處理一堆碎片，的確也是滿吸引人的，因為毫無疑問地，他自己就是這麼看的。問題是，他十分清楚那種神秘的互動，正如他對普魯斯特所給的評語：「脆弱與天才是不分家的」。談到他自己時，他完全同意雅各．里維耶（Jacques Rivière）談到普魯斯特時所說的；里維耶是這樣說的：他「死於百無一用，連生個火、開扇窗都不會，也正因為這樣，他只好讓自己去寫作」（〈普魯斯特的畫像〉〔The Image of Proust〕）。跟普魯斯特一樣，「生活已經把他給壓垮了」，他卻束手無策，不知道該如何去「改變情況」（他這個人就跟夢遊者一樣，夢遊的時候絲毫不出差錯，但清醒的時候反倒愣頭愣腦，老是把自己帶到霉運當頭的地步，要不然就是走向霉運正好潛伏在那兒的地方。正因為如此，一九三九年到四〇年間的冬天，為了躲開轟炸的危險，他決定離開巴黎，找個安全的地方。誰知道，一顆炸彈也沒落在巴黎，反倒是他去的莫鎮〔Meaux〕，一個軍事中心，在

• 他給普魯斯特的評語：「脆弱與天才是不分家的」。

法國那場莫須有的戰爭中，幾個月下來，成為少數幾個飽受威脅的地方）。但是，同普魯斯特一樣，他卻不以為忤，對這種詛咒報之以祝福，一再重複的，總是民間詩歌集最後面的那兩句禱詞，也正是這兩句禱詞，他拿來作為童年回憶錄的收尾：

噢，親愛的孩子，我請求你，
也為那個小駝子祈禱。

回顧起來，那張成就、才華、老實與霉運織成的巨網，糾纏著班雅明的一生，其實早從那篇開啟他寫作生涯的幸運的論文，我們就可以窺出蛛絲馬跡了。拜朋友推薦之賜，他的〈論歌德的《親和力》〉一文發表在霍夫曼斯塔爾的《新德國文粹》（*Neue Deutsche Beiträge*, 1924-1925）上。這篇堪稱德語論文經典之作的研究，在整個德國文學批評的領域，以及在歌德研究的學術領域，迄今仍屬上上之作，但是，在此之前，卻曾多次遭到退稿。正當班雅明要「幫它找個接生者」的努力已經萬念俱灰時，霍夫曼斯塔爾的大表激賞適時來臨（《書信》〔*Briefe*〕I, 300）。但以當時的現實環境來說，這次機會卻也不可避免地帶來一次關係重大的霉運，至於何以致此，顯然永遠無解。跨出這第一步，對物質上唯一的保障，就是為他取得一項資格，也就是跨過了到大學教書的門檻，而這正是班雅明當時的打算。當然，這還不足以讓他養活自己——所謂的私人講師並不支薪——但有可能打動他父親資助他，直到他獲得一個全職教授資格為止，這種情形在當時是相當常見的。在一所不怎樣的大學，到教授底下去做個講師，結果往往會以災難收場，他跟他的朋友怎麼會不曉得這一點，直到今天，還是令我們百思不得其解的事。班雅明當時提交的那份研究：《德國悲劇的起源》（*The Origin of German Tragedy*），如果那些參與其事的先生們說他們一個字都看不懂，想來必是可信的。他們怎麼會了解，一個作者最引以自豪的，居然會是「寫文章旁徵博引——隨你怎麼去想，一種最瘋狂的鑲嵌技巧」——何況還在那篇研究的前面大書特書所謂的六大格言，說什麼：「天下最珍貴的盡在於此矣。」（《書信》I, 366）那種情形，簡直就像不世出的大師打造了不世出的精品，卻擺到附近的跳蚤市場去賣。總之，一切都無關乎反猶太主義，也無關乎排外心態——班雅明是在瑞士取得學位，而且不曾拜在任何人的門下——也無關乎一般的學院偏見：只要是未經保證的，必屬次等貨色。

然而，砸鍋先生和霉運還是找上門來了，以當時德國的情形來說，正是他那篇論歌德的論文，搞砸了他到大學去教書的唯一機會。班雅明寫東西，多是基於真理越辯越明的心態，這一篇也不例外，而攻擊的矛頭則是指向龔道夫（Gundolf）論歌德的那本書。班雅明的批評火力十足，但他的本意絕非為了「打響名號」，一心想的反倒是，龔道夫以及那幫以史蒂芬・喬治（Stefan George）為首的文人應該能夠了解他的用心；這幫人以及他們所圍成的那個知識圈子，是他年輕時就已經耳熟能詳的；更何況，他似乎也沒有必要加入這個圈子，庇蔭於某人之下，好讓自己在學術界獲得認可，因為，這些人當時也才在學術界站穩腳跟而已。但不管怎麼說，千不該萬不該的是，他不該對著圈子裡那些論地位論能力都首屈一指的人一陣猛攻，弄得人人為之側目；後來他回顧這段往事時還說，他從此「很少與學術界打交道……更別說跟那些望重一時，如龔道夫、恩斯特・貝特拉姆（Ernst Bertram）者流了」（《書信》II, 523）。沒錯，事情就是這樣。他還沒能夠被大學接受之前，他的魯莽與霉運已經把他給公告周知於天下了。

然而，我們可不能說，他是故意不當一回事。相反地，他相當在意「砸鍋先生又來問候你了」，而且依我的看法，他比誰都更步步為營。問題是，面對可能的危險，他所採取的那套防衛措施，包括蕭勒姆提到的「中國式禮貌」，②全都怪裡怪氣、神秘兮兮的，全然沒有顧及真正的危險。就像戰爭初期從安全的巴黎逃到危險的莫鎮，他之為論歌德的論文擔心，根本就是杞人憂天；他擔心的是，文中有一段相當保留的批評，對象是霍夫曼斯塔爾那份刊物的主要投稿人魯道夫・博夏爾特（Rudolf Borchardt），有可能會造成霍夫曼斯塔爾的曲解。儘管如此，他又滿懷信心，這項「針對喬治學派（George's school）意識形態的批判……立於不敗之地，很難叫他們忍得下這口氣」（《書信》I, 341）。然而，對方根本無動於衷。因為，沒有人比班雅明更孤掌難鳴，根本沒有人在乎他，甚至霍夫曼斯塔爾的權威也改變不了這種情況，儘管班雅明初獲青睞時，曾經喜孜孜地說他是「新保護神」（《書信》I, 327），霍夫曼斯塔爾的聲音卻不能跟喬治學派的力量相提並論；在這個有影響力的團體裡面，就跟所有這類團體一樣，一切唯意識形態是問，臭味之所以相投，全是意識形態，無關乎地位與品味。喬治的追隨者們，儘管擺出一副超出政治的姿態，對於文壇的基本操作可是深諳門道，其嫻熟的程度不下於教授之精通學術政治，或御用文人與新聞記者之深悉「察言觀色」。

然而，班雅明卻是一竅不通。他一向不知道該如何應付這類事情，跟這一班人也向來湊不到一塊，對於「外界的威脅如狼群般逼近」，儘管讓他對人心世道已經了然於胸，他還是一籌莫展（《書信》I, 298）。就算他有心調整或跟別人合作，好歹讓自己的腳下穩固一點，到頭來還是把事情給搞砸。

二十世紀中葉，班雅明頗傾向於共產主義，他以馬克思主義的觀點寫了一篇論歌德的文章，雖然頗具份量，卻從未發表過，既沒有收在《俄羅斯大百科全書》（*Great Russian Encyclopedia*）中——本來是打算列入的——到了今天，在德國也還是未見天日。克勞斯·曼（Klaus Mann）曾經跟他約稿，為《文粹》（*Die Sammlung*）月刊寫了一篇評布萊希特《三便士故事》（*Threepenny Novel*）的稿子，但卻以退稿收場，只因為班雅明要求的酬勞是二百五十法郎——約十美元——而克勞斯·曼只肯付他一百五十法郎。這篇論布萊希特的東西，在他生前也就沒再出現過。隨著社會研究院（the Institute for Social Research）之遷往美國，最嚴重的困境也臨到了他的身上，這所原來隸屬於法蘭克福大學的研究院（今天已經重新歸建），當時是班雅明的主要經濟來源，其靈魂人物阿多諾與霍克海默（Max Horkheimer）屬於「辯證唯物學派」，認為班雅明的思想是「非辯證的」，雖然「不脫唯物主義範疇，但絕非符合馬克思主義」，在他一篇論波特萊爾的論文中，「缺了中間要素」，而把「某些明顯屬於上層結構的要素……直接，甚至因果性地歸為下層結構」。結果使得他那篇

〈波特萊爾筆下第二帝國時期的巴黎〉（The Paris of the Second Empire in the Works of Baudelaire）一文胎死腹中，未在該所的期刊上發表，也未收入他身後出版的文集（該文的兩章如今已發表，其中〈浪遊者〉〔Der Flâneur〕刊於《新評論》〔*Die Neue Rundschau*〕一九六七年十二月號，〈現代〉〔Die Moderne〕刊於《爭鳴》〔*Das Argument*〕一九六八年三月號）。

這一波的馬克思主義運動最是集怪異之大成，而由此產生的馬克思主義者，又以班雅明最為獨特。在理論方面，能夠吸引他的，自然是上層結構理論；這一部分，馬克思雖然著墨不多，但卻在運動中扮演著一個超乎尋常的角色，只因為加入此一運動的知識份子超乎尋常的多，而這些人又都只對上層結構有興趣。至於班雅明，他之運用此一理論，純粹是把它當作一種啟發式的方法論，對其歷史與哲學的背景則絲毫不感興趣。尤其吸引他的是，此一理論有關精神與其物質表現的緊密關係，以致四處都看得到波特萊爾〈對應〉（*Correspondances*）一詩的影子，亦即如果將精神與其物質表現適當地關聯起來，二者即可互為啟發，互為參照，到了最後，連詮釋與說明的工夫都可以省掉。班雅明所關切的，是把街景、股票交易市場、詩以及思想串聯起來的那一條線，正是這條線，使歷史學家與語言學家一眼就能夠認出它們是屬於同一個時代的。阿多諾批評班雅明「把現實看得太單純」（《書信》II, 793），可以說是一針見血，但也正是這一點，班雅明自己念茲在茲。受到超現實主義強烈的影響，「試圖在現實最不起眼的地方，在現實的碎屑上抓住歷史的形象」（《書信》II, 685），班雅明特別著迷於極微小的東西，蕭勒姆曾經談到，他極想要在一張普通的筆記紙上寫滿一百行字，同時還特別著迷於克魯尼博物館（Musée Cluny）猶太區的那兩顆麥粒，「在那上面，刻上了整篇的『以色列祈禱文』（*Shema Israel*）」。③對他來說，物體的大小與其意義成反比。這種偏好完全不可以怪癖視之，說起來，乃是來自於一種對他影響極為深遠的世界觀；至於此一世界觀則是起源於歌德的一項信念，亦即「元始現象」（*Urphänomen*）的確實存在；所謂元始現象就是一種原初現象，是一種可以在宇宙表象中發現的具體東西，在其中，「意義」（*Bedeutung*，典型的歌德用語，在班雅明的作品中屢見不鮮）與表象、語言與事物、觀念與經驗都是同一的。物體越小，似乎越有可能以最集中的方式容納一切其他的東西；兩顆麥粒容納了整篇「以色列祈禱文」，亦即猶太教的全部精華，之所以感動他，道理在此；至微的精髓顯現於至微的實體，而其他的一切皆源於此二者，只不過在意義上無法與其本源相提並論罷了。換句話說，打從一開始，最讓班雅明著迷的並非觀念而是現象。「就萬物來說，弔詭的是，所謂的美就是物自身的顯現。」（《文集》II, 349）正是此一弔詭——或更簡單地說，顯現的妙不可言——乃是他終極關懷的核心。

這些思想，與馬克思主義和唯物辯證法相去何止十萬八千里，而其中心角色「浪遊者」④更是以各自的意義揭示自身：「過去一閃而逝的畫面」（〈歷史哲學〉〔Philosophy of History〕），唯有閒逛的浪遊者才收到了訊息。班雅明的這種靜態因素，阿多諾一語道破：「想要正確了解班雅明，就必須去感受他句子背後的轉換，從極端的不安到某種靜止狀態，其實也就是動本身的靜止概念。」（《文集》I, XIX）很顯然地，沒有比這種想法更「不辯證」的，「歷史的天使」（〈歷史哲學的主題〉〔Theses on the Philosophy of History〕）不是辯證地向未來發展，而是將臉孔「朝向過去」。「我們所看到的是一連串的悲劇事件，他所看到的卻只是同一場災難，殘骸之上不斷地堆積殘骸，直堆到他的腳前。他（天使）很想停下來，叫醒死者，並將撞得粉碎的碎片黏合起來。」（這裡所指的，可能就是歷史的終結）「但是，暴風卻自天國吹來」，「令他無可抗拒地被推向他所背對的未來，同時，在他面前堆起來的殘骸則繼續堆向天空。這場暴風就是我們所稱的進步」。班雅明是在克利

（Klee）的畫《新天使》（Angelus Novus）中看到這個天使，也就是在這個天使身上，浪遊者經歷了最後的轉型。正如浪遊者漫無目的的閒逛，即使是被人群推擠著，他仍然是掉轉了身子背對著人群，同樣地，「歷史的天使」也是什麼都沒有看見，只看到過去的廢墟不斷堆積，並被進步的暴風倒退著吹進未來。在思維上一貫在乎的，都是辯證的理解與理性的推求，居然有這樣的思想，看起來還真不可思議。

這樣的思想，論到其目標與終點，顯然不在於做出一般性的有效陳述，正如阿多諾的評語，而是代之以「比喻的陳述」（《書信》II, 785）。班雅明所關切的，是直接而實際展現的具體事實，是「意義」明顯的單一事件與偶然，因此，任何理論與「觀念」，若無法透過想像立即獲得精確的外形，他是不太感興趣的。對於這種非常複雜但卻高度寫實的思想模式，馬克思有關上層結構與下層結構的關聯，卻又不失為一種比喻的關聯。舉個例子來說——這可是相當符合班雅明的精神的——既然抽象的 *Vernunft*（理性）概念可以追溯到動詞 *vernehmen*（知覺、聽），那麼，我們便可以設想，一個屬於上層結構領域的字眼也可以在感官的下層結構中找到它的字源，或者反過來說，也就是將一個概念轉變成一個比喻了——條件是，對於這個「比喻」，我們是按著它的原意去理解，而不從 *metapherein*（轉化）的寓言含義上去加以理解。比喻是在建立一種關聯，是可以直接感知的，是無須加以解釋的，寓言則不然，往往是從抽象的觀念出發，再信手拈來某些東西作為代表。寓言要有意義就必須先加以解釋，就像謎語必須找出它的謎底，因此，寓言的象徵令人費解，總不免讓人想到猜謎語的不快，乃至於拿骷髏來代表死亡的寓意，沒有一點巧思還真做不到。荷馬以來，比喻開始成為詩歌傳達認知的要素，用來「對應」物理距離遙遠的事物，例如在《伊里亞德》中，希臘人因恐懼與悲傷而產生的心靈撕痛，與之對應的是西方與北方黑暗海域襲來的陣陣強風（《伊里亞德》IX, 1-8）；又如一排又一排向戰場推進的大軍，對應的是大海的長浪在風的推波助瀾下，一波又一波撲向海岸，驚雷般衝上陸地（《伊里亞德》IV, 422-28）。比喻是一種手法，詩意地表現世界的統一性。班雅明之所以晦澀難解，在於他不是詩人，卻是用詩在思考，因此很自然地把比喻視為語文最大的恩賜。語言的「轉移」使我們能夠把物質的形式變成無形的——「上帝是我們堅固的堡壘」——由此，上帝乃成為可以被經驗的。對他來說，把上層結構的理論理解成為比喻性思維，可說是輕而易舉，之所以如此，在於它可以毫不費力地避開「中介」，直接把上層結構與所謂「物質的」下層結構關聯起來，而這一物質的下層結構，對他來說就是感官經驗資料的全部。被別人貶為「庸俗的馬克思主義」或「非辯證的」思想，他顯然著迷不已。

班雅明的精神境界，看來確實得自於歌德，亦即得自於詩人而非哲學家，他的關切幾乎都是由詩人與小說家激發出來的，儘管他研究哲學，但卻發現，跟詩人溝通顯然比跟理論家打交道來得容易，不論是辯證的理論家還是形而上的理論家皆然。班雅明一生之中，「命運女神」對他二度青睞，是他與布萊希特的友誼，無疑地，其重要性也是無可比擬的，其特別處尤在於，一個德國當代最偉大的詩人與這個當代最重要的批評家碰頭了，更重要的是，兩個人都相當在乎這份友誼。但是，不旋踵就產生了相反的結果，他因此得罪了幾個朋友，並因此威脅到與社會研究院的關係，從他們的「暗示」，他有一萬個「聽話」的理由（《書信》II, 683），而他之所以因此犧牲掉自己與蕭勒姆的友誼，理由卻只有一個：蕭勒姆對朋友的死忠與寬宏。阿多諾與蕭勒姆都認為布萊希特對班雅明帶來了「災難性的影響」（蕭勒姆語），⑤指的是班雅明在處理馬克思時明顯地非辯證，以及他與所有形而上學的決裂；麻煩的是，班雅明雖然慣於妥協，甚至根本無此必要時也會讓步，連表面上的應付也不肯，那是因為，我「對布萊希特作品的認同，在我的整個立場上，乃是最重要的戰略據點」（《書信》II, 594）。在布萊希特身上，他看到的是一個具有罕見心智力量的詩人，這在當時，對他來說意義重大，至於那些左派份子，儘管辯證不離口，但在辯證思想上，布萊希特絕不輸給他們，而在心智上，卻又不尋常地貼近現實。跟布萊希特相交，他可以磨練布萊希特所謂的「樸素的思維」，布萊希特說：「重要的是學會樸素的思考。樸素的思維就是大事情的思維。」班雅明則予以補充說：「有很多人，其觀念之辯證在於愛其巧……樸素的思想則剛好相反，雖然是辯證思維重要的部分，但其所指涉的不是別的，乃是實踐的理論……思想唯有樸素才能付諸行動。」⑥不過話又說回來，樸素思維之吸引班雅明，或許不在於它指涉的是實踐，而應該是現實，至於現實之顯現自身，對他來說，莫過於日常用語中的格言與成語。在同一篇文章中，他說：「格言是樸素思維的學校。」而這種格言式與成語式的語言——如同卡夫卡之所為，經過他的手，語言的象徵有如靈感的泉源那樣清

- **重要的是學會樸素的思考。樸素的思維就是大事情的思維。**
- **思想唯有樸素才能付諸行動。**

晰可辨，並提供了解開許多「謎題」的鑰匙——使得班雅明能夠寫出一手好散文，既具有獨特的魅力，又如此貼近於現實。

班雅明的一生，無論怎麼看，隨處都可見到那個小駝子。早在第三帝國還沒冒出來之前，小駝子的惡作劇就不斷，那些出版商，承諾班雅明的事情——為他審閱稿件及編輯期刊而支付年薪——全都在第一筆款子還沒支付之前就關門大吉。後來，小駝子倒是恩准了一本德國文學選集，裝訂精美，還附有出色的評論，準備以《德意志人》（*Deutsche Menschen*）為書名出版，題辭則是：「沒有名聲的榮耀／沒有光環的偉大／沒有報酬的莊嚴」；但不旋踵，小駝子卻反悔了，瑞士出版商破產，這本書竟在地下室中劃上了句點，並未能如班雅明之所願，在納粹統治下用一個筆名出版。一九六二年，這本選集被人在地下室發現，但也就是在那個時候，一個新的版本卻在德國問世了（還有幾件事情，開頭看起來不太好，後來卻有了轉機，好像也可以怪在小駝子身上。其中一件是亞利斯·聖雷日·雷日〔Alexis Saint-Léger Léger，亦即聖約翰·佩斯〕《安納貝斯》〔*Anabase*〕的翻譯，這本班雅明認為「不怎麼重要」的書，之所以會著手，跟翻譯普魯斯特一樣，是應霍夫曼斯塔爾之邀。書雖然直到戰後仍未出版，但班雅明卻因此得與雷日結識；雷日為一外交官，乃說服法國政府在戰爭期間讓班雅明取得了法國的居留權，在當時，這是極少數難民才有的特權）。霉運之後，繼之而來的是「殘骸堆」，在西班牙邊界的災難發生之前，最後一次的打擊，是他自一九三八年以來就已經有預感的，他在巴黎生活唯一「物質與精神的支援」——紐約的社會研究院——將棄他而去（《書信》II, 839）。「對我在歐洲的情況極為不利的條件，有可能使我移民美國也為之泡湯」（《書信》II, 810），這是他在一九三九年四月寫下的，當時，阿多諾在一九三九年十一月寫信回絕他的波特萊爾譯文，打擊仍然餘痛未消（《書信》II, 790）。

蕭勒姆說得極為中肯，在現代作家中，僅次於普魯斯特，跟卡夫卡最為神似的就屬班雅明。無疑地，當班雅明寫道「要了解（卡夫卡的）作品，有一事不可不知，那就是他是一個失敗者」時（《書信》II, 614），他心裡想到的則是自己作品中的「廢墟地與災難區」。他之評論卡夫卡不作第二人想，用到自己身上卻也再適當不過：「失敗的情形不及備述，但卻不妨這樣說：一旦確定大勢已去，再怎麼努力看來也不過是一場夢」（《書信》II, 764）。他即使沒讀過卡夫卡，想法也會跟卡夫卡一樣。卡夫卡的作品，當他還僅讀過《司爐》（*The Stoker*）時，在論《親和力》一文中，他就引用了歌德關於希望的說法：「希望從他們頭上溜走，一如星辰之自天上墜落。」至於他對這一篇研究所下的結論，說起來，就更像出自卡夫卡的手筆了：「只因為有那些走投無路的人，希望才賜給了我們。」（《文集》I, 140）

一九四〇年九月二十六日，即將移民美國的班雅明，在法國與西班牙的邊界結束了自己的生命。之所以會如此，原因很多。蓋世太保沒收了他在巴黎的寓所，其中包括他的藏書（他能夠從德國帶出來的「最珍貴的一半」），還有許多手稿，他更有理由擔心另外一些書和手稿，因為從巴黎飛往勞德（Lourdes，法國未淪陷區）之前，透過喬治．巴泰耶（George Bataille）存放在國家圖書館。⑦沒了藏書，他哪裡還活得下去？沒了手稿中那些取之不盡的引文和摘要，他靠什麼過日子？此外，美國對他一點吸引力也沒有，他過去就常說，到了那裡，除了用汽車載著他，到處展覽他這個「最後的歐洲人」外，他們可能會發現，他還真是一點用處都沒有。但是，導致他自殺的直接原因，卻是霉運一次非同小可的打擊。法國維琪政府與第三帝國簽訂的停戰協議規定，從希特勒德國逃出來的難民——指留在法國境內的——除政治異議份子外，極有可能面臨遣返德國的命運。為了救助這一類難民，美國透過法國非佔領區內的領事館，發放為數極多的臨時簽證。值得注意的是，後來下場最慘的非政治反對人士的猶太人並不包括在內。但是，經過紐約社會研究院的奔走，班雅明被列入馬賽首批獲得簽證的人，並很快取得西班牙的過境簽證，以便前往里斯本搭船。然而，他當時正在申請的法國出境簽證尚未核准下來，而討好蓋世太保的法國政府，對德國難民的申請根本是一律打回票。縱使如此，問題並不難解決，步行翻過山到西班牙的波港（Port Bou），有一條相當近而且不難走的路，更何況並無法國的邊界警衛看守。但對班雅明來說，心臟明顯的不好，再短的路他也受不了，只怕人雖到了命卻去了半條。他隨著一小群難民好不容易抵達了西班牙的邊境小鎮，才知道西班牙已在當天關閉了邊界，邊界官員拒絕受理馬賽簽發的簽證。難民原本要在次日循原路返回法國，但是，就在當天夜裡，班雅明結束了自己的生命，也正因為此一自殺事件的影響，邊界官員同意放行，其他人乃得以前往葡萄牙。數星期之後，簽證禁令解除。班雅明如果早到一天，可以毫不費力地通過邊境；若是晚一天，人在馬賽就會知道無法從西班牙過境。但偏偏卻選中了那一天，災難於是降臨。

II 黑暗時代

任何人，活著的時候無法應付生活，就得挪出一隻手，多少去擋開一點命中注定了的絕望……但他還是可以用另外一隻手草草記下在廢墟上所看到的一切，因為他之所見異於旁人也多於旁人；畢竟，在他的有生之年，他雖然已死，卻是真正活下來的人。

——弗朗茲．卡夫卡，《日記》一九二一年十月十九日

就像一個遭遇海難的人，爬上搖搖欲倒的桅桿頂端，才得以繼續在海上漂浮，但也正因為在那兒，他也還有機會發出求救信號。

——華特．班雅明致葛哈德．蕭勒姆書，一九三一年四月十七日

一個時代的印記，常常是烙在那些最少受它影響，距離它最遙遠，卻也因此吃盡了苦頭的人的身上。普魯斯特如此，卡夫卡如此，卡爾．克勞（Karl Kraus）如此，班雅

明亦復如此。他傾聽和說話時的姿勢，以及仰起來的頭，他走路的樣子，他的舉止，特別是講話時的調調，乃至於他對字詞的選擇以及他的句子結構，最後，還有他那十分個人化的品味，無論怎麼看都古趣十足，彷彿他是從十九世紀漂流到二十世紀的人，身不由己地來到一片陌生大地的岸邊。對二十世紀的德國，他是否有回家的感覺？令人頗為懷疑。一九一三年，年紀還很輕的時候，第一次到法國，幾天之後，巴黎的街道就比他所熟悉的柏林「更有家的感覺」（《書信》I, 56）。既然那時候就有這種感覺，二十年後就更是如此了，從柏林到巴黎，無異於一趟時間之旅——不是從一個國家到另一個國家，而是從二十世紀回到十九世紀。這個優秀民族的文化決定了十九世紀的歐洲，為此，豪斯曼（Haussmann）重建了巴黎，這個在班雅明口中的「十九世紀之都」，當時還沒有世界化，但絕對是十足歐洲的，十九世紀中葉以來，自然而然地成為無家可歸之人的第二故鄉；這一點，就算本地居民再怎麼排外，當地警察再怎麼刁難，終究是改變不了的。早在移居法國之前，班雅明「就深諳如何跟法國人打交道，好把談話延長超過一刻鐘」（《書信》I, 445）。後來避難巴黎，他那種天生的貴族氣質卻使得他交友僅止於淺交——主要指紀德——無法進一步聯繫（我們最近才知道，魏納．克拉夫特〔Werner Kraft〕曾帶他去看查理．杜波斯

〔Charles du Bos〕，這位先生「熱愛德國文學」，對德國移民才是關鍵人物。諷刺的是，魏納．克拉夫特的關係反而比較好）。⑧對班雅明的作品與書信頗有好評的皮耶．米塞（Pierre Missac）早就指出，班雅明想必是受夠了，因為他在法國沒有受到該有的「尊重」。⑨此話當然不假，但也不致令人驚訝。

儘管不免有種種令人不快的虧待，這個城市還是補償了一切。早在一九一三年，班雅明就有這種感覺，那些林蔭大道「兩邊的房子，彷彿不是蓋來住的，而是像石頭擺在那兒好讓人可以在中間走」（《書信》I, 56）。這個城市當時仍然可以讓人繞著舊時城門走上一圈，依然保有中世紀的風貌，過去只是一個內城，街道卻絕不狹窄，建築堂皇，露天的中庭設計，使天穹成了莊嚴的屋頂。「對於所有的藝術與活動，這裡做得最好的，就是儘可能保留原始而自然的莊嚴」（《書信》I, 421）。沒錯，他們也為這些舊房子添了新的光彩。一致的外觀，一字排開宛如內牆，總讓人覺得待在這個城市比在別處的城市更安全。對班雅明來說，林蔭大道兩旁的拱廊騎樓，可以為人擋風遮雨，最是迷人不過，他還將之列入自己研究十九世紀的主要題材，至於題目乾脆就叫「連拱騎樓」。騎樓確實堪稱巴黎獨有的象徵，因為，他們同時既是內又是外，充分表現了這個城市真實的本性。在巴黎，一個異鄉人之所以覺得自在，在於住在城市中無異居於自家的四壁之內。住在這個城市，一如窩在自己的公寓內，弄得舒舒服服的，不只是睡覺、吃飯、工作而已，而是真正生活於其間，可以漫無目的地閒逛，可以在街邊無數的咖啡店小坐，可以看著城市生活與行人川流，打從前面走過。在今天，在所有的大都會中，巴黎是唯一可以愜意步行走完全城的城市，整個城市的活力，來自於街道上走過的人們，這也是別的都市辦不到的，但也正因為如此，現代的機動交通工具對這個城市的威脅就絕不只是技術上的問題而已。跟巴黎形成截然對比的，則是美國郊區的荒地與城內的住宅區，街市生活的通衢，可以散步的人行道，如今都縮成了小徑，走好幾里路碰不到一個人影。在其他的城市，對於社會閒人的閒逛、遊蕩、懶散，似乎百般不願，而巴黎的街道卻歡迎每一個人。如此一來，自第二帝國以來，對那些不謀稻粱、心無大志、無所事事的人來說，巴黎就成了天堂，成了波希米亞人的天堂，成了藝術家與作家的園林，還包括那些圍繞在他們身邊的人，那些無家無國，在政治上或社會上都屬於游離的人們。

巴黎這個城市對年輕的班雅明具有決定性的影響，如果略而不談這種背景，浪遊者成為他作品中關鍵角色的原因將很難了解。說到閒逛對他思想步調的影響，最明顯的莫過於他的步態，亦即馬克思・萊希納（Max Rychner）所說的那種「既行進又逗留，二者奇妙的混合」。⑩那是屬於浪遊者的步調，而其所以引人側目，在於浪遊者頗有紈袴子與勢利鬼之風，起家於十九世紀，一個安穩的世代，中上層階級子女，都有可靠的收入，無需工作，大可遊手好閒。正如這個城市讓班雅明學到了浪遊作風，十九世紀行路與思維的風格，很自然地也養成了他對法國文學的愛好，無可逆轉地讓他遠離了德國的知識圈子。「在德國，無論在事業上或興趣上，在同輩當中，我所感到的是孤立，但在法國卻有某種力量——作家吉洛杜（Giraudoux），特別是亞拉岡（Aragon），超現實主義運動——我卻忙在其中樂在其中」。這是一九二七年他在寫給霍夫曼斯塔爾的信中提到的（《書信》I, 446），當時他剛從莫斯科回來，深信在共產主義大旗之下，文學的前途杳茫，也更強化了他的「巴黎立場」（《書信》I, 444-45）。（早在八年前，提到佩居（Péguy）激發出來的那種「令人感動的親切感」，他說：「從沒有一部作品如此深獲我心，給我如此神交的感覺。」〔《書信》I, 217〕）但是，他卻一無所成，成功遙不可及。對於外國人來說——事實上，直到今天，只要不是在法國出生的，在巴黎一律都是被如此稱呼——直到大戰結束後，才真正能夠擁有一份「職業」。另一方面，班雅明就算有「職業」，那卻是不得不然的，是一個實際上並不存在的位置，而這個位置也是到後來才有人把它給辨認出來的，亦即那個「桅桿頂端」的位置；在暴風雨的時刻，那個地方雖然比救生艇中更有利於求救，對一個不知道應該順浪還是逆浪而游的人來說，他所發出的「船難」信號根本讓人難以發現，從來不到這片海域來的人固然不會發現他，就算正在海上活動的人也照樣一無所見。

從外表看，這個位置就是個靠筆耕維生的投稿作家。萊希納似乎看出來了，他的作品「不同於一般」，因為「他發表過的東西絕非庸品」，但「讓人弄不清楚……他在別的方面能夠獲得多大的資源」。⑪萊希納的疑慮顯然有其道理。無論是移民前他所能處置的「資源」，還是投稿作家這個名號的背後，雖然讓他過著自由自在的文人生活，卻也飽受阢隉之苦，家中藏書儘管都是悉心搜羅而來，卻都不能當成吃飯的傢伙；藏書可都是寶藏，但說到價值，卻如班雅明自己常說的，大多他都沒有讀過——藏書既不保證用得上，也不是對任何行業有用的。這樣的生活方式，在德國根本聞所未聞，同樣聞所未聞的是，班雅明為了填飽自己才不得不幹這個行當，不是文學史家或學者，這種職業還得有等身的著作來證明自己才行，而是連他們自己都覺得難登大雅的文評家與雜文家，若非為了餬口，他們寧願去寫格言。班雅明顯然沒有意識到，自己在事業上的雄心壯志，在德國根本就不存在，儘管有李希騰柏格（Lichtenberg）、萊辛、施萊格爾（Schlegel）、海涅與尼采，格言在德國從來沒有人重視過，至於文學批評，在一般人的眼裡，更是離經叛道，頂多上得了報紙的文化版而已。班雅明選擇用法文來表達他的這種雄心，絕非出於偶然：「我為自己訂的目標……是要被公認為第一流的德國文學批評家。問題是，五十多年來，文學批評在德國一直未被視為嚴肅的文類。要在文學批評上闖出一片自己的天地，無異於重新創造一種文類。」（《書信》II, 505）

班雅明選擇走這條自己的路，無疑來自於早期所受到的法國影響，是這個萊茵河彼岸偉大的鄰邦，在他內心所激發的親切感有以致之。但是，更明顯的是，現實推動他做出此一選擇，則是時局的艱困與財務上的痛苦。他之走上這條路雖非經過深思熟慮，卻也是出於心甘情願，要說明他的選擇，就必須回溯到他生於斯長於斯，以及他對自己未來有所憧憬的威瑪德國。唯其如此，我們才能明白，班雅明嚮往的不是別的，乃是那個時代所稱的「自由學者」，既是私人收藏家也是獨來獨往的學者。以他求學的那個時代來說——第一次世界大戰之前——頂多做到大學講師，未受洗的猶太人甚至連這個位子都輪不到，就如同他們也不能出任公職一樣。這類猶太人所能得到的只是大學授課資格，最多不過幹個支鐘點費的編制外講師。這樣一份工作當然說不上有一份固定收入。班雅明「基於家人的要求」，才去讀了博士學位（《書信》I, 216），隨後又試圖取得講師資格，其目的皆在於讓自己有一份可以自己支配的收入。

一次大戰之後，情況不變，通貨膨脹使大量布爾喬亞陷入窮困甚至赤貧；威瑪共和國的大學教職也向未受洗猶太人開放。大學授課資格之不順遂，充分顯示班雅明對環境變化的漫不經心，在財務問題上仍然不脫戰前的想法。通過大學授課資格的本意，只是想要藉著這份「公眾認可的證明」請求父親「履行承諾」（《書信》I, 293），使已經到了而立之年的兒子有份足夠支用的收入，最好再增加一點，以配得上他的社會地位。儘管長期與父母不合，他從不懷疑——甚至在他相信共產主義時——自己有權利得到這樣一項資助，他們也「開不了口」要求他「找份工作養活自己」（《書信》I, 292）。父親後來卻說，無論如何，他無法也不願意增加目前所給他的津貼，即使他獲得大學授課資格亦然，如此一來，自然打亂了班雅明的如意算盤。直到一九三〇年父母親都去世之前，班雅明解決自己生計問題的辦法就是搬回父母家去住，起初是連妻子、兒子一起搬去，離婚之後則是自己一個人（一九三〇年離婚）。這樣的安排顯然給他帶來不少痛苦，但卻也證明他從來沒有認真想過其他可能的出路。同樣令人驚訝的是，儘管財務問題纏身，這些年來他卻有辦法不斷增加自己的藏書。他曾嘗試放棄這項所費不貲的癖好——上過那種別人去賭博的拍賣行——甚至決心在「緊急時」賣些東西應急，結果卻都是為了「減輕這種渴望的痛苦」又去買了新的（《書信》I, 340）。為了解脫財務上對家庭的依賴，他也嘗試向父親提出建議，給他「一筆資金，讓我買下一家二手書店的股份」（《書信》I, 292）。這大概是班雅明唯一想到過的賺錢事業，結果當然是不了了之。

從二〇年代德國的現實環境來看，班雅明心知肚明，自己是不可能靠筆耕養活自己的——「可以讓我掙起碼的錢，這種地方有，可以讓我維持最起碼的生活，這種地方也有，但可以讓我二者兼得的地方卻一個也沒有」（《書信》II, 563）——那種令人無法原諒的不負責心態還真是令人吃驚。然而問題絕非止於不負責任而已。由富入窮的人很難接受自己的貧窮，我們也可以合理地推斷，由貧轉富的人同樣很難相信自己的富足；前者應該是揮霍無度慣了，以至於手足無措，後者則似乎是小氣吝嗇慣了，根本放不開手腳，而這種小氣吝嗇不是別的，只是那種根深柢固不知來日之有無的恐懼罷了。

尤有甚者，班雅明這種在財務上不負責任的心態絕非孤立的個案。他的看法代表了他那一代整個德籍猶太知識份子，只不過沒有人處理得像他那麼糟罷了。問題的根本出在做父親的心態，成功的商人對自己的成就並不怎麼看重，一心夢想的卻是兒子一定要從事更高尚的事業。這種想法可以說是古猶太信仰世俗化的翻版，「精通」摩西五經（Torah）與希伯來法典（Talmud）——神的律法——的人才是人中的菁英，不應該被賺錢之類庸俗事情所打擾。但這並不是說，在這一代的人裡面就不存在著父子之間的衝突，相反地，當時的文學中，這種衝突俯拾皆是；如果弗洛依德生活在其他國家，使用的是其他語言，而不是在德國猶太人的環境中進行研究，靠他們提供給他病人，我們可能永遠聽不到「伊底帕斯情結」。⑫但是，一般來說，衝突通常可以化解，如果兒子自稱是塊天才的料子，或者像許多出身富有家庭的共產主義者，願意為人類的福祉獻身。諸如此類，只要是在追求高於賺錢的事，做父親的都會比較願意接受這種不去謀生的理由。如果連這種理由也沒有，或提出的理由不被認可，麻煩也就來了。班雅明的例子就是如此，父親從不聽信他的那一套，兩人之間的關係壞到不行。卡夫卡則是另外一個例子。或許他真的是個天才，乃能免於週遭的天才瘋，從不說自己是天才，老老實實在布拉格勞工保險局找份平凡工作，以確保自己的財務獨立（當然，他跟父親的關係同樣不好，但原因卻不同），得到那份工作不久，卡夫卡就視之為「自殺的起跑點」，彷彿聽到有人對他下令說：「自己的墳墓自己掙。」⑬

無論如何，對班雅明來說，每個月的資助還是一份起碼的收入，為了在父母去世後還能得到，他準備——或打算——做許多事情，例如研究希伯來文，一個月可得三百馬克，當然那還得猶太復國主義者認為值得才行；又如用全套的「中介」配料去搞辯證，可以弄到一千法郎，如果沒有別的途徑跟馬克思主義者做交易的話。到後來，儘管他潦倒不堪，他什麼都沒做，這一點倒也令人欽佩，而同樣令人欽佩的是，蕭勒姆用了極大的耐心，費了九牛二虎之力為他爭取到一份津貼，為耶路撒冷的大學研究希伯來文，還任由他推遲了好幾年。當然，他自以為天生就該有的那個「位子」，是沒有人肯出錢資助他的，雖然這個文人的位子有其與眾不同的前景，但無論是猶太復國主義者或馬克思主義者，顯然都不可能注意到。

今天，文人給我們的印象毋寧是一種無害的、邊緣的角色，實際上跟「自由學者」的角色差不多，帶著點喜劇的味道。對於法國，班雅明覺得跟自己好親近，這個國家的語文，對他來說甚至變成了存在的「一種憑藉」（《書信》II, 505），因此，對於革命前文人在法國的發跡，以及他們在法國革命中不凡的表現，想來他是知道的。不同於後來的作家與文士，按照拉魯斯（Larousse）的定義：文人者，儘管生活於書寫與印刷的文字間，最重要的是，活在書堆裡面，但絕不願意為餬口而委身於職業性的寫與讀。不同於知識份子階層的專家、專業人士的官員，或服務於政府，或以娛樂及教學服務於社會，文人總是力圖超越於政府與社會之上。他們的物質生存建立在非勞動的收入上，他們的心智則是堅定拒絕政治與社會的收編。正是基於這種雙重的獨立，他們才得以擁有超然絕塵的態度，因此乃有拉羅司福柯（La Rochefoucauld）對人類行為冷然的觀照，才有蒙田洞見人情世故的智慧，才有巴斯卡思想格言式的犀利，才有孟德斯鳩反思的大勇與開明。文人最後如何在十八世紀轉變成革命者的環境，以及他們的後繼者如何在十九與二十世紀一部分分化成「文化」階層，另一部分則分化成職業革命家的來龍去脈，我在這裡無法詳談，但之所以會提到這一歷史背景，則是因為，在班雅明的身上，文化的因子與革命及反叛的因子以如此獨特的方式交織，彷彿就在文人這個角色行將消失之前，注定了要盡一切的可能再次現身，儘管——或者說，由於——他是以如此慘烈的方式失去了本身的物質基礎，他那使這一角色如此可愛的純粹理智激情，乃能以最強大的說服力與最動人的姿態充分展現自身。

班雅明當然不乏理由反抗他的出身，亦即帝國德國時代的那個德籍猶太人社會，同樣也不缺乏正當理由對抗威瑪共和，拒絕從事一份工作。在《柏林的童年：一九〇〇年前後》中，班雅明描述他出生的那棟房子，說是一棟「早就為我準備好的陵墓」（《文集》I, 643），特別值得一提的是，他的父親是個藝術經紀人和古董商，祖父母中，一個是猶太教正統派，另一個則是改革派。「童年的時候，我是個夾在舊西方與新西方之間的囚徒。在那些日子裡，我的家人以一種混合著固執與自信的態度居住在兩個教區裡，各自劃出地盤，視之為領地」（《文集》I, 643）。固執，是針對他們猶太人的身分而言，唯有固執，才能使他們堅守不渝。至於自信，則是他們在非猶太人區能有這樣的地位所激發出來的，但該表現多少出來，卻要看當天來的客人而定。客人光臨的時候，那個彷彿成了整間屋子中心的餐具櫃，「儼然神廟山」一般地山門大開，這會兒才得以「炫耀裡面寶藏，像神像一樣，歡喜地接受眾人的簇擁」。接著「大宅裡的銀器珍藏」出場，放眼所見，「何止十套，而是二十套、三十套。我看著那長長的一排又一排的咖啡匙、刀座、水果刀、蠔叉，因為這種豪奢排場而沾沾自喜之餘，卻也不免擔心，受邀的客人會跟我們的刀叉一樣，全都是一個模樣」（《文集》I, 632）。縱使只是小孩，都知道這中間大有不對的地方，不只是因為這個世界上有窮人（「說到窮人，對我那個年紀的富家小孩來說，只有乞丐才是。當我從工作酬勞少得可憐的羞辱中首次體會到貧窮時，那可是我見識上的一大進步」〔《文集》I, 632〕），更因為「固執」其內、「自信」其外，產生了一種不安全與自覺的氛圍，大不利於孩子的教養。這對班雅明或柏林西區⑭或德國而言誠然不假，卡夫卡就曾力勸姐姐把十歲的兒子送進寄宿學校，避開「布拉格猶太富人特有的有害心態，孩子只要身陷其中，就免不了……那種下流、齷齪、狡猾的心態」。⑮

這裡面所涉及的問題，就是一八七〇年代或一八八〇年代所謂的猶太人問題，而且是中歐德語地區那幾十年所特有的。這個問題，今天已經被猶太人所遭受的災難沖刷殆盡，全都忘得一乾二淨，只有思維習慣源自本世紀初的德國老一輩猶太復國主義者偶爾還會掛在嘴上。此外，這個問題也只有猶太知識份子才會關心，對中歐大多數的猶太人來說並無意義。對猶太知識份子來說，這個問題非同小可，身為猶太人的身分，是他們精神資產的一切，對他們的社會生活具有決定性的影響，因此，問題之於他們，乃是一個首要的道德問題。猶太人問題表現於這一道德的形式，用卡夫卡的話來說就是：「這一代人可悲的內在狀況」。⑯面對後來實際發生的狀況，對我們來說，無論這個問題多麼的不重要，都不能就此略過，因為捨此就將無法了解班雅明、卡夫卡乃至卡爾．克勞。為了簡單起見，我談這個問題，將不脫過去所談過以及反覆討論過的重點，亦即莫瑞茲．古德斯坦（Moritz Goldstin）一九一二年發表在著名月刊《藝術守護人》（*Der Kunstwart*）上的那篇文章：〈德國猶太人的帕拿薩斯山〉（**Deutsch-jüdischer Parnass**）。

根據古德斯坦的看法，一如猶太知識份子之所見，這個問題有雙重的面向，一個是非猶太人的大環境，另一個則是被同化的猶太人社會，而且依他的觀點，這個問題無解。就非猶太人的大環境來說，「我們猶太人為人提供精神上的財富，但我們所做的，無論是權利或能力都遭到了否定」。尤有進者的是，「反對我們的人的論據，其荒唐是顯而易見的，他們的敵意毫無根據，這樣又能得著什麼呢？這樣看來，他們的恨意是純粹的恨。當一切的中傷都被拆穿，一切的歪曲都被導正，對我們所做的一切誤判都被否決了，憎恨反而如假包換地保留了下來。任何人要是不了解這一點，那就沒得救了。」但了解到這一點也不好過，對猶太人來說，是可忍孰不可忍。那些檯面上的猶太人，一方面希望繼續是個猶太人，另一方面又不願承認自己的猶太人身分：「我們應該攤開這個他們所迴避的問題，迫使他們承認自己的猶太人身分，或者給他們受洗。」但就算真能做到這樣，即使這種環境使然的謊言無所遁形並逃之夭夭，又能得著些什麼呢？「一頭栽進現代希伯來文學」，對這一代的猶太人來說根本是緣木求魚。因此，「我們對德國的關係乃是一種不求回報的愛。讓我們勇敢一點吧，索性把我們所難以割捨的從心中扯掉……我所說的，是我們不得不做的；我也已經講過，我們為什麼無法擁有它。我的目的無非是要把問題點出來，至於我提不出解決的方案，那就錯不在我了」（對他來說，海爾・古德斯坦〔Herr Goldstein〕六年之後解決了這個問題，當時他則是《佛西報》〔*Vossische Zeitung*〕的文化編輯。他還能夠做些什麼呢？）

如果我們不是出於更嚴肅的態度，知道卡夫卡也曾經提出同樣的問題，而且同樣承認它的無解，那麼，對於莫瑞茲・古德斯坦的說法，我們可能就會不以為然，說班雅明早就在別處提到過「凡夫俗子的反猶太主義以及猶太復國主義意識形態的主要部分」（《書信》I, 152-53），而古德斯坦只不過借題發揮而已。卡夫卡談到德國猶太人的問題，是在寫信給馬克斯・布洛德（Max Brod）的信中提到的；他說，所謂的猶太人問題，或「對於這個問題的絕望，乃是他們的宿命——一種同其他宿命一樣值得敬重的宿命——但若細心考察，其間卻充滿令人沮喪的特質。舉一事來說，他們所流露出來的絕望，用德國文學表現出來只是表面的，根本搔不到癢處」，因為這個問題不是德國人的問題。因此，他們生活在「三種不可能中……；不寫作的不可能」，因為他們只有寫作才能擺脫他們的宿命；還有就是「用德文寫作的不可能」——他們用德文寫作，在卡夫卡看來，「無論公開或私下，是在奪取不屬於自己的財產，徒然於心不安，那樣做根本不是獲得而是盜取，（相對來說）是匆忙中弄到的，縱使語法上一個錯誤都找不到，到底還是別人的東西」；最後則是，「換一種語文寫作的不可能」，因為沒有別的語文可用。「或許還可以加上第四種不可能」，卡夫卡在結論中說，「寫作的不可能，因為這種絕望不是透過寫作就可以紓解的」——這對詩人來說則是正常的，神給他們的就是說出人所受所忍的痛苦。這樣一來，「絕望乃變成了生活與寫作的敵人，這種寫作只不過是把債務的償還延後，跟一個人上吊前寫最後的願望與遺囑沒什麼兩樣。」⑰

要證明卡夫卡所言不實，那可真是易如反掌；他自己的作品就是這個世紀最純粹的德文，單此一點就可駁倒他的觀點。但這樣的證明，撇開品味不高不說，而且根本是表面的，卡夫卡自己就非常明白這一點，他曾經在日記中寫道：「即使是我信手寫下的一個句子，它就已經是完美的。」⑱「意第緒化德語」（*Mauscheln*），儘管所有說德語的人都排斥，包括猶太人與非猶太人，但他卻是唯一認同這種語言在德國語言中擁有正當地位的人，不為別的，只為它乃是眾多德國方言中的一種。也因為他正確地認知到「在德語裡面，只有方言才是真正活的語言，除此之外，就是最口語化的高地德語了」，因此很自然地，從意第緒化德語或從意第緒語轉變成高地德語，其正當性並不亞於從低地德語或亞美尼加方言（*Alemannic*）轉變成高地德語。如果讀過卡夫卡有關猶太演員的評論——他十分迷於此道——也就會明白，吸引他的，並非其中的猶太成分，而是語言與表態的生動。

無疑地，今天要理解或嚴肅對待這些問題並不是那麼容易，因為問題很容易被人誤解為是對反猶主義的反彈，或被貶抑為一種猶太人的自怨自艾。但是，更容易產生誤導的，則是處理那些有成就的人，例如卡夫卡、克勞斯．曼與班雅明這一層次的知識份子。問題是，這些人的批評再怎麼辛辣尖銳都與反猶太主義無關，而是針對知識份子所不認同的中產階級。他們所批評的，也不是那些唯唯諾諾的猶太公職人員，這一類人，知識份子一向少有接觸；他們所不滿的是，明知反猶太主義蔓延卻公然說謊否認，明知猶太人在現實中遭到孤立，猶太中產階級卻自欺欺人；這種孤立包括常見的敵意，以及所謂 Ostjuden（東歐猶太人）所表現的倨傲與疏遠；也正是這些東歐猶太人，才是他們所指責的反猶太主義。所有這些狀況，關鍵在於現實感的喪失，而推波助瀾的則是中產階級的財富。卡夫卡寫道：「在窮人當中，世界不過是勞勞碌碌，破屋陋舍想擋都擋不住……而骯髒、污濁、對小孩健康不利的空氣，絕對是進不了那些華屋豪廈的。」⑲他們之所以反對猶太人社會，是因為猶太人社會讓窮人無法在這個現實世界裡活下去，連幻想都沒有——因此，比方說，他們無不想將瓦爾特・拉特諾（Walther Rathenau）除之而後快；「令卡夫卡覺得不可思議的是，他們居然讓他活了那麼久」。⑳到了最後，問題終於尖銳化，其既基本又顯著的關鍵則在於兩代之間的絕裂，以離開家庭或家族來逃避。在德國猶太作家中，以這種方式把問題突顯出來的，只有少數幾個人，而當時圍繞在他們周圍的人，卻早已為人所遺忘，直到今天，他們的後代子孫解開了他們的身分，才又清晰地浮現出來（班雅明曾經寫道：「在政治上，他們無意於建立政黨而是成立小團體，在文學上，無意於門戶而著意於風氣，在經濟上，他們不是生產者而是以代理商的身分介入世界。代理商或長袖善舞的人，知道如何打理自己的寒酸，讓自己看起來殷實，在鳥不生蛋的地方製造出歡樂，在一個不舒適的環境裡，把自己弄得舒舒服服的，沒有人比他們更在行。」）㉑這種情形，在我們前面所提到的書信中，卡夫卡也用「語言的不可能」加以說明過，說這種人「可說是完全不同的一種人」，說他們是「語言的中產階級」，介於無產階級粗話與上流社會雅語之間，他們所搞出來的東西，「只不過是出於猶太人的熱心過度，憑著那雙手翻箱倒櫃，找出一些貌似生活的玩意兒，其實只是灰燼而已」。不用說，絕大多數的猶太知識份子都屬於這種「中產階級」，依卡夫卡的看法，正是他們，構成了「德國猶太人文學的地獄」，其中卡爾・克勞扮演了「偉大的監工和工頭」，卻渾然不覺「自己也是在這座地獄中受到制裁的人」。㉒以非猶太人的角度來看，情形可能就不大相同，班雅明在一篇文章中曾引用布萊希特談卡爾・克勞的話，就可以清楚地看出這一點，布萊希特是這樣說的：「當時代死於自己的手時，他就是那隻手。」（《文集》II, 174）

對那一代的猶太人來說（卡夫卡、莫瑞茲・古德斯坦只長班雅明十歲），要叛逆就只有兩條路可走，一是猶太復國主義，一是共產主義，值得注意的是，他們的父親對猶太復國主義的譴責遠勝過共產主義。這兩條路都是他們的逃避之路，逃離幻想進入現實，逃離謊言與自欺進入誠實的存在；但這一切都只是後來回首前塵時才發現的。處於那個時代，剛開始時，班雅明是個半調子的猶太復國主義者，後來轉向共產主義，其半調子依然，而這兩種意識形態相互極為敵視，共產主義痛罵猶太復國主義為猶太法西斯㉓，猶太復國主義則稱年輕的猶太共產主義者為「紅色的數典忘祖派」。對於這兩種相互敵視的意識形態，班雅明卻以他自己獨特的方式周旋其間，在成為馬克思主義者之後，有很長一段時間，他還是堅持著巴勒斯坦之路，不輕易受到朋友意見的左右，特別是猶太人中那些以馬克思主義為導向的朋友。由此可以看出，對這兩種意識形態，他感興趣的不是它們所「肯定」的一面，對他來說，兩者中至關重要的，乃是對現實環境的批判，是他們所「否定」的一面，其為道路，在於擺脫布爾喬亞的假象與不真實，其為據點，在於跳脫文學與學術的體制。他採取這種偏激的批判態度時，或許是因為太年輕，完全沒想到這樣下去將使他陷入孤立與孤獨。舉例來說，在一封寫於一九一八年的信中，他就批評說，當時宣稱自己代表德國外交事務的瓦爾特·拉特諾，以及宣稱自己代表德國精神事務的魯道夫·包查德（Rudolf Borchardt），兩個人的共通點就是「信口雌黃」與「睜眼瞎話」（《書信》I, 189 ff）。透過作品，兩個人都無意為理想而「獻身」——以包查德來說，指的是民族的「精神與語言資源」；以拉特諾來說，指的則是國家——而都只是在利用他們的作品與才華作為「敲門磚，服務絕對的權力意志」。另外，有的文人則是把天賦放在事業與社會地位的追求上：「做個文人就是唯智力是用，就好像妓女唯性是用一樣」（《文集》II, 179）。恰如妓女背叛了性愛，文人則是背叛了心智，也正是這種對心智的背叛，猶太人中許多傑出人士無法原諒他們文學同儕。五年之後——拉特諾被刺的一年之後——班雅明在寫給德國好友的信中寫道：「……今天，猶太人在德國公開捍衛的理想甚至被自己給糟蹋了，因為他們公開的言行居然可以被收買，而且其真實性根本無法證明」（《書信》I, 310）。他繼續指出，僅有在私底下，「德國人與猶太人的關係繼續保持不公開」才是合法的，至於「跟德國猶太人有關的任何事，只要搬到公開場合，往往都造成了傷害」。所有這些都是實情，從猶太人問題的角度切入，他在那個時代縱筆直書，為一個時代的黑暗提供了有利的證明，有人說得對極了：「公共領域的光反而使一切為之黑暗。」（海德格語）

早在一九一三年，班雅明就衡量了猶太復國主義，並視之為「一種可能實現，因此或許值得獻身的使命」（《書信》I, 44），以此，既可以是對父母家庭的反叛，也可以是對德國猶太文學的抗議。兩年後，認識了葛哈德．蕭勒姆，在這位朋友身上，第一次也是唯一的一次，領教到了「活生生的猶太教」；沒有多久，他就開始考慮移民巴勒斯坦的問題，但顧慮得極多，而且一想就是二十年。「就某種而且絕非不可能的情況來說，（到巴勒斯坦去）我已經有了準備，只是尚未做最後決定而已。在奧地利這裡，猶太人（那些體面的，不用掙錢的），講的都是這件事。」這是他在一九一九年的信中寫的（《書信》I, 222），但就在同時卻又認為這一計畫是「瘋狂的舉動」（《書信》I, 208），除非真有必要，否則不宜妄動。任何時候，只要是發生了政治或財務上的問題，這個念頭就會跑出來，但從未付諸行動。和與猶太復國主義頗有淵源的妻子分手後，他是否還考慮這個問題，那就更難說了。但可以確定的是，流亡巴黎期間，他確曾講說，他可能「會在十月或十一月，在研究多少有個結果之後，到耶路撒冷去」（《書信》II, 655）。值得注意的是，信中充滿了猶豫，就跟他搖擺於猶太復國主義與共產主義之間一樣，但事實上卻可能是肇因於他看清楚了一切，所有這些解決途徑不僅不切實際，而且可能將他帶上錯誤的救贖之路，不論其貼著的標籤是莫斯科還是耶路撒冷。他感覺到，他會因此失去一個認清自己位置的大好機會——那個「搖搖欲墜的桅杆頂部」的位置，或者廢墟中那個「在有生之年已經死去，卻真正活了下來」的位置。他定了下來，在那個與現實對應的絕望之中，在那兒，他要將自己的寫作「轉性」，「一如變性酒精……甘冒」

當前「不適任何人消費之險」，但卻有機會更可靠地保留給未知的未來。

猶太人問題之無解，對那一代來說，絕不限於他們之說寫德文，也不在於他們的「生產作物」根植於歐洲；以班雅明來說，無論是柏林西區或巴黎，他對這些地方「都不曾有過一丁點的幻想」（《書信》II, 531）。關鍵在於那一代的人既不想「回歸」猶太民族，也不想重新皈依猶太教，何況就算想也做不到，這並不是因為他們相信「進步」，相信反猶太主義會自動消失，也不是因為他們被徹底的「同化」，以致疏遠了他們的猶太遺產，而是因為一切傳統與文化乃至於「歸屬感」對他們來說同樣是大有問題的。正因為如此，猶太復國主義提倡「回歸」猶太信仰，在他們看來是錯誤的；談到成為猶太民族一員時，他們都會跟卡夫卡一樣，異口同聲地說：「……我的民族，問題是我得有一個才行。」㉔

無疑地，猶太人問題之於那一代的猶太作家，其意義非比尋常，對於他們作品中如此顯著的絕望，大致上也就能夠從這裡找到解釋。但在他們當中，目光最清明的人卻另有個人的問題，是一個更普遍也更基本的衝突，亦即對整個西方傳統的相關質疑。不僅理論性的馬克思主義吸引他們，共產主義革命運動同樣使他們心動不已，之所以如此，原因不僅是兩者都對現行的政治與社會狀況提出批判，更在於它們將整個政治與精神傳統納入了考慮。對班雅明來說，此一歷史與傳統的問題才是關鍵性的，也正是在這上面，蕭勒姆就曾經提醒他，要他注意以馬克思主義為思想根據的危險性。在這一點上，蕭勒姆雖然不是明講，卻把它點了出來；他寫道，班雅明大有可能「傳承哈曼（Hamann）與洪堡（Humboldt）豐富而扎實的傳統」，但他自己卻在糟蹋這個機會（《書信》II, 526）。蕭勒姆不明白的是，這種對過去的回歸與傳承，只是他自己的「觀照準則」所訴求的標的，對班雅明來說卻是避之唯恐不及的。㉕

少數幾個人甘冒其險，把自己置於時代的最前端，飽受孤獨之苦，認為自己乃是新時代的先行者，這樣的想法看上去確實誘人，也頗令人感到無憾，但實際上全然不是這麼回事。他論到卡爾．克勞，他站「在新時代的門檻上嗎？」「啊，絕不，他站在最後審判的門檻上」（《文集》II, 174）。也就是在這道門檻上，還站著那些後來成為「新時代」大師的人們；他們之視時代之曙光，基本上乃是一種沒落，並視導致此一沒落的歷史與傳統為一廢墟之地。㉖在這方面，沒有人比班雅明在〈歷史哲學的主題〉中表達得更清楚，而他在一九三五年一封發自巴黎的信中，寫得更是明白：「老實說，我不太可能放手去弄清楚這個世界的來龍去脈。在這個行星上，已經有一堆文明毀於血腥與恐怖。當然啦，一定有人相信，這個行星有朝一日會享有一個不再有血腥與恐怖的文明；事實上……我也相信，我們的行星是在等待這一天。但令人懷疑的是，在它一億歲或四億歲時，我們能否獻上這份禮物，如果不能的話，這個行星終將懲罰我們這些沒有頭腦一廂情願的人，並為我們帶來最後的審判。」㉗（《書信》II, 689）

好了，就此而言，最近這三十年來所發生的事情，幾乎就全無新意可言了。

Ⅲ採珠人

汝父躺在五尋深處，
珊瑚其骨，
珍珠為眼，
他已無物可失，唯受大海的催化
變成無可名狀之物。

——莎士比亞，《暴風雨》第一幕．二場

過去已經變成傳說，乃擁有權威；權威出之以歷史的面貌，乃成為傳說。華特·班雅明深知，在他有生之年所發生的傳統的斷裂與權威的喪失乃是無可挽回的，於是做出結論，他有必要找出新的方法來處理過去。在這方面，他於是成了專家，因為他發現，過去的可傳遞性已經被過去的可引用性所取代，而其權威之所在則生出一種奇特的力量，以片段的方式佔領現在，剝奪當下「心靈的寧靜」，亦即那種無憂自足的寧靜。「在我的作品中，引述的文句有如路邊的劫匪，展開武裝攻擊，把一個懶鬼從罪罰中解放出來」（《文集》I, 571）。班雅明以卡爾·克勞為例，指出引文的此一現代功能之所以會被發現，是因為出於絕望。但並非對過去的絕望，不是絕望於托克維爾（Tocgueville）所說的，過去不再「投射光明於未來」，使人類的心靈「在黑暗中徬徨」，而是絕望於現在，絕望於要將現在摧毀的慾望；因此，引文的力量「不是保存而是清除、撕裂前後的連貫，並予以摧毀」（《文集》II, 192）。然而，這種破壞力的發現者與愛用者本意完全不是這樣，他們的本意是要保存，只不過他們不願意自己被週遭那些專業的「保存者」欺弄，最後乃發現，引文的破壞力才是「可以使此一時期某些東西得以保存下來的唯一希望——理由無他，只因為它是從它身上撕下來的」。以這種「思想碎片」的方式，引文具有雙重的使命，以「超驗的力量」（《文集》I, 142-43）打斷呈示的流程，同時要專注於本身所呈示出來的東西。至於說到引文在班雅明作品中的份量，唯一可以相提並論的，就是中世紀的論文，寧捨論證的內在一致性，而非要去引述毫不相干的《聖經》文句。

我曾經提到過，收藏是班雅明的主要嗜好，最初是他所謂的「藏書癖」，但很快地就發展成一種更具特色的玩意兒，這跟他那個人固然有關，但跟工作的關係更為密切，那就是收集引文（他從未停止收集書籍，法國淪陷前不久，他還認真考慮過，拿他自己編輯的五卷卡夫卡作品集交換幾本初版的卡夫卡早期作品——這對任何沒有藏書癖的人來說當然是無法理解的）。一九一六年左右，「擁有一個藏書室的內在需要」冒了出來（《書信》I, 193），當時班雅明正轉而研究浪漫主義；在他看來，浪漫主義乃是「再次拯救傳統的最後一場運動」（《書信》I, 138）。這種對過去所抱持的熱情，是承先者與後繼者的典型特徵，儘管如此，仍有某種破壞力活躍其中，只不過直到很晚，他對傳統以及對世界之不可摧毀性都失去信心時才發現（關於這一點，馬上就會講到）。在那段時日，受到蕭勒姆的影響，他始終相信，自己之疏離傳統可能是因為自己的猶太人身分，並跟他準備移居耶路撒冷的朋友一樣，那也將是他的一條回歸之路（早在一九二〇年，尚未受到財務問題嚴重困擾時，他曾經想去學希伯來文）。但他在這條路上並沒有走得太遠，不像卡夫卡，是經過一番努力之後才宣佈，自己無所用於猶太人，唯一的例外，是當時布伯（Buber）已在著手引進給現代人的哈希德教派傳奇（Hasidic tales）；恰如卡夫卡寫的：「我任自己飄流於任何事物之中，但馬上又有另一股水流把我帶走。」㉘儘管舉棋不定，班雅明那時是否又回歸德國與歐洲的過去，投入到文學傳統中去了？

二〇年代早期，在他轉向共產主義之前，對班雅明來說，問題大體如此，也就是在那個時候，他選擇了德國巴洛克時代作為申請大學授課資格的論文題目，此一選擇也突顯了仍有連串問題未解決的窘境。當時，除了大教堂的合唱之外，巴洛克從來未曾在德國文學與詩的傳說中真正地存活過。歌德說得極對，在他十八歲的時候，德國文學比他還年輕。班雅明的選擇——雙重意義的巴洛克——跟蕭勒姆不按牌理出牌決定透過卡巴拉（Cabala，譯註：猶太神秘教派）進入猶太教義頗有相似之處。在希伯來文學中，就猶太傳說來說，卡巴拉是失傳且不可傳的部分，其間頗有一些不足為外人道的味道。事情再清楚不過了——今天大可以這樣說——光從研究領域的選擇上就可以知道，根本沒有「回歸」這回事，既非回歸德國或歐洲的傳統，也非回歸猶太傳統，而是口裡不說心裡卻承認，只有透過未曾傳下來的東西，過去才會現身說法，至於這些失傳的東西看起來之所以貼近現在，其實是因為它們所具有的那種化外特質，排除了威權的約束。在這裡，強制性的真理被某種意義與趣味取代，換句話說，「真理的一貫性……已經喪失」（《書信》II, 763），這一點沒有人比班雅明更了解了。這種「真理的一貫」有其形成的要素，對於早年哲學興趣頗受神學啟發的班雅明來說，其中最重要的，就是真理與某種奧秘有關，而揭露此一奧秘的人也就變成了權威。就在他充分意識到傳說的斷裂與權威的喪失無可挽回之前不久，班雅明曾說，真理之「揭露」並不是要「摧毀奧秘，而是行所當為的啟示」（《文集》I, 146）。真理一旦在歷史適當的時機進入人類世界，譬如希臘語的 a-letheia，亦即我們心靈之眼所能覺知與理解的「無蔽狀態」（Unverborgenheit，海德格語），或者如我們所熟悉的歐洲的天啟信仰，真理是以聽覺覺知的上帝話語——正是真理所特有的這種「一貫」，使其成為可以感知的，因此也成為可以經由傳統傳遞的。傳統轉成智慧，智慧則是可傳遞真理的一以貫之。換句話說，即使真理出現於這個世界，未必會通向智慧，因為真理已經不再具備特徵，其有效性無法為普世所認知。班雅明討論這些事情時，聯想到卡夫卡，他說「卡夫卡」當然「絕不是第一個面對這種情況的人，許多人對此已經習以為常，不論是在哪個時代，對於真理或他們以為是真理的東西，堅守不渝，卻又不免心有戚戚，放棄了真理的可傳遞性。卡夫卡真正不世出之處，在於採取了一種全新的方式：他為了抓住傳遞性，寧願犧牲真理」（《書信》II, 763）。他的作法是大幅修改傳說寓言，或用傳統手法創造新的寓言；㉙然而，異於猶太法典中的那些先知傳說，這些寓言「絕非匍伏在教理的腳下」，而是「出其不意地舉起巨爪」去挑戰它。卡夫卡深入過去的海底，乃成就了這種獨特的雙重目的，既保存又摧毀。縱使不是真理，只要是「行將消失而又不失其別開生面之美的」，他也要予以保存（參閱班雅明論 Leskov 一文）；另一方面他也明白，要打破傳統的魔咒，最好的辦法莫過於將「無可名狀」的珊瑚與珍珠跟那一整塊傳下來的東西一刀兩斷。

班雅明分析了自己身為收藏家的那種熱情，來說明只要涉及過去就不免出現的曖昧心態。收藏的動機不一而足，要了解本屬不易。主張收藏乃是出於童心，班雅明或許是第一個；對兒童來說，收藏的東西還不是商品，其價值也無關乎用途，收藏同時也是有錢人的嗜好，他們不虞匱乏，對任何東西的需求不在用途上著眼，因此有能力玩得起「實物的轉型」（《文集》I, 416）。在這中間，收藏者必然會發現美，而美必寓於「不以利益為著眼的愉悅」（康德語）。總之，收藏的實物只具有喜好的價值而沒有任何使用的價值（班雅明當時還不知道，收藏其實也是一種明智、穩當、高報酬率的投資）。由於收藏可以鎖定任何種類的實物（不僅只是藝術品而已，藝術品基本上脫離了有用實物的日常世界，因為它們毫無「益處」），因此，收藏使收藏品回歸到只是一件實物，不再是用來表達某種目的的手段，因而具有了本身的內在價值，所以，班雅明乃將收藏者的熱情理解為一種近似革命家的心態。跟革命家一樣，收藏者所「夢想的道路，不僅通往一個遙遠或消逝的世界，同時也通往一個更好的世界，在那兒，可以肯定的是，他們所能獲得不僅僅只是日常世界所需要的，而且事物也從單調乏味的有用性中解放出來」（《文集》，416.）。收藏乃是對物的救贖，使人的救贖得以完整。就一個真正愛書成癖的人來說，讀自己所收藏的書可說是大有問題：「『這些書你全都讀過了？』一個對安納托爾．法朗士（Anatole France）的收藏崇拜不已的人問法朗士。『不到十分之一。難不成你每天都會用你收藏的塞弗賀（Sèvre）瓷器？』」（〈整理藏書〉〔Unpacking My Library〕）（在班雅明的藏書中，有童書珍本，也有精神失常作者寫的書；由於他既不關心兒童心理也不在意精神病學，這些書就跟他寶藏中的許多東西一樣，確實毫無用途，既不能用於消遣也不能用於教育）。班雅明不諱言的是，對於所收藏之物，確實與拜物心裡有著密切的關係，就收藏者以及由他所決定的市場而言，「原真價值」取代了崇拜價值並將之世俗化。

跟班雅明的其他見解一樣，這些想法都有其才華耀眼之處，但並非他的核心觀照，就此一方面來說，他大體上是相當務實的。但不可否認的是，其間動輒可見浪遊者的身形，亦即他的心靈的運作方式，也就是說，有如城市中的浪遊者，他將自己交給偶然，任由其引導，展開心智的探險之旅。信步於過去的寶藏之間，東看看西瞧瞧，乃是繼承人的特權，同樣地，「收藏者的心態，說到底也就是繼承者的心態」（〈整理藏書〉），坐擁一切之際——「擁有乃成為對人對物最終極的一種關係」（〈整理藏書〉）——使人進入過去；一旦到達那種境界，就不再受到現在的打擾，「從而重建了舊的世界」。收藏者的這種「最深層動力」，並不具備任何公共意義，終極來說，無非個人嗜好而已，因此，「從一個真正收藏者的角度來說」，一切都顯得「怪異」起來，尚．保羅（Jean Paulian）的觀點就是一個典型，依他的看法，有些作家「之所以寫作，不是因為窮，而是因為能買的書都不喜歡，一氣之下，索性自己動筆」（〈整理藏書〉）。不過，細究起來，這種荒誕的想法還是有其可觀且無害之處。其一，就公共領域黑暗的時代來說，這種心態自有其重大意義，收藏者因此退出公共領域，躲進一己的四壁之間，但陪著他的寶藏本來卻都是公共資產，如今卻成為他的裝飾（當然，這說的不是今天的收藏家；今天的收藏家心中另有估量，或是基於市場價值，或是在於社會地位，但班雅明這種收藏家則不同，所覓者皆屬奇奇怪怪之物，並無價值可言）。再者，這種收藏者一心只在過去，因此不免看輕現在，由此更無視於客觀的品質，如此一來，便出現了一個令人困擾的因子：傳統或許是他最後的嚮導，至於傳統的價值，握在他手裡的未必可靠，或許還不如別人的乍看一眼。

傳統賦過去以秩序，不只是按年序排列而已，最重要的是系統化，分出正面的與負面的，正統的與異端的，並從一大堆不相關或僅止於有趣的意見與資料中將必要的與相關的分離出來。收藏者的熱情則不然，不僅沒有系統而且近乎雜亂無章，其之為熱情，與其說是起於物品的品質——某種可以加以分類的質性——不如說是被物品的「原真性」——獨特性——所點燃，其本身就是排斥系統分類的。因此，傳統在哪裡分出高下，收藏者便在那兒抹平一切差異；縱使收藏者把傳統變成了自己的專門領域，並謹慎地去掉了每件未經傳統認可的東西，此一抹平的動作還是會發生，以至於「正面與負面……偏好與排斥，也就沒有什麼差別了」（《文集》II, 313）。對傳統，收藏者以「原真」相抗，對權威，則是以原初的標記與之反對；拿理論性的術語來說明這種思維方式，就是，收藏者以純粹的「原」與「真」取代內容，其唯一差堪比擬的，則是法國存在主義中所謂的「在己」（*per se*），是抽離了一切特性的存在。如果用此一思維方式推論到最後，得出來的結論反而是收藏者原始動機的反面：「原初的圖像或許是舊的，但原初的思想卻是新的，是屬於現在的，就算此一現在容或有所不足，但不論它是什麼，我們都必須緊緊握住他的雙角才能跟過去打交道，因為，死亡的鬼魅如果已經步步逼近，它就是那頭已經血流滿坑的公牛」（《文集》II, 314）。我們以現在獻祭，並以此召喚過去，從其間卻升起「思想的致命撞擊」，跟過去的傳統與權威對撞。

這樣一來，繼承者與保存者反倒變成了破壞者。「收藏者的熱情其實是被大大地誤解了，真正收藏者的熱情根本就是無政府主義的，是毀滅性的。因為，這就是它的辯證：對一個物品、對個人的物件、對他所珍愛的東西，無微不至，卻以頑強的顛覆抵制可分類的經典」。㉚收藏品所屬的那個脈絡，以及收藏品原來存在的那個大環境，那個活活潑潑的實體，收藏者將之摧毀，只因為唯有獨一無二的真對他才有意義，就他所選中的物品，凡是具有典型作用的每樣東西，都去之而後快。收藏者的角色如同浪遊者，都已經過時，居然在班雅明身上散發如此突出的現代特徵，這乃是因為歷史本身——亦即發生於本世紀初的傳統的斷裂——已經將他從此一破壞的使命中解放出來，他只要俯身下去，在殘骸堆中揀選他珍貴的碎片就行了。換句話說，原來只有收藏者出之以另類眼光才會發現的面向，物件本身自會顯現，對一個堅定面對現在的人來說尤其如此。

自己那種過時的傾向居然與時代的現實異曲同工，班雅明是何時發現的，我們無法知道，但應該是二〇年代中期，亦即他在布萊希特那兒發現了卡夫卡，開始認真研究這位了解這個世紀的詩人時。這當然不是說，班雅明於一夕之間，甚或一年之間，就從收藏書籍轉移到了收集引文（他獨有的興趣），不過，他已經意識到這種轉變，倒是可以在他的書信中找到蛛絲馬跡。總而言之，在三〇年代期間，沒有比那本黑色封面的小筆記本更能代表他的特徵，他總是隨身攜帶，無止無休地以引文的方式記下日常生活與閱讀中圍繞著他的「珍珠」與「珊瑚」。有時候，他大聲朗讀出來，像是在展示精挑細選的精品收藏，而這些收藏，也不過就是當時一些奇奇怪怪的文句，經常可以見到，一首十八世紀的曖昧情詩，緊接著的卻是最近的一則新聞，高津（Goecking）的〈初雪〉（Der erste Schnee）之後，是一則來自維也納的報導，時間是一九三九年夏天，報導的是，當地的煤氣公司「停止對猶太人供氣，因為猶太居民之消費煤氣使公司蒙受重大損失，這些用戶全都不繳付帳款，他們使用煤氣，主要是用來自殺」（《書信》II, 820）。在那個時代，過去的鬼魅的確也只有以現在作為獻祭才召喚得到。

傳統的斷裂與收集者的怪異——從過去的殘骸中收集碎片殘屑——兩者之間如此相似，以下這個乍看不免令人吃驚的事實，或許可以提供很好的說明：在我們之前，也許沒有任何一個時代跟我們一樣，把許許多多早已被傳統遺忘的古老事物變成教材，成千上萬印刷成冊，無所不至地傳給學童。這種驚人的復興，尤其是古典文化的復興，在歐洲始於二〇年代，而在相對缺乏傳統的美國也大興於四〇年代。在歐洲，當時最先發動的，是那些高度警覺到傳統之斷裂無可挽回的人，而在德國——別處當然也有——率先高舉大旗的則是海德格。早在二〇年代，海德格就已經望重士林，這主要應歸功於他的「傾聽傳統，傳統並未將自己拋棄於過去，而是在思考著現在」。㉛班雅明縱使不了解這一點，但是，對於大海之催化骨頭與眼睛變成珊瑚與珍珠，對於採取激烈手段以「致命的撞擊」詮釋並保存振興傳統，與其說是跟他那班馬克思主義朋友用辯證法想出來的，還不如說是因為他跟海德格的非凡見識有著共通之處。我們在前面曾經引述歌德的文章，聽起來彷彿是出自卡夫卡的手筆，同樣地，下面這一段話，出自班雅明一九二四年致霍夫曼斯塔爾的一封信，就會令人聯想到海德格在四、五〇年代所寫的東西，且看：「在我的文學努力中，引導我的信念……（是）在語言裡，每個真理都有自己的家，有自己祖先的殿宇，以最古老的話語（*logoi*）建成，至於以科學觀照所建立的真理，只要仍然有如游牧人那樣，在語言的領域中東飄西盪，一味相信自己的術語所製造出來的不負責任的專斷，便始終只能是次級的真理」（《書信》I, 329）。班雅明早期有關語言哲學的作品，其精義在於：言說是「一切指向外部溝通的反面」，恰如真理是「意圖的死亡」，任何一個想要尋找真理的人，其遭遇都會像塞斯（Sais）那則隱畫傳奇中的人：「（圖畫之所以隱而不現），並不是畫的內容有什麼神秘怪誕有待揭開，而是真理

•傾聽傳統，傳統並未將自己拋棄於過去，而是在思考著現在。

的本質如此，在真理的面前，即使是最精純的探索之火，也將如在水中一般地熄滅」（《文集》I, 131, 152）。

從論歌德的文章開始，在班雅明的每一篇文章中，引文都佔有中心的地位，也正是此一現象，使班雅明有別於其他的學者。一般學者之使用引文，無非是要證明或支持自己的觀點，通常都只是將之歸入註釋。班雅明則絕不可能如此。在他研究德國的悲劇時，收集了「六百多條引文，非常有系統，有條理」（《書信》I, 339），並且以此自豪；一如後來的筆記，這種收集並不是為了充實研究寫作而做的摘要，而是以之構成主體，論述反倒成了次要的東西。作品主體之構成，是將片段文句從上下文中拉出來，經過重新的安排，互為印證，有如在自由漂浮狀態中證明各自存在的理由。說起來，這確實像是某種超現實主義的拼貼畫。依班雅明的理想，是要寫一本完全由引文構成的書，達到天衣無縫的地步，甚至連相應的文本都可以省掉，聽起來或許極端怪異而又極端地自我否定，但事實並非如此，它畢竟不同於當代的超現實主義實驗，雖然二者的創作衝動頗為相似。就某種程度來說，完全省掉作者相應的文本根本是不可能的事，在處理這個問題上，他所採取的方式，就是保存「研究的動機」，也就是說，「以鑽井而非開挖的方式……直探語言和思想的深層」

（《書信》I, 329），而不會為了提供因果或系統聯繫的解釋以致破壞了整體。在這方面，班雅明很清楚地警覺到，這種「鑽鑿」的新方法會造成某種「強迫別人接受洞見的情形……不過話又說回來，儘管有賣弄之嫌，較諸時下動輒搬出一些似是而非的假洞見，畢竟還是高明得多」；同樣地，他也明白，這種方法必然會「產生某種混淆」（《書信》I, 330）。不過，對他來說，最重要的乃是絕對要避免主觀操弄的暗示，譬如說設定一個研究的題目，事先就安排了一個訊息，可以很輕易地傳達或被傳達給讀者或觀眾：「**沒有一首詩是為讀者而寫，沒有一幅畫是為觀者而畫，沒有一首交響樂是為聽者而作**」（〈譯者的任務〉〔The Task of the Translator〕；粗體為作者所標示）。

這個寫於非常早期的句子，可以看作是班雅明文學批評的準則。當然，我們不應當誤解，這又是另一種對閱聽人所做的達達主義式的冒犯，儘管純粹為製造效果

• **在真理的面前，即使是最精純的探索之火，也將如在水中一般地熄滅。**

與「噱頭」而使出的花招與驚奇，大家都已經習以為常了。基本上，班雅明處理的是思想上的事情，特別是那些與語言有關的，按照他的說法：「語言保有本身的意義，這可能是最重要的，當然，如果僅限於用在人的身上，那又另當別論。譬如說，某人可能會談起大家都已經遺忘的痛苦往事或時刻，那麼他如果講了出來，那就一定不是捏造的，只不過是一個大家都沒有做到的要求，但也可能藉此完成了另一種要求——上帝的記憶」（〈譯者的任務〉）。班雅明後來放棄了這個神學味十足的背景，但並未放棄此一理論，也沒有放棄他以引文方式獲取本質的鑽鑿法——如同鑽鑿深入地底的隱藏水源以取得水一樣。這個方法類似現代的招魂儀式，所招的鬼魂，一律都是來自過去，是受到「大海催化」，珍珠為眼、珊瑚其骨的精魂。對班雅明來說，引述引文就是命名，將真理揭露出來的，與其說是言說不如說是命名，與其說是句子不如說是字詞。在《德國悲劇的起源》（*Origin of German Tragedy*）的序言中，班雅明視真理不過是一種聽覺現象：「哲學之父」「不是柏拉圖而是亞當」，因為亞當為萬物命名。因此，傳統乃是命名所用的字詞得以在其中傳遞的形式，而這種傳遞，本質上也是一種聽覺現象。班雅明之所以覺得自己與卡夫卡神似，主因在於後者雖然飽受誤解，既非「千里眼」又無「先知的眼光」，但卻傾聽傳統，而

「不善聽者亦無所見」（〈馬克斯·布洛德論卡夫卡〉〔Max Brod's Book on Kafka〕）。

班雅明的哲學興趣一開始就集中於語言哲學，到最後，透過引述引文，命名又成為他不需要傳統就可以處理過去的唯一可行途徑，之所以如此，其實大有理由。對我們而言，任何時代的過去都有問題，但其過去若對其本身都變得可疑時，不可避免地就會跟語言現象發生衝突，因為，在語言中，過去根深柢固，根本不可能予以徹底根除。只要我們繼續使用 **politics** 這個字，希臘文 *polis* 這個字就將有如海床之於海洋，繼續存在我們的政治現實底部。這種現象令語意學家大惑不解之餘，不免攻擊語言，說過去藏身在語言的堡壘後面，造成語意的分歧。此說完全正確，因為分析到最後，所有的問題都是語言問題；人們正在說的話，就連他們自己都不知所云。

班雅明可能根本沒讀過海德格，當然更不用說讀海德格的後繼者了，但他對這些事情卻瞭若指掌，因為，從一開始，真理這個問題就以「啟示」對他現身，「……是一定會被聽到的，也就是說，是存在於形而上的聽覺領域中」。因此，語言對他來說根本不是使人之所以異於禽獸的言說天賦，相反地，「言說……是來自於世界的本質」（《書信》I, 197），這與海德格可說不謀而合：「人之所以能言，只因為他就是個言說者。」所以乃有「一種真理的語言，正是它，自在而靜默地保管著一切思想都關注的終極秘密」（〈譯者的任務〉），這就是「純粹語言」，每當我們將一種語言譯成另一種語言時，都會不假思索地認定它的存在。在〈譯者的任務〉一文中，班雅明將馬拉美（Mallarmé）的那句驚人之語置於核心地位，道理在此。在那段引文中，有如巴別塔般喧鬧的語言，多重而分歧，窒息了「不朽的語言」；此一不朽的語言甚至連思考都無用武之地，因為「思考乃是無聲的書寫，不需要工具或低語」，因此乃能以物質的力量、可見的徵兆使真理的聲音在地上無法聽聞。對於這些神學性的形而上理念，不論班雅明後來做過哪些修正，他對文學研究至關緊要的基本態度卻未改變，亦即對於語言的創作，不在於探究其使用或溝通的功能，而應就其「結晶化」去加以理解，從而理解其基本的碎片形式，亦即「本質世界」無目的與非溝通性的發聲。所有這些，除了意味他了解語言基本上是一種詩的現象外，還意味著別的什麼嗎？在馬拉美的比喻中，最後一句班雅明並未加以引述，正是這一句，說得再清楚不過了：「所有這些都為真，如果詩不存在的話，是詩以哲學的方式使語言的缺陷臻於善，詩是語言的優質補語。」㉜所有這些雖然有點複雜，大致已如上述，也就是說，我們所處理的東西或許不是獨一無二的，但必定是極其罕有的，是以詩在思考的天賦。

正是這種思維，由現在給以滋養，以擷取自過去並聚於周圍的「思想碎片」運作。有如潛入海底的採珠人，並非在海床上開挖，一網打盡，而是在深處細撬珍異，取珍珠與珊瑚回到海面。這種思維深入過去裡面，但並非要去喚醒它，使消逝的時光重獲新生。主導此一思維的理念是，生命雖然注定毀於時間的蹂躪，衰敗的過程同時卻也進入結晶化的過程，在海洋深處，曾經活過的生命沉沒、分解，有些東西「受到大海的催化」，以結晶化的新形式與新形狀存續下來，保持原貌，等待採珠

- 人之所以能言，只因為他就是個言說者。
- 一種真理的語言，正是它，自在而靜默地保管著一切思想都關注的終極秘密。
- 思考乃是無聲的書寫，不需要工具或低語。
- 所有這些都為真，如果詩不存在的話，是詩以哲學的方式使語言的缺陷臻於善，詩是語言的優質補語。

人有一天來到，帶回眾生的世界——是為「思想的碎片」、是為「無可名狀」之物，或許更是永恆的「元始現象」。

註釋

① Walter Benjamin, *Schriften*, Frankfurt a.M., Suhrkamp Verlag, 1955, 2 vols., and *Briefe*, Frankturt a.M., 1966, 2 vols。以下引文皆出自此套版本。

② Yearbook of the Leo Baeck Institute, 1965, p. 117.

③ *Op. cit.*

④「浪遊者」典型的形象，最早出現於波特萊爾一篇著名的文章：論 Constantin Guys 的〈巴黎現代生活圖像〉（Le Peintre de la vie moderne）——參閱 Pléiade, pp. 877-83。班雅明經常提到波特萊爾，並經常引用他的文章。

⑤兩人最近又重申了這一點。一九六五年 Leo Baeck 紀念講座中，蕭勒姆說：「我總認為布萊希特在三〇年代對班雅明的影響是有害的，在某些方面是災難性的。」阿多諾則是在跟學生 Rolf Tiedemann 的談話中說，班雅明對他承認，他之寫作「論藝術作品一文，是為了要趕過布希萊特，他擔心自己在激進主義上不如他」（引自 Rolf Tiedemann, *Studien zur Philosophie Walter Benjamins*, Frankfurt, 1965, p. 89）。說班雅明忌憚布萊希特，乃是不可能的，阿多諾本人也未提過此事。至於之所以有此說，滿遺憾地，很可能是班雅明自己編出來的，因為他怕阿多諾。可以確定的是，班雅明在處理人際關係上的確很靦腆，而且是從小就

如此，但只有對他所依賴的人才會這樣。若說他對布萊希特也有這樣的依賴，那也應該是他聽從布萊希特的建議，自巴黎搬到丹麥，和布萊希特為鄰之後的事。

⑥見班雅明評布萊希特的 *Dreigroschenroman*, Cf. *Versuche über Brecht*, Frankfurt, 1966. p. 90。

⑦如今看來，絕大部分東西都獲得了保存。巴黎所收藏的手稿，按照班雅明的囑咐，交給了阿多諾，現存法蘭克福阿多諾的私人收藏室，大部分文稿的複製品與抄本則收在蕭勒姆耶路撒冷的私人收藏室。蓋世太保沒收的部分也在德國找到。See "Der Benjamin – Nachlass in Potsdam", by Rosemarie Heise in *alternative*, October-December, 1967。

⑧ Cf. "Walter Benjamin hinter seinen Briefen," *Merkur*, March 1967.

⑨ Cf. Pierre Missac, "L'Eclat et le secret: Walter Benjamin," *Critique*, Nos. 231-32, 1966.

⑩馬克思．萊希納，《新瑞士評論》（*Neue Schweizer Rundschau*）編輯，最近剛去世，堪稱當代最有文化教養、最優雅之人。跟阿多諾、布羅赫與蕭勒姆同時在《當月》（*Der Monat*）雜誌一九六〇年九月號發表一篇班雅明的紀念文章。

⑪ *Ibid.*

⑫在這類問題上，卡夫卡的看法比他同代的人來得實際些，他說：「父親情結在許多方面是心智的養分……跟做父親的猶太教養有關……也跟做父親眼見兒子就要離開猶太教，給了一個含混的承諾有關（含混就是敷衍）：「他們的後腳還定在父親的猶太教上，前腳已經找到了新土地。」（Franz Kafka, *Brief*, p. 337）

⑬ *Ibid.*, p. 55.

⑭柏林高級住宅區。

⑮ *Ibid.*, p. 339.

⑯ *Ibid*., p. 337.

⑰ *Ibid*., pp. 336-38.

⑱ Franz Kafka, *Tagebücher*, p. 42.

⑲ Franz Kafka, *Briefe*, p. 347.

⑳ *Ibid*., p. 378.

㉑出自「作為生產者的作家」（Der Autor als Produzent），一九三四年，班雅明在巴黎所做的演講，在其中，它引用了早期一篇論左派知識份子的文章。See *Versuche über Brecht*, p. 109.

㉒ Quoted in Max Brod, *Franz Kafka Glauben und Lehre*, Winterthur,1948.

㉓例如布萊希特就曾對班雅明說，他論卡夫卡的文章對猶太法西斯是一種同情與安慰。See *Versuche*, p. 123.

㉔ Franz Kafka, *Briefe*, p. 183.

㉕前面提到過的皮耶·米薩克（Pierre Missac）表達過相同的意見，寫道：「若非低估這種傳承的價值（成為哈曼與洪堡的繼承人），大可以認為，班雅明之訴請馬克思主義，正是要擺脫它。」

㉖此處令人想起布萊希特的詩" On Poor B.B."：「這些城市所留下的，穿城而過的風／房屋讓食客欣喜，他一掃而空／我們知道自己只是過客，後面跟來的／不值一提。」（*The Manual of Piety*, New York, 1966）另外值得一提的，是卡夫卡在〈一九二〇年記事〉（Notes from the Year 1920）中以〈他〉（HE）為題的警句：「他所做的每件事對他來說都很新，但又由於還不夠新，也顯得特別不夠專業，的確令人難以忍受，也無法成為歷史，於是乃撕裂代代相傳的長鏈，第一次將迄今仍然以其深度而被神化的世界之樂打碎。他常會想，他為世界所擔的心多過自己。」

這種心情的先驅，說來又是波特萊爾：「世界將要終結，而其唯一還在的理由就是它存在。這個理由跟其他相反的理由比起來還真脆弱，尤其是這種說法：天空之下，世界今後還有什麼可為？……至於我這個人，總以為可以體會到先知，殊不知醫師的仁慈永不可得。迷失在這個邪惡的世界上，與愚夫愚婦為伍，我是一個被拋棄的人。我所能看到的，只有多年的幻想和苦澀，從今爾後，也只有折磨，沒有任何新意、教訓和痛楚的折磨。」（*Journaux intimes*, Dleiade edition, pp. 1195-97）

㉗英譯者註：「最後審判」（*Weltgericht*）一詞中的 gericht 有兩種意思，即是「審判」（judgement），「一道菜」（dish）p. 164。

㉘ Cf. Kafka, *Briefe*, p. 173.

㉙現有一本《寓言與矛盾》（*Parables and Paradoxes*）的雙語版（Schocken Books, New York, 1961）。

㉚ Benjamin, "Lob der Puppe," Literarische Welt, Jan. 10, 1930.

㉛ See Martin Heideggar, *Kants These über das Sein*, Frankfurt, 1962. p. 8.

㉜關於馬拉美的比喻，參閱" Variations sur un sujet" under the subtitle" Crise des vers", Pléiade edition, pp. 363-64.

8

我們曾作爲『光明的一代而生活』

貝托爾特・布萊希特 *Bertolt Brecht,1898-1956*

德國戲劇鉅擘

你希望，是的
　　你的著作會為你辯護，
拯救你脫離地獄：
　　然而，
既無悲容，
　　也總不見
責備
（他無需
明白
熱愛藝術
如你所在乎的），
　　上帝或將使你
於審判日
　　流下羞愧的淚水，
但是，你的生命若曾美好，

因而寫下
詩篇，屆時
就可以默念於心。

——W.H. 奧登（Auden）

I

一九四一年，貝托爾特·布萊希特輾轉避難來到這個國家，去到好萊塢，「在收買謊言的市場上」，「混在販子群中」，無論走到哪裡，聽到的都是「報上名來」。①早在二〇年代初期，他在德語國家就已經是家喻戶曉的人物，要他再嘗默默無名和貧窮的滋味，他當然是大不情願。一九四七年，他被叫到非美籍人士活動委員會（Committee on Un-American Activities），口袋裡揣著前往蘇黎士的票，因為態度「合作」而頗受禮遇，就這樣，乃告別了這個國家。隨後，他打算在西德定居，佔領軍當局卻不批准，②結果證明，此舉既是德國的損失，也是布萊希特的不幸。一九四九年，他勉強在東柏林住下來，並得到一個劇院導演的位子，生平第一次，大有機會坐在前排觀看共黨統治的雜耍了。

布萊希特死後，名聲傳遍整個歐洲，甚至及於俄羅斯，當然還有英語系國家。在作品的翻譯方面，除了奧登與切斯特・柯爾曼（Chester Kallman）把他的《小資產階級七大罪狀》（*The Seven Deadly Sins of the Petty Bourgeois*）及一些小品譯成英文外（他們大費周章譯出來的《馬哈戈尼城興衰錄》〔*The Rise and Fall of the City Mahagonny*〕卻從未付梓），就只有查理・拉夫頓（Charles Laughton）與他自己合譯的《伽利略》（*Galileo*）了，說起來，這位偉大戲劇家和詩人的作品，包括他的劇作和詩作，英文譯作之少還真令人汗顏；至於在戲劇演出方面，情況也好不到哪裡去，除了《伽利略》於四〇年代後期在紐約連演六場，以及《高加索灰欄記》（*The Caucasian Chalk Circle*）一九六六年在林肯中心的演出外，就再也沒有別的劇作出現過英語製作。他的第一本詩集，一九二七年的《豪斯波斯提爾》（*Die Hauspostille*），由艾立克・班特里（Eric Bentley）譯成英文，譯筆雖有不足，但可接受，何況還附了雨果・施密特（Hugo Schmidt）極佳的註釋，由葛羅夫出版社（Grove Press）出版，收在《虔敬守則》（*Manual of Piety*）中（我後面將會用到此一英譯版本）。儘管如此，名聲這東西是會不脛而走的，之所以會有人於德文一竅不通，卻會因英文而熱中於布萊希特，豈不正是因為它真的夠那個份量。此外，布萊希特當時不得不去東柏林的處境，名聲的確也替他解了不少圍，回想過去那些二流批評家和三流作家對他的無情攻擊，任何人都不免要為此額手稱慶了。③

還有就是布萊希特的政治生平，一般說來，詩與政治之間的不確定歷史，絕不可等閒視之，如今，他的名聲已經確立，也該是把某些問題拿出來一解誤會的時候了。可以確定的是，布萊希特對共產主義意識形態的幻想與死忠，大可不必嚴肅對待。有一首詩，是他戰時寫於美國但到最近才發表的，在詩中，他自己就把真正的重點都說出來了，對象則是希特勒統治下他自己的詩人同胞，他說：「小心了，你等歌頌希特勒者。我……知道，他將不久人世，名聲更將先他自己而去。縱使他征服地球，使之不適人居，歌頌他的詩也必不長久。是的，垂死大陸的哀號很快就會淹沒摧殘者的頌詞。是的，頌揚暴君的人同樣擁有美好的聲音。然而，唯有垂死的天鵝之歌最美，因為，他的歌中沒有恐懼。」④布萊希特是對的，但也錯了。希特勒的頌詩的確在他死後灰飛煙滅，但那也是因為歌者並無「美好的聲音」（戰爭期間的德國詩作，唯一流傳下來的就是布萊希特的《一九三九年兒童十字軍》〔Children's Crusade 1939〕，一首以民歌悲調寫成的通俗敘事詩，敘述五十五個戰爭孤兒帶著一條狗，在波蘭尋找「和平樂土」，卻找不到路）。倒是布萊希特，在寫給詩人同胞的字裡行間，雖然頗有天籟之音，卻都沒有發表，未免令人不解——莫非他心裡有數，換個名字簡單，詩卻是會回過頭來反噬的：他在東柏林時寫的那些歌頌史達林與史達林罪行的詩，在他的全集中全都被好心地刪除，不知道他做何感想？難道他不知道自己在做什麼？哦，他當然知道：「昨夜在夢中，見許多手指著我，彷彿我是一個無賴，只見他們個個憔悴枯槁。『你們全都不明白！』我大叫著，心中滿是罪惡。」⑤

談詩人，可是件苦差事；詩人，宜引不宜談。在文學的專業人士當中，我們發現，今天已經有「布萊希特學者」，知道如何克服其苦，但我可不是他們。詩人的聲音，不只關係到批評家與學者，也關係到我們每一個人；又不只關係到我們的私人生活，也關係到我們之身為一個公民。

身為公民，為了公正起見，我們大可不必從政治的角度去談專業的詩人，但是，一個作家的政治態度與使命如果在他的生活與工作中扮演了重要的角色，那麼，對非文學界的人來說，談他也就是再自然不過的事，而布萊希特正好就是這樣的一個詩人。

首先要指出的是，詩人多半不會是個可靠的好公民；哲學家其表、大詩人其實的柏拉圖，雖然不是第一個，但對於詩人深懷憂懼則是不爭的事實。詩人常找麻煩，愛唱反調；在我們這個國家，他們唱的反調跟公民之間的關聯，比起過去，顯然要深得多。單拿艾茲拉．龐德（Ezra Pound）來說好了。美國政府之所以決定不起訴他戰時的叛國罪，在於他說自己患了精神疾病，而詩人協會也接受了這個理由，結果還頒一個獎給他，表彰他寫出了一九四八年最佳的詩作，政府因此只得作罷。對於龐德，詩人不在乎他跟政府唱反調，不在乎他有精神疾病，他們給他榮譽，所針對的是他是詩人而不是公民。公民的事情，他們不管。而他們自己也是詩人，很可以拿歌德的話來做根據；歌德說：*Dichter sündgen nicht schwer*。意思是說，詩人行為失當，大可不必太過於自責——別把全部罪過都攬在身上。不過話又說回來，歌德講的罪過不一樣，是小錯小罪，正是布萊希特怎麼憋都憋不住，非要講出來才舒坦的那種——這還真是他的一大優點——衝著他的女性讀者，布萊希特是這樣說的：「就我來說，妳們有一個男人，但不能給妳們依靠。」⑥他太明白，女人在男人身上最需要的就是可以依靠，偏偏也就是這一點，正是詩人最做不到的。詩人做不到，是因為他們志在鴻鵠，必須超脫牽絆，不受拖累，因此無法像其他人那樣去承擔那麼多的責任。

事情正是這樣，布萊希特太了解自己這一點了，只差沒有公開說出來而已。一九三四年，在一次談話中，他把自己常在思考的事情講了出來：「要是有一個法官問我：『這是怎麼回事，你是認真的嗎？』我會當場就承認：完全認真，我可做不到。有太多美的事物，與戲劇有關的事情，我是想過該要完全認真。但對這個重要的問題，我卻是說『不』，還加上一句更重要的陳述，亦即，我的心態是**正當**的。」為了說明自己的意思，他接著說：「假設你讀了一本很棒的政治小說，後來知道，作者居然是列寧，結果，你對書和作者的看法都改變了，把兩者都給貶低了。」⑦但不管怎麼說，錯就是錯。無可否認地，艾茲拉．龐德的錯誤更為嚴重；那絕不只是愚蠢地向墨索里尼的滔滔雄辯投降而已，在他居心可議的廣播中，他之所言更甚於墨索里尼的毒素言論，成了希特勒的幫兇，徒然證明他是大西洋兩岸最糟糕的排猶知識份子而已。沒錯，戰前他就不喜歡猶太人了，以後的態度也沒改變，但不喜歡是他私人的事，與政治沒什麼相干。但是，當數百萬猶太人遭到屠殺時，他這樣公然向全世界唱反調，那就完全是另一回事了。然而，龐德卻以精神病為由而可以沒事，比起布萊希特絕不置身事外的清明和理智，顯然是等而下之了。布萊希特所犯的錯比龐德小得太多了，但承受的罪惡感卻沉重，誰叫他只是一個詩人，而不是一個發神經病的詩人呢！

詩人，儘管不願意受到牽絆，缺乏可靠性、責任感，但顯然不能什麼事都置身事外。身為詩人的公民同胞，該在什麼地方為他們畫出一條線來，非我們所能決定。維雍（Francois Villon）差一點就上了絞架——或許只有上帝心裡有數——但他的詩歌迄今仍然打動我們的心弦，我們還是敬重他的。可以確定的是，為詩人訂個規矩，沒有比這更愚蠢的事了，儘管不少德高望重的人還真有此想。幸運的是，對我們以及對詩人來說，我們大可不必找這種莫名其妙的麻煩，也大可不必拘泥於日常的評判標準。評斷一個詩人，就只看他的詩，儘管人們給他的空間夠大，但絕不包括「頌揚暴政的人同樣擁有美好的聲音」。至少，就布萊希特而言，就應該作如是觀。他之歌頌史達林那個偉大的父親與人民的屠夫，聽起來，簡直就像是下三濫模仿他的手法所寫出來的東西。以一個詩人來說，最糟的事莫過於他不再做一個詩人，而這正是布萊希特人生最後幾年的寫照。他或許認為，歌頌史達林無傷大雅。他們不是因為害怕才寫嗎？他們不都是認為，面對暴力，任何事都無可厚非嗎？他自己寫的《庫勒先生》（*Mr. Keuner*）卻有這樣的智慧，於一九三〇年左右，在必須做出抉擇時，可比二十年之後他的作者還來得嚴苛；這個發生在黑暗時代的故事是這樣的：統治者的欽差大人來到一個男子的家中，這個男子「很明白什麼時候該說不」。欽差大人對男子說，他的房子和食物都是他的，並問說：「你會好好侍候我嗎？」男子便安頓他上床，為他蓋上毯子，守護他安眠，如此唯命是從了七年，但無論做些什麼，絕不作聲，連一句話都不說。七年過去了，欽差大人吃飽睡足又有人侍候，腦滿腸肥，然後一命嗚呼。男子用條舊毯子將他一裹，丟出房子，洗淨床鋪，粉刷牆壁，鬆了一口氣，回答道：「不。」⑧難道布萊希特忘了庫勒先生不說「是」的智慧了嗎？總之，他生前最後幾年所寫，死後才出版的那幾首詩，空洞而單薄，還真的令我們扼腕不已。當然，也有例外的，但為數不多。一九五三年工人動亂之後，就有一段頗堪玩味的警句，在此值得一述：「六月十七日的動亂之後……很明顯可以看出，人民已經失去了政府的信任，為了要找回這種信任，看來即使加倍賣力工作也是徒然，政府何不乾脆將人民都遣散了，另外再去挑一批來，豈不更加省事些？」⑨另外，還有不少的情詩和兒歌，字裡行間頗有動人之處，最可貴的則屬那些讚歎無所為而為的詩行，聽來頗安吉勒斯．希勒休斯（Angelus Silesius）〈無心〉（Ohue Warum）的韻味（玫瑰不問緣由／為綻放而綻放／既不自顧／也不他盼）。⑩

布萊希特寫下：

哦，小小玫瑰如何才能道盡？
一夕間紅殷芳澤親近？
我們並非為她而來，
來時芳姿已現。

她來之前，我們不曾期待，
她已現身，我們猶自不信。
未發而已至，
世事豈非總是如此？⑪

布萊希特寫出這樣的詩句，在在顯示詩人對世事變化無常的感悟，只有在他早期的《虔敬守則》中，才見得到這種免於世俗機心與計較的自在；早期詩中活潑的叛逆語調，如今已變成半帶驚奇半帶感激的沉靜。最後這幾年中，有一首完美的作

品，由兩節、四行的詩句構成，是德國兒歌格律的變體，極難轉譯：⑫

灌木叢中七朵玫瑰，
六朵屬於風，
還有一朵呢？
何處可相逢？
我七度呼喚你，
你六次不應，
到第七次時，你將
發出聲音。

在這裡，顯示出詩人找到了新的聲音，或許正是「垂死天鵝最美的歌聲」，就在那聲音即將可聞之際，卻彷佛失去了力量。從此一客觀而無庸置疑的跡象來看，詩人已經遠遠超出了他作為一個詩人應有的份際，而份際之為界限，不是從外面可以看到的，甚至是感覺不到的，有如模糊的山脊，非肉眼所能見，人一旦跨越——

甚至並未真正跨越，只是被它絆了一下——猛然間卻成了一堵高牆。到了這個地步便失去了退路，無論怎麼轉，卻只發現四面皆壁。事既至此，想要找出原因都已有所不能；我們所能找到的蛛絲馬跡，也都是來自他的詩作，而詩充其量也只能提示我們，事情是什麼時候發生的，懲罰是什麼時候降臨的。而對一個詩人來說，僅次於死亡，唯一有意義的懲罰，無非是喪失人類有史以來皆視之為神賜的天賦。

對布萊希特來說，這個懲罰來得夠遲，由此我們則可以學到一個教訓，我們這些受藝文之神阿波羅管轄的人，享受的空間何等之大。當他剛成為一個共產主義者時，這種懲罰沒有降臨；二〇年代甚至三〇年代早期，成為一個歐洲的共產主義者，還算不上是罪惡，頂多是犯錯而已（至少對有些人來說是如此，當時他們身處革命的極盛時期，也還不知道史達林已經把黨弄成了一種極權主義運動，隨時都會犯下任何罪惡甚至背叛革命）。而當黨在莫斯科肅反期間，雖然他有不少朋友遭到整肅，布萊希特卻未與黨決裂，懲罰也沒有落到他的身上；西班牙內戰期間，俄國人無所不用其極，破壞西班牙共和國，並利用西班牙人的不幸報復黨內外的反史達林派，這些他應該都一清二楚，但報應依然未至（一九三八年他曾說：「實際上我（在莫斯科）根本沒有朋友；莫斯科的那些人也不會有朋友——就跟死了一樣。」⑬）到了希特勒與史達林簽署條約時，布萊希特不置一詞，只是與黨切斷了關係，這時候，懲罰也還是沒來；相反地，他過了幾年流亡的生活，先是在丹麥的斯文堡（Svendborg），然後在聖塔莫尼卡（Santa Monica），可以說是他人生中最好的幾年，創作力之旺盛，唯有年輕時尚未受到意識形態影響只知全心創作的時代可比。最後，他在東柏林定居下來，日復一日，目睹人民在共黨統治下的生活，懲罰終於來了。

住在東柏林，並非他之所願，從一九四七年十二月到一九四九年秋天，他一直在蘇黎世等待，希望獲准定居慕尼黑，⑭直到一切希望都落空——冒一切風險盡快弄到一份捷克護照，以便換得一份奧地利護照，以及一個瑞士銀行帳號，外加西德出版社發行人的身分——才在萬般無奈之下決定回家。到了那不幸的一刻，他一直很謹慎，盡量不跟東邊的朋友有很緊密的聯繫。一九三三年時，他的許多朋友都愚蠢地以為可以在莫斯科獲得庇護，他去了丹麥，而大戰初啟時，他逃離歐洲，經由海參崴前往美國，但他幾乎不在莫斯科逗留，也從未將莫斯科當成避難所——此時正是希特勒與史達林勾搭之時——在俄國共產黨中，他從未有過志同道合的朋友——自始至終，只有西方的讀者欣賞他——除此之外，他也想用詩來保持自己和共產黨的距離，即使在他全心投入「運動」中亦然（他似乎從未成為共產黨員）。但他無法抵擋蘇聯現實的衝擊，同樣無法抵擋烏布利西（Ulbricht）控制之下的德國衝擊。他感覺得到，在他作品中極為重要的成分——詼諧——再也無法和周遭的恐怖共存。而最恐怖的莫過於，朋友也好，僅止於認識的人也好，在他們反對你的時候，你居然會說：「有朝一日我們掌權了，看我們斃了你。」和這種情形比起來，住在一個只要有權就真的可以幹掉反對者的地方反倒變得沒什麼了。布萊希特倒是未曾受過迫害，甚至史達林死前也沒有。但是，他不笨，當然知道自己能夠獲得個人保障是有原因的。東柏林是個相當特別的地方，是五〇年代東方世界的櫥窗，跟就隔幾個地鐵站的西柏林處於激烈的競爭之中。在這場競爭中，柏林人劇團（Berliner Ensemble）——在東德政府任命之下，布萊希特集製作、統籌、編劇、導演於一身的劇團——當時一直是東德政權最大的資產，甚至可能是戰後德國唯一突出的文化成就。因此，在西方觀察家的眾目睽睽之下，布萊希特乃得以安穩地過了七年——事實上是在保護之下——但也正因為如此，他跟一個極權國家展開了生平前所未有的緊張關係，眼睜睜目睹自己的同胞受苦。其結果是，七年下來竟連一部戲劇、一首好詩都沒有產生過，甚至早在蘇黎世就動筆的戲劇 ***Salzburger Totentanz*** 也沒有能夠完成，而這部戲劇本來是大有可能成為一部名劇的。⑮布萊希特知道自己的困境，明白自己在東柏林根本寫不出東西來。據說，就在去世前不久，他在丹麥買了房子，也考慮搬去瑞士。⑯從來沒有人這樣急切地想要回家——「牆上不釘釘子，外套扔到椅子上就行了……幹嘛讀外國文法？喚你回家的消息可是你熟悉的文字寫的。」——但是，當他在等死的時候，心裡盤算的卻全都是流亡。

因此，身為大詩人、大劇作家，貝托爾特．布萊希特才有這樣的公案，而願意與詩人們共同分享他們那個世界的一般人，對此一公案自也不免有所關心。問題是，這一切不能只交給文學界來裁量，同樣也不能只交給政治學家。自古以來，詩人和藝術家重大的行為失檢常會形成政治問題，有時也是道德問題。在接下來對這個問題的探討中，我將堅持我曾提到的兩個主張，其一，一般而言，儘管歌德是對的，詩人比普通人擁有更大的行動自由，但詩人犯下嚴重的錯誤時，他們仍必須承擔一切的罪責。其二，詩人所犯的錯誤究竟到什麼程度，做出清楚判斷的方法就是傾聽，傾聽他們的詩，之所以如此，依我的主張，寫一行好詩出來，並非完全由詩人的才華所能掌控，而需要另有所助，也就是說，能給他才華的，也能收回其才華。

II

首先，我必須略提一些，非常少的，有關他生平的環境。布萊希特的私人生活，我們大可不必深入，在這方面，他比二十世紀的任何作家都沉默（正如我們將會看到的，這種沉默乃是他的優點之一），但是，我們當然不可放過他詩中的蛛絲馬跡。布萊希特生於一八九八年，屬於三個「失落世代」中的第一代。他這一代的人，剛踏入這個世界就碰到了第一次世界大戰，壕溝與戰場讓他們發明並接納了「失落」一詞，總覺得自己不適合過正常的生活。正常云云，就是對一切恐怖經驗的叛逆，與恐怖攜伴同行，於其中長大成人，而比叛逆更理所當然的是失落——失落自我以及失落世界。這種普遍存在於各國戰後退伍軍人身上的心態，到後來形成一種大氛圍，隨之而來的是另外兩個「失落的世代」，其一，大約晚十年出生的，亦即二十世紀的第一個十年；他們所接受的教育毋寧是一連串嚴苛的洗禮，是通貨膨脹、嚴重的失業和革命所帶來的顛沛，還要加上歐洲經過四年多的殺戮所造成的不安定；其二，也是約晚十年，亦即二十世紀的第二個十年中出生的，來到世界上，他們能選擇的則是納粹集中營、西班牙內戰或莫斯科的整肅。這三代人，約從一八九〇到一九二〇年之間出生，年齡上夠接近，又在二次世界大戰中形成一群人，曾為軍人，或為難民，或為流亡者，或為抵抗運動成員，或變為集中營與滅族營中的囚徒，或為槍林彈雨下的公民，會為大都市中的倖存者。關於倖存者，布萊希特有詩：

我們，沒有份量的一代，活在
被認為不可能摧毀的房子裡。
（曼哈頓島細長的大廈和優雅的天線
取悅大西洋，皆是屬於我們的建築。）

這些城市所留下的，
穿城而過的風
房屋讓食客欣喜，
他一掃而空
我們知道自己只是過客，

後面跟來的不值一提。

這首收在《虔敬守則》中的〈可憐的畢畢〉（On Poor B.B.）是布萊希特唯一寫給失落世代的詩，題目當然是在諷刺；在結尾的詩行中，他寫道：「在地震中，我希望我的雪茄不會在苦澀中熄滅」，他推開桌子，藉此表露他的心態：失落的，不僅是這一族沒有重量的人類，還有那個應該是人類家園的世界。由於布萊希特從來不曾自憐，在同時代人當中，他的身影益形孤峭。他同時代的人自稱失落的世代，是用十九世紀的眼光看他們的年代和自己，斐特列．賀伯（Friedrich Hebbel）所說的「於平靜中舒展才華」，輪不到他們，他們只能反抗痛苦。他們怨恨世界沒有提供庇護與安定，好讓他們各自發展，於是開始製造走偏鋒的文學，大部分是小說，所關注的無非是心理扭曲、社會凌虐、個人挫折與集體幻滅。這不是虛無主義；稱這些作家為虛無主義是在抬舉他們。他們挖掘得不夠深——他們太在乎自己——看不到真正的問題；他們記得每件事，卻忘了事情的重點。布萊希特則不然，在《虔敬守則》另一首詩中，看似無心的兩行，他談到如何與自己的青春妥協：

忘了他全部的青春，但忘不掉青春的夢
早就已經忘記了屋頂，但永遠忘不掉其上的天空。⑰

布萊希特從不自怨自艾——甚至很少關心自己——這是他最大的特點之一，而此一特點所根植的某種東西，亦即天賦，就像所有這類天賦，既是福份也是咒詛。在唯一一首講到自己的詩中，他談到過這一點；詩雖寫於《虔敬守則》的時期，卻從未發表，他不願意公諸於世。這首詩堪稱他的最佳作品之一，題名〈漁人的領主〉（Der Herr der Fische）⑱講的是漁人埠（fishland）——沉默之地——領主的故事。詩中敘述領主如何來到這片地頭，那裡只有男人和漁夫，月升月落，月盈月虧，對每個人來說，他既是陌生人又是朋友。一同坐著，無法記住他們的名字，但關心他們的生計、網子的價錢和漁貨的利潤，關心他們的女人和對付稅吏的技巧。時光荏苒，大家相處得很愉快：

他們問起他，
「你又做些什麼事呢？」

他笑笑，四下環顧，
顧左右而言他。

終於，那一天還是來了，他們堅持他做個交代。

其中一人問他，
「請告訴我們你為何來此？」
他匆匆起身，
知道他們的心意變了。

他了解，他們的心意為什麼變了：

他無可奉告，
他碰巧來到，受到歡迎，
他是不請自來，

只是要充實他們的閒話家常。

但他們卻希望多知道他的一些事情：

他準備離去，謙卑地，
有如遣走的僕人，
什麼東西都不留下來，
連影子連足跡都帶走。

但他同意並應許，
會有一批他更富有的人
取代他的位子。
的確，他留下沉默，空出地方任人議論。

這就是布萊希特的自畫像，一個年輕人的自畫像——如此傳神——表現了詩人的疏遠，混合著傲氣與謙卑，「對每個人，既是陌生人也是朋友」，因此，既受歡迎又受排斥，只適合「談與對談」，對生活毫無幫助，他絕口不談自己，彷彿乏善可陳，卻又滿懷好奇，迫不及要抓住現實中所能抓住的點點滴滴；對於青年的布萊希特如何在這個世界上和他的同類相處，其中的難處與挫折，從這首詩，我們多少得到了一些蛛絲馬跡（另外還有一段自述，是他後來寫的一首散文詩：「成長於富裕之家，父母為我繫上領帶，教我如何接受別人的侍候，以及發號施令的技巧，但當我長大成人，環顧四周卻不喜歡同一階層的人，也不喜歡被侍候和發號施令。我離開了我的階層，走入低下階層。」⑲聽起來有點像是在套公式，但應不至於太離譜，這也算不上是自畫像，而是趕流行式的談自己）。總而言之，也只有從他早期相當個人化的詩行中，我們才能捕捉到他的一些特質與為人。另一方面，這些早期的詩行，對我們了解他後期的某些方面，例如坦率承認自己的作為等等，也提供了一些幫助。

從一開始，布萊希特最強烈的傾向就是匿名，或不欲為人知，以及特別厭惡裝模作樣——討厭那種不食人間煙火的姿態，尤其受不了那種「民眾的先知」或歷史的「聲音」以及二〇年代時什麼東西都可以脫手的「賤價出售」（當時的一個口號）。但他深惡痛絕的卻是，既有才智又富教養的人行事卻機巧險詐。布萊希特只希望做個普通人（或至少在別人眼裡如此），不會因擁有天賦而被視為另類，希望得到喜愛。很顯然地，這兩種緊密相關的特質——不欲人知和做個平凡人——是經過長期的養成，才成為他一貫的態度。這兩種特質預先將他設定了兩種截然相反的心態，後來在他的作品中扮演著重大的角色：其一，是非法違規的偏好，抹除痕跡，遮蔽面貌，掩藏身分，丟掉姓名，「言而隱其言者，征服而藏其征服者，死而掩其死亡」⑳——還很年輕的時候，根本還不曾有過「行險違規名聲」的念頭，㉑他就拿他弟弟寫過的一首詩，「神秘死去，迅速分解，因為他認為，沒有人看見過他」㉒其二，是他鍥而不捨在周遭尋覓所謂的「合作者」——通常都是些毫無特色的平庸之輩——彷彿是在反覆強調：我所做的事**每個人**都能做，只要學就可以學會，不需要特殊的天賦，甚至努力。在很早期的「關於自殺的書札」（Epistle on Suicide）中——死後才出版——他談到人之所以自殺的種種理由，說這些理由根本不成其理由，因為看起來太「偉大」了：「總之，未免自視過高了。」㉓老實說，對於像布萊希特這樣的人，真正會讓他們動心的，不是名聲或恭維，而是天賦的客觀展現，根本無法讓他們視而不見，因此才會自視甚高。如果他將這種心態推到荒謬的極致——荒謬到過度高估共產黨與非法活動的價值，荒謬地要求他的「合作者」學習他們學不會的東西——那就不得不承認，二〇年代德國的文學與知識環境的確提供了一種足以令人怦然心動的浮誇，即使沒有布萊希特那種特殊天賦，其誘惑也是令人難以抗拒的。在他後來寫的《三便士歌劇》中，對那些詩人同行的行為，出之以戲謔的嘲諷，可以說一針見血：

我太了解自己了，
大可以擺出孤傲的姿態；
但我看到那種人貼了過來，便對自己說：
還是算了吧，輪不到你的。

像這樣在詩中毫不避諱地談到自己，布萊希特可謂屢見不鮮，最有名的一首收在《斯文堡詩集》（*Svendborger Gedichte*）寫於三〇年代流亡丹麥期間，詩名〈致後世子孫〉。㉔正如早期的〈可憐的畢畢〉，強調的是當時的世間災難，以及對自身的種種遭遇不妨抱持禁慾刻苦的態度。但這時候，「要來的地震」已經來了，任何自傳式的暗示都不見了。（在〈可憐的畢畢〉中，開頭和結尾都有他出身的描述：

「我，貝托爾特·布萊希特，來自黑森林，母親帶著襁褓中的我來到城市，森林的酷寒將伴隨著我直到末日。」他的母親來自黑森林，從她死後出版的詩中，可以讀到他母親的去世，並體會到母子間的親近）。㉕這首詩寫的是「生活在黑暗時代」的人，以下是關鍵的段落：

在城市中，我抵達時正逢亂局，飢饉統治一切。人群中，我剛好碰到動亂，乃隨著他們一起反叛。這，就是我在塵世中的過去。

我食於戰役之間，睡於屠殺之中，我無心去愛，連對自然都失去了耐心。這，就是我在塵世中的過去。

我活著時，街道引我走入陷阱，語言將我出賣給劊子手。我束手待斃。心裡想著，若沒有我，統治者將會更安穩。這，就是我在塵世中的過去。

……你們將從淹沒我們的洪流中出現，在你們說我們軟弱時，當記住，你們沒有碰上黑暗時代。

……喔，我們想要一片樂土，卻不可得。

……講到我們的時候，當記住，要心存寬厚。

是的，我們應當如此，談到他的時候，要心存寬厚，說到理由，只因為說到他所關心的事，再也沒有比那個時代世間的災難更令他刻骨銘心的。我們不要忘了，成功並沒有讓他忘形。他知道，「當運氣離我而去，我也就完了」。他感到欣慰的是，他靠的是運氣而非天賦，他相信自己的運氣更勝過相信自己的與眾不同。在一首寫於數年之後的詩中——時在戰時——他算著自己因朋友的去世而蒙受的損失——記憶中就那麼幾個——瑪格麗特．史蒂芬，「工人階級出身的小老師」，他愛上了她，她後來到丹麥跟他團聚；華特．班雅明，兩次大戰間德國最重要的文學批評家，「厭倦了遭到迫害」，結束了自己的生命；還有卡爾．科赫（Karl Koch）㉖

•你們將從淹沒我們的洪流中出現，在你們說我們軟弱時，當記住，你們沒有碰上黑暗時代。

——在早期的一首詩中，他交代過自己，有哪些事情是再清楚明白不過的：「我當然明白：只有靠運氣，才能活著擁有那麼多朋友。但今晚我在夢中聽到這些朋友對我說：『強者才能生存』，我不禁痛恨自己起來」。㉗他的自信心似乎只有這一次動搖過；他拿自己跟別人比較，而自信心這種東西，正是不跟別人比較時才會具體些，無論是比好的還是比差的都一樣。但不管怎麼說，全都只是一場夢。

如此說來，布萊希特也曾感到失落——不是因為自己的才華當成熟而未成熟，也不是因為世界傷害了他——儘管確實是受了傷害——而是因為使命太巨大了。正因為如此，當他感覺到洪水漫漶起來時，他並不是急切地往回望——在這一點上，沒有人比里爾克在他後期作品中表現得更優雅了——而是訴求於那些將會從洪流中冒出來的人，是向未來做訴求，是向後代子孫做訴求，與「進步」無關。讓他心裡有這種準備的是，他了解，拿個人的勇氣當碼尺去度量時代的洪泛根本是荒謬的——譬如說拿追求個人生涯與檢討一己的成敗去稱量全球性的失業災難，又譬如，拿個性圓熟的理想去應對戰禍，或像他許多同業那樣，流亡國外，並抱怨失落的名聲與破碎的人生。對於逃亡的人，布萊希特給了一個既美而又美得極為精準的定義，那就是：「壞消息的信使」。㉘信使所捎來的訊息當然與己身無涉。難民的不幸可不限於他們自己，他們帶著不幸由一地到另一地，從一洲到另一洲——「換的國家比換的鞋子還多」。沒有人喜歡帶來壞消息的人，大部分的信使如果明白這一點，之前就把壞消息給忘掉，那麼，這豈不又是在為難信使嗎？

「壞消息的信使」，這個對難民與流亡者所下的定義，其原創性十足，充分說明了布萊希特偉大的詩才，亦即一切詩都必須具備的前提：精純。這裡還有幾個例子，絕對的精純，以及因此而見出思路的奇詭。一首寫於一九三三年，寫的是恥為德國人：

> 聽到你家傳來的嗡嗡話語，世界為之發笑。
> 但不管誰看到你，更是伸手拔刀。

或者，看看那篇給德國藝術家與作家的反戰宣言，寫於五〇年代初期的〈西方與東方〉：「偉大的迦太基發動了三次戰爭，第一次之後仍是個強權，第二次之後仍可居住，第三次之後卻無跡可尋了。」㉙簡單的兩個陳述，精準的抓住了三〇年代與五〇年代的整個氛圍。下面這則多年之前在紐約一份雜誌上發表的故事，同樣展露了那種逼眼的奇詭，甚至於更來得有力。布萊希特在美國期間，正值莫斯科的大整肅，據說，當時他去訪問一個人，這個人仍屬左派卻強烈反史達林，並因此捲入了托洛茨基所支持的反整肅派。㉚受訪者在談話中表明，莫斯科那些遭到整肅的人是無辜的，沉默良久後，布萊希特說：「他們越是無辜（譯註 innocent 在此為雙關語，有「無辜」、「無知」二意），就越是該死人。」話聽起來非常刺耳，但他真正要說的是什麼呢？什麼越無辜呢？當然，是他們的遭到整肅。而又是什麼使他們遭到整肅呢？因為陰謀反對史達林。因此，他們既然不反對史達林，也就是對「罪惡」無知，因此雖然沒有錯卻也是不對。為了不讓一個獨夫史達林把一場革命變成滔天的罪惡，難道不是一個「大老」天經地義的責任？不需說，布萊希特的主人沒弄懂他的意思，大感憤怒，把來客請出了他的家。如此一來，布萊希特本來有一個難得的機會，可以表明對史達林的反對，卻因為他玩世不恭的謹慎而錯過了。不過依我看，布萊希特來到街上時，發現自己還在，可能會鬆一口氣：他的運氣還沒離他而去。

Ⅲ

正是這樣一個人：天賦敏銳、非理論、非思辨的才華，直指事物的本心，於自己，默然不作一言，沉潛也可能是內向，總之，對自己漠然得很，卻又極端好奇（的確是的，正如在《三便士歌劇》的「所羅門之歌」中，他自稱「知識飢渴的布萊希特」）。還有，最重要的，一個詩人——也就是說，一個言人所不言的人，一個在眾皆沉默時不再沉默的人，因此，也是一個對大家都在談論的事必不多言的人。第一次世界大戰爆發那一年，他十六歲，戰爭的最後一年入伍，當醫務兵，因此，世界首度出現在他面前，就是毫無意義的殺戮，以及空洞虛假的雄辯（他早期〈陣亡士兵傳奇〉〔Legend of the Dead Solider〕——軍醫連從墳中挖出一個士兵，居然發現他正好可以用來出勤務——靈感就是來自於戰爭末期有關徵兵政策的輿論，而〈他們正在掘出死者〉〔They're digging up the dead〕，迄今仍是德國一戰中值得記頌的唯一詩作）[31]但是，對於他的詩作真正有決定性的，並不是戰爭本身，而是「鋼鐵風暴」（The storms of steel）之後從戰爭後面冒出來的世界，是恩斯特·容格（Ernst Jünger）的

Stahlgewitter。這個世界所擁有的財富還沒有什麼人關注，只有沙特（Sartre）在二次世界大戰後才精確地予以描述過：「當工具損壞不堪使用，當計畫空口說白話，當努力毫無意義，世界乃變得有如童稚而格外清新，懸浮飄盪於虛空。」（二〇年代的德國與四、五〇年代的法國極為相似，一次世界大戰後，德國的傳統崩潰——既是一項既成事實，一個政治現實、也是一次沒有回頭路的崩潰——二十五年之後也在法國發生。從政治來說，是民族國家的沒落與解體；從社會來說，是從階級體系轉變成大眾社會；從精神來說，是虛無主義的興起，虛無主義長期以來甚少為人關注，如今，突然變成一種集體現象）。正如布萊希特之所見，四年的破壞將世界一掃而光，風暴掃除人類的足跡之餘，也捲走了人類所能擁有的一切，包括文化理想與精神價值——思想的道路、價值的標準以及道德行為的標竿，全都殘破傾圮。一夕之間，世界彷彿變得稚氣、天真有如創世之初，除了元素的純潔，天、地、人與動物以及生命本身的素樸外，什麼都沒有留下，而以純粹形式存在地上的生命，正是這位年輕詩人所熱愛的。戰後世界的這種童稚與清新，也就反映在布萊希特早期筆下人物的極端無知中——海盜、冒險家、殺嬰者、「貪心鬼馬爾庫斯」（enamored pig Malchus），以及毆打父母至死，然後如「田間百合」般活著的雅科·安普菲伯克（Jakob

Apfelböck）。㉜

在這個晴空洗淨的世界上，布萊希特自在地上路。如果要將他歸類，有人可能會將他歸為無政府主義，但是，若將他視為耽溺於死亡墮落而病態的那一派——在他那一代，德國以高特弗萊・班恩（Gottfried Benn）為代表，法國則以路易——斐迪南・塞林（Louis-Ferdinand Celine）掛頭牌——那可就大錯特錯了。布萊希特筆下的人物，即使是那些溺水的女孩，順流而下，最後都會被接回大自然平靜的原野，或者如麥澤帕（Mazeppa），縱馬而行，疲累至死，但全都熱愛生命以及天地之所賜，並為此而情願接受死亡的毀滅。〈麥澤帕之歌〉（Ballad of Mazeppa）㉝的最後兩節，足以躋身不朽的德文詩篇：

Drei Tage, dann musste alles sich zeigen:
Erde gibt Schweigen und Himmel gibt Ruh.
Einer ritt aus mit dem, was ihm zu eigen:
Mit Erde und Pferd, mit Langmut und Schweigen
Dann kamen noch Himmel und Geier dazu.

Drei Tage lang ritt er durch Abend und Morgen
Bis er alt genug war, dass er nicht mehr litt
Als er gerettet ins grosse Geborgen
Todmüd in die ewige Ruhe einritt.

對我來說，這兩節詩，班特萊（Bentley）的譯筆似有不足，而我自己也無法譯得貼切。詩句所說的，是騎馬三日赴死的結局：進入大地所賜的寂靜；進入天空所賜的安息。「一人縱騎出發，帶著全部所有：大地與健馬、耐力與沉默，兀鷹與天空隨後加入。連馳三日，穿越晨昏，終至人老馬疲，無以為繼，當其獲救，力盡而亡，乃策馬而入大庇護所，進入永恆的安息。」在這首死亡之歌中，是莊嚴而旺盛的生命力，而另一種生命力——活著是有趣的感覺，活著是可以嘲弄一切的象徵——則是《三便士歌劇》使人開懷的玩世不恭與嘲諷。布萊希特用心良苦，大大方方地將維雍轉成了德文——這在德國的法律，講難聽的，可是剽竊——歌頌對世界的愛，歌頌對大地與天空的感恩，歌頌能夠生而為人的喜悅；我確信，對於這樣的剽竊，維雍是不會介意的。

按照我們傳統的看法，無憂無慮、自由自在、毫無顧忌愛大地愛天空的神，不是別的，正是那個腓尼基異教的偶像巴力神（Baal），是個花天酒地、好色偷腥的神。「是的，既然別無其他星球，這個星球自當滿足巴力」，年輕的布萊希特在〈巴力頌〉（Chorale of the Man Baal）中這樣說：詩的第一節與最後一節俱為佳作，放在一起讀時尤其如此：

當巴力在母親純潔的子宮中成長，
天空廣大、平靜、蒼白，
年輕而赤裸，奇妙至於巔毫，
巴力一來便深深愛上。

……

當巴力即將死於大地黑暗的子宮，
天空廣大、平靜、蒼白，
年輕而赤裸，奇妙至於巔毫，

一如巴力來時仍深深愛戀。㉞

重要的是，還是天空，那片人來之前與人走之後的天空，因此，人生短促，當熱愛逆旅中所擁有的一切。如果我是文學評論家，我就會從這裡出發，談談天空在布萊希特詩中的份量，尤其是在他為數不多的幾首情詩中。愛，在〈懷瑪莉．A.〉（Memory Marie A.）中，是一朵小小純白的雲，襯著夏日更純淨的藍天，綻放於瞬間，隨即隨風而逝。㉟又如在《馬哈戈尼城興衰錄》中，愛是飛掠天空的鶴，與雲併行；在併飛的剎那，鶴與雲共享美麗的天空。㊱誠然，世間並無永恆的愛，甚至沒有所謂的忠誠，有的只是瞬間的張力，亦即激情，而激情卻又比人本身更容易消散。

巴力不可能成為任何社會秩序的神祇，其統治的國度中，居住的都是遭到社會排擠的人——亦即賤民，由於他們不容於文明，因此，與普照眾生、升沉不分貴賤的太陽有著更密切而真實的關係。譬如在〈海盜之歌〉（Ballad of the Pirates）中，整艘船上都是野蠻、酗酒、犯罪、滿口粗話的人，注定了要航向地獄的毀滅。㊲在那艘受到詛咒的船上，他們因為狂飲、因昏天暗地、因突來的暴雨而瘋，因烈日與酷寒而病，任一切肆虐蹂躪，疾駛奔赴毀滅。但是，副歌出現了：「啊，天空，亮麗，碧藍無雲！我們航行中的巨風！讓風與天空飛逝，只要海繼續環抱（船）聖瑪莉亞」。

幽魂與黑暗狂野，
水霧濕重侵膚，
白霜扯裂暗夜！
桅桿面對蒼白的面容！

裸日如焚致疾！
（冬天卻是他們所愛）
歌聲自飢餓、疾病與惡臭中升起！
依然如故的，
哦，唯有蒼茫天穹！
巨風鼓起風帆！
讓風與天空飛逝！

這裡，我選錄詩的第一節——取其宛如歌詠，布萊希特的確是在寫音樂——因為，這裡所描繪的乃是生命讚美詩中另一種顯而易見的成分，是布萊希特筆下冒險家與浪人最引以為樂的滋味，肆無忌憚，只對大自然的肆虐低頭，去他的體面生活，更不在乎高貴的靈魂。不論布萊希特生而具有的思想是什麼——大不同於後來他從馬克思與列寧那兒借用的——在《虔敬守則》中的兩首詩中卻說得清清楚楚，這兩首佳作是〈感恩巨頌〉（Grand Hymn of Thanksgiving）與〈抗拒誘惑〉（Against Temptation），後來都併入了《馬戈哈尼城興衰錄》。〈巨頌〉完全模仿尼安德（Joachim Neander）偉大的巴洛克教堂讚美詩"Lobe den Herren"，後者是每個德國孩童都耳熟能詳的。布萊希特的最後一節如下：

讚美冰冷、黑暗、廢墟。
仰望蒼天，
你輕如鴻毛，
無懼於死亡。㊳

〈抗拒誘惑〉則是五行詩，共四節，不是無視於死亡而讚美生命，是因為死亡而讚美生命：

勿為所誘！
生命有去無回。
白日立於門口；
夜風穿門而過；
明日不會再來。

恐懼又怎能再找上門來？
你將與畜牲俱死，
此後，一切皆空。㊴

在我看來，在現代文學中，再也沒有第二個人，如此了解尼采所謂的「上帝之死」不一定只會導向絕望，相反地，反而因為上帝之死也取消了地獄的恐懼，結果乃是至大的喜樂，是對生命新的「肯定」。講到這裡，不禁聯想到兩個類似的例子。一是杜思妥也夫斯基的，魔鬼對伊凡・卡拉馬助夫所講的話，幾乎是同樣的口氣：「誰都知道自己終會死去，不會復活，並會欣然而平靜接受死亡，如同一個神那樣。」另外則是史溫伯恩（Swinburne），他感謝：

無論精神何所似
生命皆不會永生；
死者不會再起；
再怎麼疲憊的河流
終將安然入海。

但是，杜思妥也夫斯基之發想是起於魔鬼，而史溫伯恩卻是因疲憊而有所思，乃視生命為無人再願意重來第二次。布萊希特之否定上帝與來生則大異其趣，根本沒有焦慮，只有恐懼的解脫。這種想法，布萊希特必然是信手得來的，因為他成長於天主教的環境；他顯然認為，任何事情都好過坐在地上盼望天堂、害怕地獄。他之所以背叛宗教，既不是因為懷疑也不是因為慾望，而是出於倔強。他之大力否定宗教與歌頌巴力——地上的神——幾乎可以說是從心底爆發出來的感激。他說，沒有比生命更偉大的，我們被賦與生命勝過所得到的其他一切——這種對獲得生命所懷抱的感激之情，無論在時興的虛無主義或反虛無主義中，都是見不到的。

但是，布萊希特早期的作品卻都有虛無主義的成分，而且除他自己外，可能很少有人注意到這一點。在死後才問世的詩作中，有名為〈後來者〉（The Latecomer）的一首詩，對於虛無主義，寥寥幾行勝過成篇累牘的宏論：「我承認沒得指望了。根本就是問道於盲。我了解，所有的錯都犯遍，我們就得離去，僅剩桌子對面那個最後的夥伴——虛無。」㊵《馬戈哈尼城興衰錄》，可以說是布萊希特唯一的虛無主義戲劇，談的是最後的錯誤——他自己的——生命所犯下的錯誤——吃喝嫖賭

- **無論精神何所似，生命皆不會永生；死者不會再起；再怎麼疲憊的河流，終將安然入海。**

——夠多了。這座城市是個淘金的所在，興起的唯一目的就是提供歡樂，迎合男人的需要，其口號是：「來吧！這裡百無禁忌」。該城之所以沒落有兩大原因，比較直接的是，儘管這裡百無禁忌，但積欠債務不還可是不行；在這個婦孺皆知的理由底下還有另一個理由——這個歡樂之都終將因難以想像的無聊而終結，因為這裡是個「無事可做」的地方，就如一個男子這樣唱道：「既然無事可做，我何不吃掉我的帽子？」㊶

無聊，正是詩人首次與世界邂逅的終結，也是歌頌生命，活力洋溢的日子的告終。他輕若鴻毛般飄盪於一度曾為歐洲偉大城市的叢林中，夢想所有城市的叢林，夢想所有的大洲與七海，但是，除了大地、天空與群樹之外，再無所愛。當二〇年代接近尾聲時，想來他已經了解到，不是透過詩的而是透過人的語言，這種無重的狀態判定，他離題了：世界之為一個叢林只是比喻，實際上乃是一個戰場。

Ⅳ

將布萊希特帶回到現實來的，幾乎也扼殺了他的詩，那就是悲憫。當飢餓統治一切時，他背叛了那些讓別人挨餓的人：「她們對我說：吃吧，喝吧，隨你高興。但是，我怎麼吃得下呢？我的食物是從挨餓的人那兒偷來的；我又怎麼喝得下呢？當一個即將渴死的人需要我這杯水時。」㊷無疑地，悲憫之心是布萊希特最強烈也最根本的情感，因此，也是最想加以掩藏卻掩藏得最失敗的；悲憫之心，幾乎在他的每一部劇作中都躍然紙上，即使是憤世嫉俗的《三便士歌劇》，悲憫還是貫穿其中，表現於強烈譴責的詩句：

當務之急就是要讓窮人從那塊生活的大麵包上分到他們的那一塊。㊸

而這幾句唱詞更一路貫穿於他的主旋律之中：

做個善人誰不想呢？
把財富分給窮人，為何不呢？
當大家都好的時候，主的國度就不遠了，
誰不願意歡喜地坐在主的榮光裡呢？㊹

整個主旋律，就是強烈為善的意願，以及一個使善無法實現並墮落的世界與環境。在布萊希特的戲劇裡，最戲劇化的衝突幾乎都是一樣的：滿腔悲憫的人要去改變這個世界卻徒勞無功。他發現，革命史家都未能看清這一點，亦即從羅伯斯庇爾到列寧，現代革命家的出發點都是同情心——羅伯斯庇爾的「大悲之心」，連他自己都天真地公開承認，正是這股力量吸引他走向弱者與不幸者。布萊希特常說，「大師們」，馬克思、恩格斯與列寧，「皆是人間最有悲心者」，他們有別於一般「無知百姓」的，是他們知道如何將悲心「轉化」成為「憤怒」。他們明白，「可憐，就是一個人沒有能力去反抗那些不肯幫助別人的人」。㊺因此，布萊希特深信——可能並未深究——馬基維里力勸君主與政治家必須學會「如何不當個好人」的規箴大有智慧；對於善良，馬基維里所持的態度，老練世故而又模稜兩可，布萊希特頗有深獲我心之感；關於這一點，許多頭腦簡單的人都自以為明白，其實都誤解了——對他是如此，對他的前輩亦然。

「如何不做個好人」是《畜場的聖茹安》（*St. Joan of the Stockyards*）的主題，這齣早期的劇作，說的是芝加哥一個救世軍（Salvation Army）的女孩學會了一個道理：人有一天必須要離開這個世界時，留下一個更好的世界要比自己是個好人更有意義。茹安的純潔、勇敢與清白，令人想到他的另一部劇作《西蒙．馬薩爾的幻覺》（*The Visions of Simone Machard*），劇中那個在德國佔領時期夢到聖女貞德的孩子西蒙，以及《高加索灰欄記》中的女孩葛魯雪（**Grusche**）；在《高加索灰欄記》中，一語道盡了做個好人的委屈：「想要做個好人的誘惑太可怕了。」除了誘惑難以抗拒外，其後果也是危險而值得懷疑的（人在受刺激而採取行動的那一刻，有誰又會知道，那將導致一連串的事件？一個單純的暗示不會讓他對更重要的工作分了神嗎？）但對他來說同樣不可避免的麻煩是，既要讓自己活下去又要拯救這個世界，太忙了吧。於是便抗拒誘惑：她聽到求助的聲音，充耳不聞逕直走了過去：從此她再也聽不到所愛的人的溫柔呼喊，山鳥清晨的囀鳴，以及疲累的採葡萄人在祈禱鐘聲響起時發出欣喜的嘆息。」㊻一個人是否應該屈從於這個誘惑，以及做個好人不可避免會碰到的問題，都是一再出現在布萊希特戲劇中的主題。在《高加索灰欄記》中，女孩葛魯雪向誘惑低頭了，但一切都有個好結局。在《四川好女人》（*The Good Woman of Setzuan*）中，問題的解決是創造一個雙重角色：這個女人太窮了，想做個好人卻有所不能，她真的無法幫助那些可憐人，於是她在白天成為一個厲害的生意人，靠著欺騙、剝削賺了很多錢。到了晚上又將白天賺來的錢送給同樣的那些人。這個解決倒挺務實的，布萊希特就是個實際的人，在《勇氣之母》（*Mother Courage*，儘管是布萊希特自己的詮釋），甚至在《伽利略》中，同樣也看得到這個主題。至於對同情之心的所有質疑，當我們讀到《三便士歌劇》電影版終場歌唱的最後一節時，應該就可以一掃而空了：

有人在黑暗裡，
有人在光明中，
光明中的人你看到了，
黑暗裡的卻無人看見。㊼

法國革命以來，有如一股巨大的洪流，窮人首次湧上歐洲的街道，在革命派當中，有不少人跟布萊希特一樣，在科學理論與冠冕堂皇的藉口掩飾下，不屑於同情並收起了他們的憐憫。然而，其中確有極少數的人明白，把窮人的苦難丟在黑暗中，不在人類的記憶中留下記錄，這乃是對窮人的加倍凌辱。

人民偉大的顛覆導師參加了人民的鬥爭，
乃把被統治階級的歷史加入統治階級的歷史。

這一句話，布萊希特可是煞費心思，將之放在他那篇別具巧思的巴洛克詩歌版〈共產黨宣言〉（Communist Manifesto）裡，並打算模仿魯克里休斯（Lucretius）的〈論物性〉（On the Nature of Things），寫一首〈論人性〉（On the Nature of Man）的教誨長詩，把〈共產黨宣言〉做為其中的一部分，但結果卻完全失敗。總之，他不僅了解窮人的痛苦，更憤怒於他們遭到抹煞；例如約翰·亞當斯（John Adams），就是把窮當成隱形人。正是基於這種憤怒，而非完全出於同情與慚愧，他甚至希望有朝一日世界

・有人在黑暗裡，有人在光明中，光明中的人你看到了，黑暗裡的確無人看見。

會翻轉過來，《聖經》上的話語——「世上所有不幸的人的國將降臨」——將會實現。

此外，由於他覺得自己與被壓迫者是一體的，布萊希特才寫了如此之多民歌形式的詩作（正如這個世紀的其他大師，例如W．H．奧登，在詩的傳統類型中，擁有一個新來者的優勢，乃可以自由選擇）。說到民歌，是從民謠與街頭歌曲中發展出來的一種形式，近似黑人靈歌，由無窮的小節所構成，舉凡年輕女僕在廚房裡哀嘆情人的不忠，或無知的殺嬰者——「兇手深深受到悲傷的折磨」——始終在那些未被記錄下來的詩歌血脈中，這種藝術形式（如果算是的話），是那些被拋棄於黑暗與卑微中的人想要記下自己的故事，創造出屬於他們自己的不朽。不用說，布萊希特之前，民歌就已經啟發了偉大的德語詩歌，年輕女僕的聲音穿越某些最美的德國歌曲而來，從莫里克（Mörike）傳到年輕的霍夫曼斯塔爾，再到布萊希特之前的Moritat大師法蘭克．魏德金（Frank Wedekind）。同樣地，在民歌中，詩人成為說故事者，這方面也有偉大的先驅如席勒（Schiller），以及他之前與之後的許多詩人，由於他們，那些失傳的乃至最早的初胚大都得以重見天日。但是，能夠鍥而不捨堅持這種民間形式並將之提升到偉大詩作行列的，布萊希特則是第一人。

無重狀態以及想要得到引力更多於重量的渴望，乃是與現代世界處境密切相關的一個核心點；加上悲憫，那種近乎自然，如布萊希特所說的，不忍見他人受苦的同情心，所有這些加起來，在當時的那種環境下，他之決定將自己與共產黨合為一體也就不難理解了。在布萊希特的想法裡，此一決定的主要因素，不僅在於共產黨已經將不幸者的追求變成本身的一個運動，而且因為黨擁有一個理論體系，可以讓人應用到所有的環境，並可以有如聖經般無止境地加以引用。這乃是布萊希特最感到興奮的。早在他讀過所有相關的書籍之前，在他的口裡，馬克思、恩格斯與列寧早已經就是「大師」了。⑱但最重要的是，共產黨將他帶進一個觸手可及的現實，而那個現實乃是他的悲憫早已經感覺到的：眼淚之谷中的黑暗和巨大的冷漠。

想到黑暗與巨大的冷漠
在這個悲泣迴響的山谷。㊾

從此以後，他可以用不著再吃自己的帽子，終於有事情可以做了。

但是，他的煩惱，以及我們為他感到煩惱的，也由此開始了。一加入共產黨，他就發現，為了將壞的世界改造成好的世界，光是「不去做個好人」是不夠的，你還必須是個壞人，為了消滅不好的東西，你應該無所不用其極。因為——「你是誰？陷於爛泥中，就去擁抱屠夫，去改造世界，因為世界需要改造」。即使在流亡中，托洛茨基仍然說：「只有在黨內，只有依靠黨，我們才能正確行事，因為歷史已經證明，沒有其他道路能夠讓我們達到正義。」布萊希特進一步闡述：「人只有兩眼，但黨有千眼，黨看得到七國，人只看到一城……人會被摧毀，黨不會被摧毀。因為，黨以經典的方法領導鬥爭，而經典則來自於現實的知識。」㊿回顧布萊希特的轉型，遠比表面看上去要複雜。甚至在他最富戰鬥性的詩作中，其間仍然充滿矛盾：「不要凡事聽別人的，要反求諸己；自己不懂的就是不懂；清點帳單，你總是要還清的。」(51)（我所看不到的，黨的千眼看不到嗎？我只知道我住的一城，黨不知道七國嗎？）然而，這些都只是一時的迷失，當黨開始整肅自己人時——一九二九年，史達林之後，十六屆黨大會宣布肅清右派與左派反對派——布萊希特覺得，黨必須要做的，是為殺害自己的同志與無辜者做出辯護。在《既定尺度》（*Measure Taken*）中，他指出，那些無辜者、好人、有良知的人，都是基於義憤跳出來伸以援手而遭到殺害。既然既定的尺度就是假同志之手殺害黨員，這部戲無疑是在說，他是在講真話，他是他們中間最好的。正因為他的善良，結果他也成了革命的障礙。

三〇年代早期，《既定尺度》在柏林初次演出，激起了相當大的反彈。今天我們都知道，布萊希特在劇中所講的出來的，只是可怕的真相中極小部分，但在當時——莫斯科的整肅之前數年——都是不為人知的。無論黨內黨外，甚至是極端反史達林的人，認為布萊希特寫的是一部為莫斯科辯護的戲，全都怒不可遏，而史達林則是強烈否認這個「知識份子」所看到的任何事，是在指涉俄國共產黨的現實。天知道，朋友也好，同志也好，沒有人因為這部劇感謝過布萊希特。理由再簡單不過，他做了詩人只是一個詩人所該做的事：把真相說出來，讓真相能夠被看見。而真相很簡單，就是無辜的人遭殺害，而共產黨人雖未停止與敵人的鬥爭，也開始殺害他們的朋友了。那還只是一個開始而已，大部分人還藉口說那只是革命熱情過度的表現，但布萊希特夠理智，看到了手段的瘋狂性，只不過他尚未看出，那些號稱要打造天堂的人，只是剛要開始在地上建造地域而已，也沒有看出來，他們所要幹的事正是出於卑劣與背叛。布萊希特已經把規則訂好了，按照這個規則，殘酷的比賽將上演，當然他可望得到掌聲。但是，他忽略了一個細節：講出真相，黨絕沒有這個想法，也絕不感興趣，更不會讓一個號稱是它的同情者的人講出來。相反地，黨當時最在意的，乃是欺騙世界。

再讀這部戲劇，在我們跟這部戲的寫作與首次上演之間，那段恐怖的歲月憬然赴目，不禁令人感慨萬千（布萊希特後來未再重演此戲，據我所知，未曾在東柏林演出，也未曾在其他劇院上演，然而，數年前在美國的校園中倒是風靡一時）。當史達林著手整肅布爾什維克的黨內大老時，或許詩人的遠見已看出，這個運動中最好的成分將會在下一個十年中被摧毀殆盡。但是，接下來的那場風暴——今天已經遺忘過半，被更恐怖的黑暗掩蓋了過去——布萊希特所能想像得到的，就只能算是茶杯裡的風暴了。

V

我的目的是要表明一個主題，一個詩人真犯了罪，就會遭到詩神的報復。《既定尺度》是一部重要的戲劇，從藝術的角度來看，絕非劣品。其中有著極優質的抒情詩，〈稻米之歌〉（Rice Song）絕非浪得虛名，簡潔有力的節奏響徹至今：

我了解稻米嗎？
我了解懂得稻米的人嗎？
我不了解稻米，
我只知道它的價格。

我了解人嗎？
我了解懂得人的人嗎？
我不了解人，
我只知道他的價格。[52]

無疑地，戲劇並非只為取樂，或斯威夫特式的（Swiftian）嘲諷，戲劇是要全心全力地守護真相，針對的不僅是道德上的錯誤，也不只是令人難以啟齒的醜陋。布萊希特的才華並沒有離他而去，因為他還在說出真相——一個醜陋的真相，但他卻想跟它妥協。

布萊希特所犯的第一個錯誤，就是在納粹掌權之後，他不得不從外面去觀察第三帝國的現實。一九三三年二月二十八日，國會縱火案的次一日，他展開流亡。他死抓著不放的那些「經典」，使他無法認清希特勒的真實勾當，在《第三帝國的恐怖與悲慘》（*Fear and Misery of the Third Reich*）中，寫出硬梆梆的散文對話，預告了後來所謂的詩，新聞文體的分行。到了一九三五或三六年，希特勒解決了德國的飢餓與失業問題，因此，對從「經典」學校出來的布萊希特而言，沒有藉口不去讚揚希特勒。有一件事，大家都看得清楚，只有他拒絕承認——真正受迫害的不是工人，而是猶太人，是種族問題，而不是階級問題——而這些卻都是在馬克思、恩格斯與列寧的「經典」中所看不到的。共產黨人否認希特勒第三帝國的現實，說那只是統治階級的偽裝而已，而布萊希特則麻木不仁地拒絕「反求諸己」，就這樣陷了下去。他寫了幾首詩，談納粹德國的狀況，全都是劣品，具有代表性的一首是〈埋掉鋅棺中的煽動者〉（Burial of the Agitator in the Zinc Coffin）。㊿詩中所談，是納粹的一套措施，在集中營內被虐致死的人，將遺體封在棺中運回家去。布萊希特筆下的煽動者之所以遭此下場，是因為他鼓動「人要吃飽，住要有屋，孩子要能養得活」，總之，他是個瘋子，因為在當時的德國，沒有一個人挨餓，納粹人民社區（folk community）的口號絕非只是宣傳而已。那個人怎麼會落到那樣的下場，有誰會在乎呢？唯一該弄清楚的是，真正的恐怖在於他的死法，他必須給藏在鋅製的棺材中。鋅棺的確重要，但布萊希特卻沒有將題目的象徵意義點出來；照他的意思，這個煽動者的下場再怎麼悲慘，也不會比反對資本主義者的下場更糟。這當然是個謊言。布萊希特想要說的是，資本主義統治下，不同國家之間，只有程度上的差別而已。這更是一個雙重的謊言，因為，在資本主義國家，反對者至少不會受虐致死，並封在棺材中送回家去，更何況德國已經不再是資本主義國家。那麼，布萊希特又如何呢？他不得不逃離一個人人吃得飽、頭上有屋頂，並能夠養活孩子的國家。這是實情，而他卻不敢去面對。這些年中，甚至連反戰的詩也都是平庸之作。㊹

然而，這整個時期的作品儘管低劣，卻沒有就此結束。流亡的歲月仍然繼續，使他距離戰後德國的動盪越來越遠，對他的寫作頗有正面的效果。三〇年代，說到太平，還有哪一個國家比得上斯堪地納維亞呢？何況他總說——或許說得對也或許錯——洛杉磯不適合他，對失業的工人與挨餓的孩子都不是好地方。雖然他可能至死都不會承認，但從詩上得到的證據顯示，他已經漸漸忘掉了「經典」，心思也開始轉移到別的主題，不再放在資本主義與階級鬥爭上了。在斯文堡寫出來的詩作，如〈老子道德經傳奇〉（Legend on the Origin of the Book Tao-te Ching During Loa-tse's Journey

Into Exile），形式是敘述的，也沒有語言或思想實驗的企圖，很奇妙的是，堪稱本世紀最寧靜、最恬淡的詩作之一。㊵就跟布萊希特的許多詩作一樣，這首詩大有教誨之意（在他的天地裡，詩人與教師比鄰而居），但這一次上的是非暴力與智慧的課：

Dass das weiche Wasser in Bewegung

Mit der Zeit den mächtigen Stein besiegt.

Du verstehst , das Harte unterliegt.

「柔弱的水能戰勝剛強的岩石，在時間中，你當明白，強者必敗。」的確如此。當時這首詩尚未發表，而戰事已起，法國政府決定將德國難民關入集中營，但到一九三九年春，華特・班雅明拜訪布萊希特，從丹麥把這首詩帶回巴黎，詩竟不脛而走，口耳相傳開來——成了撫慰、安忍與堅持的泉源——正是巴黎當時所需要的智慧。或許是有某些關聯，繼老子一詩之後，在斯文堡的一系列作品中，隨之而來的是〈訪落難詩人〉（Visit with the Exile Poets）。跟但丁一樣，詩人走入地底世界，去探訪那些在塵世也曾為權力所苦的詩人。但見奧維德（Ovid）、維雍、但丁與伏爾泰、海涅、莎士比亞、尤里匹底斯並坐，談笑風生，相互調侃，突然，「從最黑暗的角落傳來一聲呼喊：『嘿，你們幾個，有人還記得你們的詩嗎？那些記得你們詩的，逃過了迫害嗎？』但丁柔聲說道：『這裡的詩人早已不復為人所記憶，不只是肉體，就連作品都已經屍骨無存。』笑聲戛然而止，無人敢直視來客，只因他的臉色霎時慘白。」[56]是了，布萊希特顯然是放下了。

流亡期間，比這些詩更值得注意的是他的戲劇。戰後，不論柏林劇團如何努力，只要《伽利略》在東柏林搬上舞台，每一句台詞聽起來都像是在對當局做出公開的抗議，而且人們的確也是這樣理解。在那個時期，布萊希特刻意避免創造任何突出的角色——出之以所謂的史詩劇風——但這會兒卻有突如其來的改變，劇中盡是真實人物，若非所謂的老式角色，也都是相當突出與個性化的人物，諸如西蒙·馬薩

・柔弱的水能戰勝剛強的岩石，在時間中，你當明白，強者必敗。

爾、四川好女人、勇氣之母、女孩葛魯雪、《高加索灰欄記》的喬治．艾茲德克（Judge Azdak）、伽利略、龐提拉（Puntila）和他的僕人馬提（Matti）。今天，所有這些戲劇，無論在德國內外，都是有名劇院的主要戲目，雖然當初並未引起注意。無疑地，此一遲來的名聲都應歸功於布萊希特自己的成就，不僅是詩作與劇作上的成就，同樣也要歸功於他也是一位傑出的戲劇導演，德國偉大的女演員海倫．威格（Helene Weigel）就是他一手調教出來的，後來並成為他的妻子。儘管如此，這一切都改變不了一個事實，亦即他在東柏林演出的所有作品，全都寫於德國之外。一旦回到了家，他的詩才反而一日枯竭一日，到最後，想來他必定了解，這全是因為環境的扞格，而這可不是「經典」中的任何名句所能解釋的。他跌陷在一個處境當中，而他的沉默——偶爾歌頌屠夫就別提了——乃是一項大罪。

布萊希特的問題始於他的「高度介入」（當初尚無此一概念），一開始，他就不是只想扮演一個聲音而已。一個什麼樣的聲音呢？當然，不是他自己的，而是世界的，是一切真實事物的。然而，那還不夠。他自認為是現實的聲音卻將他帶離了真實；他是否將自己變成了自己最不喜歡的角色，德國傳統中另外一個孤獨的大詩人，而不是他最想做的，一個屬於人民的吟遊詩人？還有就是，一旦涉身俗務，身為一個詩人，他又帶著一種疏離，踏入新發現的現實當中時，不免猶豫不決，儘管有著銳利而奇詭的才智。這種與真實的疏離並非缺乏勇氣，卻使他不能與一個黨決裂，一個殺害他朋友的黨，一個與最卑劣的敵人結盟的黨，並為了「經典」的緣故，拒絕去看清楚祖國實際發生的一切——而這些，在他必比較不那麼詩意的時候，反而看得明白。《那個人無可抗拒的上升》（*The Resistable Rise of the Man Aruro Ui*）是一齣關於希特勒「無可抗拒」升至權力巔峰的諷刺劇，並不在他的偉大作品之列。在這部劇作的結尾，他提示道：「嚴重的政治性犯罪必須盡一切方法讓他無所遁形，尤其是使用嘲笑的方式，因為，說穿了，他們並不是什麼大政治犯，只不過是犯了重大政治罪行的惡棍，而這兩者是全然不同的……希特勒的大業瓦解，並不意味希特勒是個白痴，而他的大業如果鴻圖大展，也不表示他就是個偉人。」[57]比起一九四一年絕大部分知識份子的見解，這段話之所見可以說深刻得多，也有如閃電般穿透了馬克思主義者陳腔濫調的鼓譟，更讓那些好人們難以原諒布萊希特的罪愆，或者只好跟自己妥協，承認他雖然有罪但確實是寫得一手好詩。然而，到了最後，他之回到東德，本質上是為了藝術，因為政府給了他一座劇院——也就是說，在他強力譴責「**為藝術而藝術**」的三十年之後，他卻放棄了此一堅持——其實，這就是對他的懲罰。這時候，現實已經擊敗他，弄得他再也不能做自己的聲音；在濁世俗務中，他雖然成功了，卻也證明，對他做個詩人來說，那裡卻不是一個好地方。

或許，這正是布萊希特教了我們一些東西的地方，在我們今天評論他的時候，固然不可忽略，但我們也從他那裡得到了許多，為此便應該對他表示敬意。詩人與現實的關係，確實如歌德所說：詩人可以不必負一般平常人的責任，但卻要保持一定的疏離，若不能永遠做到這種疏離的超然以換取免為平常人的特權，那麼也就不值了。在這一點上，布萊希特將他的生命與藝術都押了上去，像他這樣的詩人雖然也有幾個，但於他來說，頂多只能算是有贏有輸了。

談到這些問題，我一開始就說，應該給詩人大一點的自由，而這種自由是我們平常人在一般事情上所不容許的。我不否認，這樣一來不免牴觸了許多人要求公平公正的標準；事實上，布萊希特今天若在我們當中，必定會是反對這種例外最強烈的一個（在他死後才出版的 ***Me-ti*** 中，對於「好人」的誤入歧途，他倒是提出了一個裁決：「聽著，」在審問結束後，他說：「我們知道你是我們的敵人，因此我們要罰你面壁而立，但考慮到你的成就和道德，我們給你一面好牆，並用好的子彈與好槍射殺你，再用一鏟好土葬你。」）然而，講到法律之前的平等，對於道德上的裁決，我們通常所接受的都不是絕對的。任何裁決都有寬恕的空間，任何裁決的行動都可以變成寬恕的行動；裁決與寬恕本是一枚銅板的兩面。但是，兩面所依循的原則卻不是相同的。法律的威嚴要求我們公平——只針對其行為，而不問犯了錯的那個人是誰；相反地，寬恕則將人納入考慮，寬恕的不是殺人或盜竊的行為，而是殺人者或竊盜者。我們原諒的永遠是**某個人**而不是**某件事**，人之所以認為唯有愛才能寬恕，其道理在此。但是，無論有或沒有愛，我們都是因為人的緣故才寬恕，司法要求的是平等，仁慈堅守的則是不平等——在此一不平等中，意味著每一個人都是或應該是高於他所做的或所成就的。布萊希特年輕時，在他接受「有用」作為評斷人的最高標準之前，這一點，他比任何人都更明白。在《虔敬守則》中有一首詩〈關於每一個人的秘密之歌〉（Ballad About the Secrets of Each and Every Man），班特萊所譯的第一節如下：

所有人都知道人是什麼。他有一個名字。
他走在街上。他坐在酒吧裡。

你們全都看得見他的面孔，聽得到他的聲音。
有一個女人為他洗衣，為他梳頭，
但卻毆他致死！有何不可呢
若他從來都不多於
那個幹了壞事的他
那個做了好事的他。

這種不平等的法則，古羅馬有一句老話講得好：「朱彼得能的，公牛不能」。值得安慰的是，這種不平等是一刀兩刃的。我在這裡所說的詩人擁有的特權，只要他是個詩人，有些事就是他不能做的。詩人的工作是造我們需要的句子，而布萊希特歌頌史達林的句子顯然沒有人會需要。這一事實說明，他有能力，但卻寫出這樣令人難以啟齒的劣詩，其罪行就遠遠超過那些犯了同樣錯誤的不入流文人。正所謂「公牛能的，朱彼得不能」，就是這個意思。無論你是否能夠用「美好的聲音」歌頌獨裁者，任何一個知識份子或文人只要犯了這樣的罪過，才華的喪失就是他們應得的懲罰。神是不會守護在搖籃邊，也不會採取報復的。很多的事公牛能做，朱彼得就是不能，換句話說，也是那些有一點像朱彼得的人——或說受到阿波羅垂青的人——所不能做的。一刀兩刃的那句老話可是很嚴苛的。〈可憐的畢畢〉就是一個例子，他從來不浪費一點可憐在自己身上，或許可以給我們一點啟示，做一個詩人，無論在我們這個世紀或其他時代，都不是一件容易的事。

註釋

①布萊希特的詩集有好多個版本，除非特別註明，此處引用的是西德 Suhrkamp 和東柏林 Aufbau-Verlag 兩個集子。這裡引用的頭兩個句子，分別出自〈好萊塢〉與〈僑居十四行〉，*Gedichte 1941-1947*, vol. VI。〈僑居十四行〉的前兩節頗值得注意，其間牢騷不少，在布萊希特作品極為罕見：倉皇出走祖國／必須老店新開／仍然是販售我的思想／能走的還是老路一條／只是路已磨平／被顛沛流離的腳步／既已上路／卻不知何去何從／無論走到哪裡／聽到的都是：報上名來／啊，這個「名」曾經可大著哩。

②《布萊希特：其人其事》（*Brecht: The Man and His Work*），Martin Esslin（Anchor Books, 1961）。作者 Esslin 最近曾說到，「布萊希特大可回到德國任何地方……當時的情況是，進去容易出來難」。此說並不正確，倒是有布萊希特的確「需要德國以外地區的旅行文件已預留退路」。

③為了避免誤解，布萊希特跟共產黨文學批評家的關係並不好，一九三八年談到他們時，他所說的，無異是在「反共」：「Lukács、Kurella……全都是生產的敵人，生產使他們多疑，既不可靠又不可預測。他們根

本不知生產為何物，只知生而不產，只想做個官僚，控制別人。他們的每篇批評都包藏著恫嚇。」See Walter Benjamin, "Gespräche mit Brecht，" in *Versuche über Brecht*, Frankfurt, 1966。

④"Briefe über Gelesenes," *Gedichte*, vol. VI.

⑤"Böser Morgen," *Gedichte 1948-1956*, vol. VII. 布萊希特頌揚史達林的文字，全都從他的全集中刪掉，唯可見的痕跡是在散文卷的第五卷中。參見他死後才發表的作品*Me-ti*之註釋（另見本文註㉝）。在這些篇章裡，史達林被他頌揚為「大才」。史達林去世，布萊希特曾寫到，史達林是「受壓迫五大洲」的「希望化身」（*Sinn und Form*, vol. 2., 1953, p.10）. Cf. also the poem in *op. cit*. II, 2, 1950, p. 128.

⑥"*In mir habt ihr einen, auf den könnt ihr nicht bauen*，" in" Vom armen B. B.，" 為《哈斯波利特里之死》中的最後一首詩。1918-1929, vol. I.

⑦ Walter Benjamin. *op. cit*., pp. 118-19.

⑧ In the "Geschichten vom Herrn Keuner，" *Versuche* 1-3, Berlin, 1930.

⑨ *Gedichte*, vol. Ⅲ entitled "Die Lösung" .

⑩ Angelus Silesius, *Cherubinischer Wandersmann*（1657）, Book I, 289, in *Werke*, Munchen, 1949, vol. III.

⑪ In *Gediche* vol. VII.

⑫ *Ibid*., p. 84.

⑬ Benjamin, *op.cit*., p. 133

⑭恩斯利在布萊希特的傳記中指出：「根據東德的官方文件，布萊希特返回東柏林的日期是一九四八年十一月；但事實並非如此，布萊希特確曾訪問東柏林，但又回到了蘇黎世」直到「將近一九四九年底時，布萊希特才同意去東柏林」。那年十月，布萊希特還寫道：「在東柏林，我沒有任何官方的職務或責任，也沒

領過薪水。」

⑮ In *The Jewish Wife and Other Short Plays*, Evergreen Paperback.

⑯ See Marianne Kesting's *Bertolt Brecht*, Hamburg, 1959, p. 155.

⑰ See" Ballade von den Abenteuern" *Gedichte*, I, 79.

⑱ *Ibid*., p. 42.

⑲"Verjagt mit gutem Grund" in *Hundert Gedichte*, Berlin, 1951.

⑳"Aus einem Lesebuch für Städtebewohner" （1930）, in *Gedichte*, vol. I.

㉑ In *Gedichte* 1930-1933, vol. III.

㉒ The poem "Meines Bruders Tod," certainly written before 1920, in*Gedichte* 1913-1929, vol. II.

㉓ The "Epistel über den Selbstmord" , *ibid*.

㉔ The whole cycle, including "An die Nachgeborenen," in *Gedichte 1934-1941*, vol. IV.

㉕ See the two poems "Von meiner Mutter" and "Meiner Mutter" in *Gedichte*, vol. II.

㉖"Die Verlustliste," in *Gedichte*, vol.VI.

㉗"Ich, der Überlebende," *ibid*.

㉘ In "Die Landschaft des Exils," in *Gedichte*, vol. VI.

㉙ See M. Kesting, *op.cit*., p. 139.

㉚ See Sidney Hook, "A Recollection of Bertholt Brecht," in *The New Leader*, October 10, 1960。據班雅明說（*op. cit*., p. 131）托洛茨基三〇年代所寫的東西，布萊希特一清二楚；他說：這些東西證明，以質疑的眼光看待俄國的發展乃是合理的。如果質疑是對的，就應該「公開」站出來反對俄國的政權。但是，「不知是幸還

是不幸，隨你怎麼說」，質疑一直未經確認。另有一份有趣的紀錄顯示，布萊希特曾想跟史達林妥協。這些文字載於班雅明一卷格言集中，寫於三〇年代。班雅明死後，由Uwe Johnson編輯出版，書名*Me-ti, Buch der Wendungen*, 時在一九六五年。

㉛"Die Legende vom toten Soldaten," in *Gedichte*, vol. I.

㉜ All these in the *Hauspostille*, now vol. I of *Gedichte*.

㉝ *Ibid*.

㉞"Der Choral vom Grossen Baal," *ibid*.

㉟"Erinnerung an die Marie A.," in *Gedichte*, vol.I.

㊱"Die Leibenden," in *Gedichte*, vol. II.

㊲ The "Ballade von den Seeräubern" of the*Hauspostille*,in *Gedichte*, vol. I.

㊳"Grosser Dankchoral," *ibid*.

㊴"Gegen Verführung," *ibid*.

㊵ In *Gedichte*, vol. II.

㊶"Aufstieg und Fall der Stadt Mahagonny," now in *Stücke*（1927-1933）, vol. III.

㊷ In "An die Nachgeborenen," *op.cit*.

㊸ From the song "Denn wovon lebt der Mensch?" in *Gedichte*, vol. II.

㊹ From "Über die Unsicherheit menschlicher Verhältnisse," *ibid*.

㊺ The quotations are from *Me-ti, Buch der Wendungen*.

㊻ *Der Kaukasische Kreisekreis*, written 1944-1945, in*Stücke*, vol. X.

㊼ *Gedichte*, vol. Ⅱ.

㊽在班雅明的作品中（*op. cit.*），令人欣慰的是，可以看出布萊希特是有疑慮的。他把馬克思理論家比作教士；受他祖母的影響，他對教士極無好感。而馬克思主義者就跟教士一樣，常會形成同志團體；「馬克思主義可以擴大解釋到無所不能」。

㊾ In *Gedichte*, vol. Ⅱ.

㊿引自 *Die Massnahme*, 布萊希特唯一的共產主義戲劇。See"Andere die Welt: sie braucht es" and "Lob der Partei" in *Gedichte*, vol. III.

51"Lob des Lernens," *ibid.*

52 From "Song von der Ware," *ibid.*

53"Begränis des Hetzers im Zinksarg," in *Gedichte*, vol. III.

54對於此事，布萊希特還有另一看法。在一篇題為〈另一個德國：一九四三〉（The Other Germany: 1943）的文章中，他試圖說明，德國工人支持希特勒的原因。他的說法是：「第三帝國在短期內就解決了失業問題，速度與幅度都相當亮眼，有如一場革命」。據布萊希特的解釋，那是拜軍火工業之賜，「事實是戰爭符合工人的利益，因此，大家都無法也不願意擺脫他們的生活制度」，「統治政權也必須選擇戰爭，因為在此一政權下全民都需要戰爭」。

55"Legende von der Entstehung des Buches Taoteking auf dem Weg des Laotse in die Emigration," *Gedichte*, vol. IV.

56"Besuch bei den verbannten Dichtern," *ibid.*

57 The remarks "*Zu Der Aufhaltsame Aufstieg des Arturo Ui*," in *Stücke*, vol. IX.

9

重新肯定佛洛斯特、惠特曼和威廉斯

藍道・賈雷爾 *Randall Jarrell, 1914-1965*

美國詩人、小說家、評論家。

認識賈雷爾，是在二戰之後不久，當時他剛來到紐約，接替馬格麗特・馬歇爾（Margaret Marshall），負責《國家》（*The Nation*）書籍版的編務，我則任職於蕭肯（Schoken）出版社。我們之結緣，純粹是出於「公事」——之前，對他寫的戰爭詩，我早就感佩得不得了，也曾請他為出版社翻譯德文詩作，他則是將我的一些書評（應當說是譯成英文後）在《國家》發表。跟一般在公事上來往的人一樣，我們將工作拿到午餐上去談，變成了一種習慣，至於每次的餐費，如果沒記錯的話，則是我們雙方的老闆輪流買單，因為那時候我和他可都還是苦哈哈。他送我的第一本書是《失落》（*Losses*），書上寫著：「給漢娜（鄂蘭）——她的譯者藍道（賈雷爾）」，似乎是在提醒我，我很少直呼他的名字，依他的想法，是因為歐洲人不習慣直呼別人的名字，其實不然，只不過是對我那非英語的耳朵來說，藍道聽起來沒有賈雷爾那樣親切，何況兩個字還滿相近的。

請他到家裡作客，挺難的，花了我多少時間已不記得，想從他寫的信裡去找，同樣也不可得，因為他的信全都不押日期。倒是有好幾年，他每隔一段時間就來，每次要來之前，照例會先寫幾個字，譬如，「請在行事曆上記下，十月六日星期六、十月七日星期天——美國詩歌的週末」，而事情也就這樣展開了，一連好幾個小時，他為我朗讀英詩，有新的，有舊的，唯獨他自己的少有，不過有那麼一陣子，每有詩作打好了字，他一定馬上郵寄給我。在聲律方面，他為我打開了一個全新的世界，讓我知道英文字詞個別的重量，至於其相對的份量，一如其他的語言，則取決於詩的表達和格律。說到我對英詩的了解，或許還可以加上對這種語言特質的認識，全都拜他所賜。

不只是對我或我們，而是對這個家，最初之所以吸引他，說起來還真容易，竟然只因為這裡是個講德語的地方。因為：

我相信——

我真的相信，我確實相信——

我最喜歡的國家就是日耳曼。

這裡的「國家」，很明顯地，指的不是德國而是德語，是一種他講不上幾句卻打死也不肯學的語言——「唉呀，說到我的德國話，還真是差勁，如果要我翻譯，又哪裡抽得出時間學德語呢？如果不要我翻譯，我可就連德文也要給忘了。」儘管沒什麼信心，我最後一次央求他使用文法書和辭典，過後，他寫信來說：

用信任和愛和閱讀里爾克
不用辭典，人照樣可以學德文。

不管你是怎麼想的，對他來說，這一點倒是千真萬確，格林童話和《少年的魔號》，他就是這樣讀完的；講起來，德國民間故事和民間歌謠中那些奇人異事的詩篇，實屬難譯的德文，就如同《愛麗絲漫遊奇境》的英文一樣難譯，但他卻是熟門熟路，在行得很。總之，德國詩歌中的這些民間素材，他在歌德乃至霍德林（Hölderlin）和里爾克那裡早就已經結上緣了。我常想，對他來說，德文所代表的那個國度，實際上竟是他的故鄉？因為從整個體格外型上看，他壓根就像是個來自仙境中的人物，彷彿是一陣仙風吹落到人間紅塵來的，又像是從我們童年的魔幻森林中冒出來的，魔笛隨身，豈止是想當然，根本就是一定會，每個人、每件東西，都將會來到他午夜的舞會。我的意思是說，藍道．賈雷爾這個人，就算是從未寫過一首詩，也還是一個詩人——就像名滿天下的拉斐爾，即使生來沒有雙手，還是會成為一個偉大的畫家。

五〇年代的那些冬月，我跟他混得最熟，當時他人在普林斯頓，覺得自己「比普林斯頓更普林斯頓」。每個週末來紐約，照他自己的說法，留下一屋子未清的髒亂和沒洗的盤子，天知道救濟了多少的街貓。每次，只要他一進屋子，我就會感覺到，家裡著了魔法。我真的不知道他是怎麼辦到的。總之，每件事務、每件器品或傢俱，無一不會發生一些微妙的變化，整個過程中，全都失去了平常的呆板品調。每當我在廚房作飯，一如往常，只要他跟著進來逗我開心，那種如詩一般的變化還真是惱人。要不然，他就找我的先生，跟他展開一場漫長而激烈的辯論，辯的無非是作家與詩人，他們的成就與等級，每當兩人想要壓倒對方，尤其是要以音量取勝時，那可真是驚天動地——誰最懂得欣賞吉姆（Kim），葉慈和里爾克哪個詩人比較偉大（當然，藍道票投里爾克，我先生則支持葉慈），這樣你來我往，一晃就是好

•用信任和愛和閱讀里爾克，不用辭典，人照樣可以學德文。

幾個鐘頭。有一次，這種比大聲的競賽之後，藍道來信寫道：「看到一個比自己還狂熱的傢伙，還真讓人按捺不住——就好像天下第二胖的胖子碰到了天下第一胖。」

在他那首關於格林童話的詩〈童話〉（The Märchen）中，他描述了他所自來的地方：

聽呀，聽，永不止息的聲音。
這兒是森林……
陽光灑落，呼應我們的願望，
不到夜落，我們相信這個願望；
不到夜落，我們相信我們的生命。

逃避世界，為自己打造一個夢幻城堡，他完全不是這樣的人，相反地，他跟世界直接對抗。永遠令他百思莫解的是，這個世界上，住的不是詩人和讀詩的人，照他的看法，這兩種人屬於同一類，卻住滿了看電視的人和《讀者文摘》的讀者，最糟的是，還住著一個新的人種，「現代批評家」，這些人並非「為他們所評的戲劇、小說和詩而活，而是為他們自己而活」；他們知道「如何把詩和小說混到一堆」，而可憐的作家「早已經把他們自己混成一堆了。同樣地，如果有一頭豬逛進了燻肉評鑑大會，你一定會不耐煩地說：『滾出去，豬！你懂燻肉嗎？』」換句話說，這個世界不歡迎詩人，一點都不會因為他帶來的光輝而心生感激，對他那種「用文字使世間萬物可見、可感並充滿生氣的古老力量」，根本不屑一顧，反而責怪他含混，抱怨他太過於「晦澀」、難懂，到了最後，詩人只好說：「你又不讀我，我當然知道你不懂。」這樣的牢騷，我是司空見慣了，一開始，還真不明白他何苦那樣在乎他們，後來才漸漸弄懂，他只是不願意自己「屬於快樂的少數，就那麼幾個，而且一天一天地不快樂」。理由再簡單不過，他是個真正的民主派，有著「科學的教養和激情的青春」，卻又「保守持重得和歌德一樣，相信進步」。我還不得不承認，我是花了更長的時間才了解他那種了不起的智慧，我指的不是別的，而是他的笑容；他笑，不只是他絕不向一切廉價與庸俗妥協；他笑，更是因為他相信，跟他一樣，每個他碰到的人，對於品質，都擁有絕對的感受力（一如絕對音調），此一萬無一失的判斷力自在一切藝術與人情之中；但是還有，如他在〈詩人的晦澀〉（The Obscurity of the Poet）中所說的，「那種麻木不仁的傢伙」嘲諷與自嘲的語調。我有信心，他的怡然自得足以趨吉避凶，儘管他絕不迴避危險，只因為我發現，他的笑如此正直。講到「適應」，道貌岸然的廢話還真不少，但若聽了他講的，全都只有退避三舍的份。且聽他在《學院風景線》（*The Pictures from an Institution*）中說的：「羅賓斯校長適應得極好，好到有時候令人分不出何者是環境何者是羅賓斯。」至於那些廢話，你不一笑置之又能如何呢？我們這個世紀，廢話何其之多，若要逐句加以反駁，十輩子也不夠，到了最後，只怕有如校長大人之於環境，反駁者與被反駁者都會分不清誰是誰了。總之，賈雷爾這個人最不知道保護自己，但在他那燦爛的笑容後面，自有坦然無懼的大勇。

最後一次去看他，他已去死不遠，笑容已逝，他居然承認要收場了。同樣的收場，早在十年前，在題名〈與魔鬼的對話〉（A Conversation with the Devil）一詩中，其實他就已經打過照面了：

用功的，或勤懇的，或不俗的讀者
我有過幾個：一個是妻子，一個是護士，還有一兩個鬼魂。
若我為任何人寫，都是為你而寫；

何妨低語，當我死時，我們都太稀有了；
寫點東西給我吧（若你能寫的話；我可不知道）
而我——而我——做什麼都無不可，
我已經滿足了……還有就是——
還有就是——你真是太稀有了：
或許我該寫給你的兄弟，
那些個鬼靈精、俗不可耐、不用功的？

10

論反猶太主義

華特馬爾・居里安 *Waldemar Gurian, 1903-1954*

德國重要政論家與作家

他是一個有許多朋友的人，也是許多人的朋友。他的朋友，有男有女，有教士有俗人，散居各國，各有各的人生經歷。友誼令他可以在這個世界上處處為家，友誼讓他在朋友處就如同回到自己家中，不論他們是哪國人，講何種語言，或什麼社會背景。了解自己的病情後，他做了最後一趟的歐洲之旅，原因非他，他說：「死前，去跟朋友道別。」回來之後，紐約盤桓數日，清清明明地，幾乎是有計畫地，繼續他未完的告別，絲毫不見恐懼自憐。他這個人，終其一生最感困窘的就是表達自己的情感，卻能夠這樣做，彷彿不是自己的事，不帶一絲情緒，反倒顯得豁達。死亡，想必他是極熟了。

說他這個人有多怪異，還真一言難盡；若要論他學問的廣度與深度，固然是一大挑戰，說到他早年的生活，為人所知之少，總給人一種來自於無何有之鄉的感覺。總之，再怎麼努力，想要近觀這個人，看來多屬徒然。想法與眾不同也就罷了，他整個人莫不如此。無論在工作上或生活上，他對個人的私事與環境，一貫都是事不關己似地沉默以對，彷彿只會惹人厭煩而已。正因為如此，他的早年生活似無特別之處，卻也不免引人多想多猜。

其實，他從不刻意隱瞞。任何當面提出來的問題，他往往樂於回答。他來自聖彼得堡一個猶太家庭（Gurian 這個姓氏，眾所周知地，乃是 Lurie 的俄文拼寫）。生於二十世紀初的沙皇俄國，出生地更說明了他的出身，一個同化了的富裕猶太人家庭，因為只有這樣的猶太人——一般是商人和醫生——才會被准許住到大城市的周邊地區。大約九歲那年，也就是第一次世界大戰爆發的前幾年，他的母親帶著他和妹妹到了德國，同時改信了天主教。三〇年代初期，我初認識他時，對他的俄國背景與猶太血統一無所知。當時，身為德國的天主教政論家與作家，他已經相當有名。哲學家馬克思．謝勒（Max Scheler）和後來成為納粹份子的著名憲法及國際法教授卡爾．施密特（Carl Schmitt）都是他的業師。

有人說，一九三三年一連串的事件改變了他，把他給拋回了他的血緣中，其實不然。當時的關鍵，並不在於他意識到了自己的出身，他之所以要把問題擺到檯面上來討論，是因為那已經不是他個人的問題，而是一個政治的議題，也是他自己與受迫害的猶太人心手相連、義所當為的事。直到二次大戰結束，他始終如一，維護猶太人的團結，關注他們的命運。那本《論反猶太主義》（*Essays on Antisemitism, New York, 1946*）的精采小書，充分說明了他那份使命感，同時也彰顯了他的才華，任何事情，只要他關心，他都能夠成為那一方面的「專家」。但是，當迫害的歲月成為過去，當反猶太主義不再是核心的政治議題，他便放下一切，悄然隱去。

至於他俄國的背景又不一樣了，在他的一生中，卻扮演著非同小可的角色，是真正具有支配力的。這不僅是因為他看上去是個「俄國人」（姑且不論指的是哪一方面），更因為，他從來沒能丟掉他童年的語言，儘管他的成年生活整個改變，全都是在德語的環境中度過。由於妻子是德國人，在聖母院的家中，他講的也是德語。但是，俄國的影響在他身上處處可見，無論品味、想像，乃至心理皆然，縱使說英語、法語，那腔調也是俄語的而非德語的，倒是有人告訴我，他的俄語雖然流利，卻不如那些講母語的人那樣道地。而在詩與其他文學方面，最令他感到親切和熱愛的還是俄國作家，到了晚年時，里爾克或許是個例外（在他的藏書室，有個雖小但極有份量的俄國部分，其中仍然保存一套磨損的兒童版《戰爭與和平》，插畫是世紀初的風格，脫落的書頁是他一生都在往復重讀的，死前還擱在床頭櫃上）。只要是跟俄國人在一起，哪怕是陌生人，他也會比在其他環境中來得自在，彷彿是在自家，是跟他們一體的。他在知識上與政治上的興趣極為廣泛，看起來似乎是全方位的；實際上，這一切的核心全是俄羅斯的知識與政治歷史，是這個民族對西方世界的影響、她偉大的精神傳統以及她的宗教激情，這種激情先是表現於俄羅斯民間信仰，後來則表現於偉大文學中。他之所以成為傑出的布爾什維克專家，原因無他，全是因為，只要是跟俄羅斯有關的，哪怕只是細枝末節，都是他最在意、最關心的。

早期生活中的三重變故：家庭破碎、遷離故居、切斷母語，以及因改信天主教所導致的環境徹底改變（說到信仰的衝突，那時他尚年幼，改宗前可能也還未開始宗教教育，應不是太大的問題）。我不敢說這三重變故是否對他的個性造成很深的創傷，但可以確定的是，要說明他個性上的怪異，單是這些事情顯然有所不足。不過，從我前面提到過的幾件事情來看，很明顯地，縱使有此創傷，單是他對早年生活所堅持的忠誠，就足以予以治癒。不論在任何情況下，對朋友、對每個他所認識的人，以及他所喜愛的一切，忠誠都是他生命中的主調，其調性之清楚，簡直可以說，他最不會犯的罪就是忘本之罪，此罪於他看來，乃是人際關係中最嚴重的。他有過目不忘的本事，任何人，任何東西，進了他的心裡就休想跑掉。但是，使他事業有成的博學多識，好記性固然大有幫助，卻並不是最關鍵的。相反地，博學只是他凡事忠誠所展現的大能之一。任何作者寫的東西，只要能激發他的興趣或讓他心服口服，這種忠誠就促使他去跟隨他，縱使緣慳一面終不得識亦然。對於朋友，也是這種忠誠推動著他無條件地伸出援手，甚至在他們死後幫助他們的孩子，無論他過去見過與否。隨著年事漸高，很自然地，身故的朋友越來越多，儘管我從未見過他為逝者悲痛至不能自已，卻也留意到，每提到他們的名字時，他總是刻意地小心翼翼，彷彿怕自己有個閃失，他們就會自他生命中溜走似的。

所有這一切，凡是認識他的人，都可以真實地感受得到，但對於了解他的怪異，卻起不了太大的作用。這位先生身軀巨大，超大的腦袋，一張闊臉卻被一只超小微翻的鼻子一分為二，這可是他臉上唯一有喜感的特點，因為，他的眼睛雖然清亮卻不免憂鬱，至於那猛然間化開面頰與下巴的笑，卻是小男生憋住歡喜無意間走露了心情的笑，或許反倒是最有成人味道的地方之一。他這個人的怪異，每個人都能很快地注意到，因為公職與社會地位的壓力，後來淡去了不少的羞澀與忸怩，甚至後來幾年才認識他的人照樣感覺得出來；但是，羞澀與忸怩絕不是膽怯與緊張，更不是自卑，而是靈魂與身體想要迴避這個世界的本能動作。初一接觸，他的那種怪異之所以令人驚訝，我認為，是因為在這個由物件構成的世界中，他始終都還是個異類；這個世界上的東西，我們隨手取用，活動於其間而無視其存在，幾乎不曾留意到，所有活動的生命都是根植於不動的、無生命的物件，被它們包圍，受它們引導，為它們所約制。如果我們停下來，去思索一下這種情形就不難發覺，在活動的身體與不動的對象之間存在著一種矛盾，人經常是透過使用、操作和支配世界上的無生命物件來跨越此一矛盾。但在他的身上，這種矛盾卻擴大成為人的人性與物的自性之間一種公開的衝突；由於他的笨手笨腳，突顯出一切物件就只是一個物體，一個就字面意義來說最徹底的對象，一個被拋至人的對立面的東西，因此，與他的人性隨時都處於對立狀態，以至於他的笨拙益發顯出他作為一個人本質上的無能為力。於是，一場戰鬥展開了，一方是容不得物件之存在，並不承認自己是物件的製造者與統治者的這個人，另一方則是物件的自體，一場令人驚訝而又難分難解的戰鬥，他從未獲勝過，但也從未被擊垮過。東西還是在那兒，比他所能期待的更完整，而他也從未因災難而一蹶不振。這場古怪而不斷進行的衝突變得更為常態，因為他那龐大的身軀就像最初的、半原始的「物」一樣，而那裡正是世界的「物性」第一次形成的地方。

就我們現代人來說，操作東西並活動於一個充滿物件的世界，已經成為生活重要的一部分，很容易就會把笨拙與羞澀誤解成為準精神疾病現象，尤其是它們又不能被歸因於自卑感時；倒是自卑，我們反而認為是「正常的」。但是，現代之前的人，對於我們引以為異常的現象，必然已經知道某些人類特性一旦結合，就會形成某種雖非常見但卻眾所周知的型態。中世紀時不乏有關大胖子的故事，就把暴飲暴食跟肥胖關聯起來，並視之為七大罪之一（頗令我們難以思議），便可證明確實有此種看法。因為，很明顯地，暴飲暴食被視為一種替代手段，亦即替代對物件的製造、使用、操作和支配，試圖用吞掉它們來擺脫它們的阻礙——於是他也就成了現代世界中此一準中世紀解決方案的典型（切斯特頓〔Chesterton〕可能是另一個。依我的推想，他那了不起的洞見，大部分不在於聖湯瑪斯．阿奎那的哲學而在於他那個人，純粹是出於對另一個大胖子之笨拙的同理心）。居里安的情形八九不離十，也是以吃喝開始，只要健康允許，他的食量大如牛，並能在其中自得其樂。然而，他對精神糧食的需求更大，他的好奇心輔以同樣大得驚人的記憶力，因而擁有同樣狼吞虎嚥永不饜足的容量。他就像一個行動圖書館，而這又與他身軀的巨大有著密切的關係，由於身軀活動之遲緩與笨拙，他在吸收、消化、傳達和保存資訊上的迅捷乃形成強烈的對比——這種類似的情形，我從未在別人身上看到過。他的好奇心就有如他的食慾，完全不同於學者專家那種死氣沉沉的好奇，而是被這個人類世界種種至關緊要的東西所激發出來的，包括政治與文學、哲學與神學，以及日常的閒談、逸聞瑣事，還要加上每天數不清必讀的報紙。大量吞食並消化與人類心智相關的事情，同時極端忽視物質領域那些冰冷的東西——無論是自然科學的課題還是如何在牆上釘釘子之類的「知識」——之所以如此，看來是他對人類無可如何的現實所採取的報復，誰叫靈魂非得在一個身體裡面，而身體又不得不活動於一個由「死」東西所構成的世界中呢？

這種對待世界的態度，使得他如此人性而又如此脆弱。我們說某人「有人性」，一般指的無非是仁慈、和藹或者親切之類的待人接物。跟我在前面提過的理由相同，由於我們習慣在一個人造物的世界中活動自如，很容易就會把自己跟我們所製造、所做成的東西等同起來，以致忘掉了每個人所具有的偉大特質，在本質上，此一特質永遠超越人所能製造與成就的物。人，不僅能完成每件作品，而且在成就之後絕不至於耗竭，仍然擁有創造更多事物的不竭泉源，因此，在本質上超越一切物件，

•人，不僅能完成每件作品，而且在成就之後絕不至於耗竭，仍然擁有創造更多事物的不竭泉源，因此，在本質上超越一切物件，為物所無法企及和限制。

為物所無法企及和限制。但就我們所知，人卻是每天都在拋棄這種特質，並讓自己去認同自己所做出來的東西，為自己的才智、作品或天份感到驕傲；沒錯，這種認同的確產生了非常可觀的成果，但是，和這些成果同樣意義重大的是，這種心態無非也是在糟蹋人之所以偉大的人性特質，以及人之所以比任何製造品偉大的特質。即使在藝術作品中，天才固然偉大，但人之偉大更甚，二者之間始終在進行著尖銳的衝突，唯有我們明白作品的背後有一個更偉大、更神秘的存在，那才是真正的偉大；因為作品本身指向一個人，而這個人背後的本質，既非他所做的事所能耗盡，也非它所能完全揭露。

這種屬人特有的偉大品質，這種存在自身的高度、強度、深度與熱情，在居里安身上達到一種非凡的程度。因為，他將這種品質當成世界上最自然的東西，並善於在別人身上找出這種品質，而且完全無關乎這個人的地位與成就。他從未在這方面失手過，並以此作為判斷人的終極標準，他不僅拋棄世俗的成功這種表面的標準，而且也拋棄他自有定見的「合理客觀標準」。說一個人對品質和實質具有精確的感覺，聽起來沒有什麼，頂多只是恭維的客套話。但話又說回來，人之擁有這種能力的還真不多，而且一旦擁有，多半不會以之交換尋常可被認可與可被接受的價值，這種能力將會正確地將人引至遠方——遠離傳統與既定的社會標準——直接進入生活的危險地帶，在那兒，不再受到事物的圍牆保護，也沒有客觀評價的支持。這意味著，是去跟那些一開始甚至永遠不對盤的人打交道，不斷去發現那些只有時運不濟和天妒才華方能阻止他們完成自身的人；也意味著有系統地——雖然不需要刻意——拋棄最值得尊敬的正面標準；由此出發，將引領進入另一種生活，在其間，不免到處觸犯別人，而自身也陷入多方的攻擊，不時引起誤解；在其間，與當權者的衝突將會不斷，這種衝突既不是出於挑戰者的故意，也不是出於被挑戰者的惡意，而只是權力的遂行本來就是按照客觀標準在進行的。

他之得以常常免於麻煩，強大的心智能力與傑出成就固然有以致之，但絕非唯一的，甚至不是主要的因素。更重要的是他那種充滿好奇的赤子之心，間或弄出一些無傷大雅的惡作劇，在這個複雜而深邃的人身上，這種天真總是出其不意，隨時都有可能浮起一抹微笑，閃耀著篤定的純真，照亮多半總是憂鬱的臉部風景。事情到最後，那些被他得罪的人往往都會體諒，他只是一陣脾氣發過，從來無意傷人。對他來說，激怒——被激怒或激怒別人——本質上是一種手段，將事情帶入一種開放、務實而又有意義的衝突；在凡事講求禮貌的社會，這種衝突，我們避之唯恐不及，總是小心翼翼，掩之以無意義的禮貌，閃之以「不傷害任何人的感情」。他卻不然。打破這些所謂文明社會的障礙，對他來說反而是一種喜悅，因為，在他的眼中，那都只是人與人靈魂之間的高牆。他之所以喜悅，有賴於天真與勇敢；一個通達世事的人，能天真才能真正地服人，而為了保持這種天真的活潑與完整，又需要莫大的勇氣。他，正是一個有勇氣的人。

在古人的眼裡，「勇敢」乃是最高的政治美德。對他而言，最初的熱情無疑只是要追求理想，最深的關懷則是在於人心的衝突，政治只會徒增其擾而已；但是，他對「勇敢」的多義進行最全面的理解，大有可能讓他投身於政治。政治之於他，不是一個肉身的戰場，而是靈魂與觀念的戰場，唯有在這個場域中，觀念彼此爭鬥才能夠成型，也唯有在爭鬥中，人性的真實與人心最內在的主宰才能以觀念之姿浮現。就此而言，政治之於他乃是一種哲學的實現，或更正確地說，在這個場域裡，在人類的群聚生活中，肉體所需要物質條件只是觀念之火的燃料。因此，他的政治觀本質上乃是歷史劇的，是在政治中，在人與人、靈魂與靈魂、觀念與觀念的接觸之間所上演的歷史劇。正如他在學術研究中的發現，戲劇的高潮出現時，所有的掩飾都付之一炬，觀念與人以一種非物質的赤裸衝撞（非物質的赤裸指物質背景的消失，其難以承受，一如天空無雲時的烈日），因此，在跟朋友聊天時，他有時會像著了魔一般，迫不及待要找出戲劇的潛在發展，要找到引發一場觀念大戰的機會，要挑起一場靈魂間的戰鬥，讓一切在其間攤在陽光之下。

但他又不是經常如此。不是因為缺乏勇氣，在這方面，他只多而絕不少，而是因為高度養成的多慮，但多慮的不僅是禮貌而已，而是早年以來從未得以擺脫的羞澀。他的致命傷是困窘，不僅是他讓別人感到困窘，更是他自己被別人弄到困窘。這種困窘的深度，可能只有杜思妥也夫斯基知之最深，至於其反面，可以這樣說，是在靈魂與觀念的激戰中，人的精神因此而自一切條件與束縛中解放出來。在觀念的戰鬥中，在毫無掩蔽的衝突中，人是以一種高高在上的出竅狀態，自由翱翔於他們的約束與保護之上，這時已經不是在防衛，而是在絕對沒有防衛的情況下確認自己是**誰**；困窘之襲來，正是自己正處於一種準備不足的暴露狀態，面對突如其來的事情與環境，靈魂的天然防衛遭到了被剝奪的威脅。麻煩的是，困窘的狀態將人拉到聚光燈下，其情況一如毫無防衛的自我，那時候，唯有鼓起極大的勇氣才有可能自在的展示。在他的一生之中，困窘扮演了極為重要的角色（他不僅害怕而且為之著迷），這種狀況不斷在人際關係的層面出現，在這裡，他隨時隨地都會面對的，正是人與世間諸種物間的疏離。正如物件之於他乃是死的對象，對人的生存具有敵意，幾乎到了使他束手無策只有任其宰割的地步，同樣地，在困窘狀態中，人只有任環境宰割的份。這種情形本身就令人感到羞辱，不論是否被拉到光天化日之下，其實跟榮譽與恥辱是無關的。困窘之為物，杜思妥也夫斯基的天才已經把它的各個面向呈示了出來，在《白痴》著名的舞會場景中，親王打碎了精美的花瓶，也就暴露了自己的笨拙，暴露了他在適應人造物世界方面的無能，同時，也徹底顯示了他的「善良」，也就是說，對這個世界來說，他「太過於善良」。羞辱的是，活生生擺在別人眼前的是，他**是**個善良人，但只能是個善良人，一如他只能是笨拙的。

羞辱是困窘的極致。以他來說，事實上與他想要反抗傳統習慣與現實權力的衝動有關，是一種對被驅逐者、被剝奪者與被蹂躪者的關懷，這些人飽受生活與人的欺凌，遭到不公不義對待。正是因為這些人，平常只熱中於心智與精神創作的他，忘掉了他其他的標準，即便他極端不耐煩，也不能阻止他走向這一群人，成為他們的朋友，追蹤他們日後的生活情況，用心之深，絕不敷衍了事不說，甚至不是出於單純的同情。真正吸引他的，與其說是人，不如說是它們的故事，是戲劇的本身，彷彿聽到了某一則新的訊息，乃喃喃自語——這才是生活，這才是生活。對於那些被生活挑選出來並書寫自身的人，他一貫抱持深沉真摯的敬意，故事不僅常以悲劇收場，甚至根本就是一連串以悲劇收場的總結，但他從不對這些人示之以同情，彷彿他不夠資格同情他們。不餘遺力地幫助他們之外，他唯一做的，就是用心地將他們帶入社會，帶入其他朋友的網絡中，盡其所能，解決社會一向加諸於這些人身上的羞辱。生活與世界如戲般的現實，如果不納入這一群被驅逐者與被剝奪者，在他看來永遠不可能完美，甚至無法開始開展自身。

對於羞辱的真正本質，對於被蹂躪者的同情，透過偉大俄國作家的觀照，我們不難注意到，他之作為一個基督徒，他又是何等地「俄羅斯」。然而，他的這種俄羅斯情懷還是跟他的西方現實感緊密相混的。唯其如此，他才既是基督徒又是天主教徒。他不妥協的現實主義，或許造就了他對歷史和政治學的傑出成就，但對他而言，更是基督宗教教誨與天主教訓練的自然結果（他看不起完美主義，不斷指責他們缺乏面對現實的勇氣）。他非常清楚，在這個世界上，自己今天仍然是一個陌生人，從來不曾安逸，同時又是一個現實主義者，得自於這些教誨與訓練者甚多。對他來說，要適應這個世界相當容易，因為他太了解這個世界，而更輕鬆也更具有誘惑力的，則是遁入一個烏托邦之中。他的整個精神之所以存在，建立在一種決心上：

永不順從，永不逃避，換一種說法，就是建立在他的大勇上。他始終是一個陌生人，不論何時來到，都彷彿是來自於無何有之鄉。但是，斯人之逝也，他的朋友都悲如家人之棄他們先去。他成就了我們必須效法的：以世界為自己的家，因而使自己得在這個地球上如同回家。

•以世界為自己的家，因而使自己得在這個地球上如同回家。

11

一個坐上聖彼得大位上的基督徒

安捷羅・朱塞佩・隆加里

Angelo Giuseppe Roncalli, 1881-1963

A Christian On St. Peter's Chair From 1958 To 1963

即教宗若望二十三世，
是現代史上最重要、也是最具聲望的教宗之一。
於 1958 年 10 月 8 日至 1963 年 6 月 3 日在位為羅馬教宗。
曾召開梵蒂岡第二次大公會議(the en: Second Vatican Council)，
提倡清廉教會，1963 年 4 月發佈著名通諭《和平於世》。

安捷羅・朱塞佩・隆加里（Angelo Giuseppe Roncalli）是教宗若望二十三世（John XXIII）的俗家姓名。《靈魂日誌》（*Journal of a Soul*, New York, 1965）是他的心靈日記，是一本極乏味卻又相當引人入勝的書，絕大部分寫於靜修期中，連篇累牘都是虔誠的告白、自我的激勵、「良心的省察」與「心靈進展」的筆記，涉及世事的可說少之又少，頁復一頁地讀來，簡直就像一本教人趨善避惡的入門教科書。然而，其間卻又另闢蹊徑，很可以一解許多人心中的兩個疑惑，亦即兩個與他一九六三年五月底六月初在梵蒂岡臨終時相關的問題。說起來，問題還是羅馬的一名看護婦提出來的，由於簡單明瞭，反而引起了我的注意。她是這樣說的：「女士，這位教宗是一個真基督徒。這怎麼可能呢？一個真基督徒怎麼可能坐得上聖彼得的大位呢？他真的是一路從主教、大主教、樞機主教上來，最後才當上教宗的嗎？他是怎麼樣的一個人，難道他們都不知道嗎？」沒錯，她後面三個問題的答案，看來應該都是「否」。當他步入教宗選舉會議時，他的確不屬於教宗選舉人團的一份子，甚至連梵蒂岡裁縫師傅所準備的袍服都沒有他合身的尺寸。他之所以會當選，如他自己所寫的，是因為樞機主教們無法達成共識，迫不得已，由他臨時來擔任一個無足輕重的「過渡教宗」。「但這麼一待，」他繼續寫道：「我在教宗這個位子上已經坐了四個寒暑，眼前盡是繁雜的公務，全世界的眼睛都在盯著等著。」他之不屬於教宗選舉人團還不令人驚訝，真正讓人不解的是，他是怎麼樣的一個人居然沒有人注意到，以及他之獲選居然是因為大家都認為他無足輕重。

總之，只有去回顧一下歷史，才見得出其真正令人驚訝之處。教會之宣導遵主聖範已有將近兩千年之久，教區的傳道士與修士多到不可勝數，幾個世紀以來無一不默默度此一生，他們之所言，就如少年隆加里所說的：「耶穌基督就是我的典範。」即使以十八歲之齡，就已經清楚地明白，要「跟好耶穌一樣」，也就是說「被人當成瘋子」：「人皆視我為傻瓜。或許是吧。但我的自尊心卻又不許自己這樣想。這大概正是最滑稽的地方了。」但說到教會這個體制，特別是反宗教改革（Counter Reformation，譯註：十六世紀後半葉，羅馬天主教會為對抗宗教改革而召開的內部改革會議）以來，對於正統信條的維護更勝於要求信仰的純一，對那些真正聖命所歸，「跟隨我」的人，反而沒有敞開傳道的大門。在真基督徒那種扎扎實實的生活中，其間的亂象雖然一清二楚，反倒不是他們所擔心的，他們在乎的是「為基督而活，與基督同在，卻要受苦，要受人嫌棄」的錯誤政策。也正是為了這一點，隆加里才一再引述聖約翰的話語，打從受聖的那一天起就恨不得「讓自己完完全全變成……釘在十字架上的基督」，日日悲歎自己「到目前為止，所受的苦還不夠」，巴望著「上主給我真正的試煉」，「讓身心都感到痛苦的折磨」。他擁抱痛苦的與提前的死亡，那對他的天職才是真正的肯定，對他根本無法完成的大業也是必要的「犧牲」。

那些不受教會喜歡，無法升任高位的少數人，一心只願以拿撒勒人耶穌為師，乃是不難理解的。或許有那麼一段時間，身在教會高層的人都不免會想到杜思妥也夫斯基對大審判官的描述（譯註：見杜思妥也夫斯基《卡拉馬助夫兄弟們》），用路德（Luther，譯註：十六世紀德國宗教改革家）的話來說則是，惴惴然面對「上帝話語中最永恆的命運，亦即世界之所以為世界注定是紛擾不休的。上帝的詔命之來，乃是要改變整個地上，使其重生，直到世界的盡頭」。但這樣的日子早已經成為過去，正如隆加里草草寫下的，他們早已經忘記「順服與謙卑……並不等於軟弱與散漫」。他們終將發現，在神前的謙卑並不等於在人前的溫順，對於這位另類的教宗，儘管某些教會的部門大有敵意，據說教廷與高層卻還嫌不夠，又說許多高高在上的顯貴，那些教會的王公們，可能遲早都要在他面前低頭了。

自從一九五八年就任教宗以來，不只是天主教徒，全世界都在盯著他，看他如何一一自圓其說：其一，是他「天生愚魯，接下了此一榮譽與重任」，而之前更始終都是「戰戰兢兢……唯恐引起別人的注意」。其二，是他「能夠……立即將某些構想付諸實施……可說是輕而易舉，但也要顧慮其長遠的效應與對未來應負的責任」。不過，根據他自己的證詞，卻又說有關「普世宗教會議、教區主教會議與教會法規修訂」等構想，對他來說，「事前全都沒有料到」，甚至「與（他）先前在這方面的想法完全南轅北轍」；他這個人以及他那無與倫比的信心，對那些盯著他在看的人來說，其實還真令他們百思不得其解。

這樣的信心全都流露在這本書的字裡行間，但是，說到其動人之處，任何一頁，甚至把它們全都加起來，也比不上羅馬街坊在他最後飽受折磨的漫長四天裡所流傳的小故事與軼聞。按照以往的情形，那段時間正是使整個城市都為之震動的觀光季，但是，因為他的去世，觀光客都提前來到，成群結隊加入來自四面八方各種膚色的神學院學生、修士、修女與傳教士。你所遇到的每一個人，從計程車司機到作家與編輯，從侍應生到店員，不論是信者還是不信者，都有一個故事可以講，總不外乎隆加里說過的話做過的事，以及在如何如何的情況下他是如何如何地表現等等。這些軼聞故事，柯特．克林傑（Kurt Klinger）收集了不少，集結成書，書名《教宗笑了》（*A Pope Laughs*），坊間當然更是一窩風的「好教宗若望」（Good Pope Jhon）熱，相關傳記紛紛出爐，全都是「一切合法」「准予出版」的（譯註：指經審查未違反天主教教義准予出版）。①但是，這也正好說明，當全世界的眼光都投注到這個人的身上時，所有這一類的聖徒傳記卻都說不出個所以然來的原因。追究起來，無非擔心有所「褻瀆」，以至於綁手綁腳，只要是跟耶穌教導的思想行為規範有所牴觸，不論是俗世的或教會那個圈子裡的事，一律避而不談。但他這個人確實是願意「為了耶穌的愛而承受毀滅、嫌惡、冷落」的，他為此自我磨礪，自我期許，非到他「完全不在乎俗世甚至教會世界的評斷」絕不中止。二十一歲的時候他就下定決心：「縱使我當上了教宗……我仍然還是站在神的審判之前，到時候我又算什麼呢？什麼都不算。」直到生命的末了，在給家人的心靈遺囑中，他還是信心十足地寫下「我深信，死亡天使……將引領我去到伊甸。」這種信心所展現的力量之強大，在那些無心之過所犯下的「醜聞」中，可說是表現得淋漓盡致，如果略而不談這些「醜聞」，這個人的境界反倒顯得平淡無奇了。

正因為如此，當時口耳相傳的那些故事，根本還沒把最了不起、最聳人聽聞的講出來，當然就更不用說加以證實了。我倒是聽過一些，也相信多半是可信的；但就算真實性有問題，就這個人以及人們對他的認識來說，既然能夠編出這樣傳神的故事，那也一定是值得一談的。我要講的第一個故事，是最不至於褻瀆的，反而頗能印證《日誌》中著墨不多的一些事情，譬如說他對待工人與農人的平易近人與隨和親切；事實上，他自己就是出身於那樣的環境，直到十一歲那年因為進入柏加莫（Bergamo）神學院才離開（他第一次與俗世的接觸是服兵役的時候，他的感覺是「醜陋、骯髒、令人作嘔」到了極點：「我將隨著群魔一同送進地獄嗎？軍營的生活我再清楚不過——想起來都不寒而慄。」）而我要說的故事則是，水管工人到梵蒂岡做整修工作，其中有個人拿整個聖家族來發誓，我們這位教宗聽說了，便走出來客客氣氣地問他：「您非如此不可嗎？何不跟我們一樣，罵句髒話也就行了。」

後面三個故事比較嚴肅。主教隆加里跟教廷之間的緊張關係，在他的書裡更是甚少提及。問題似乎是出在一九二五年，他出任駐保加利亞的宗座視察員（Apostolic Visitor，譯註：代表教廷視察教區與修會的專員），是一個「半隱密性」的工作，一待就是十年，那一段不快樂的時光，他一輩子都沒忘掉——二十五年之後還寫到，「日子單調無聊，日復一日，全都是雞毛蒜皮」。當時，他幾乎馬上就察覺到，「許多的試煉……並不是保加利亞人帶來……而是出在教廷當局的中央單位。這種羞辱簡直令人難以想像，對我的傷害極深」。早在一九二六年，他就開始寫到這種內心的掙扎，說是他的「十字架」。一九三五年，情況開始好轉，他被調往伊斯坦堡，擔任宗座代表（Apostolic Delegation），一待又是十年，直到一九四四年，接任他第一個重要職位，出任教廷駐巴黎大使，但問題又來了，「同一件事情，我在當地的親身觀察是一回事，羅馬的判斷卻是另一回事，對我的傷害極大，可說是我唯一真正的十字架」。後來，這一類的抱怨倒是沒再聽說過，但並不是他的心態改了，而是他逐漸適應了教廷的那一套處事方式。但在一九四八年卻用這樣的筆調寫下：「（我的那些同事，那些好傳教士）對卑微、貧窮的社會底層……所表現的不信任與粗魯無禮……讓我痛心疾首。」又說：「這個世界上所有的正人君子、所有的才智之士，包括梵蒂岡外交部的那些人，居然在……耶穌及聖徒的朗朗慈光下糟蹋這樣的一個可憐人！」

第二次世界大戰期間，他正在土耳其，由於工作上的關係，開始跟猶太人組織有了接觸（舉個例子來說，保護好幾百名從歐洲納粹佔領區逃出來的兒童，免於被土耳其政府遣返德國），但後來卻使他非常罕見地自責不已——儘管「對得起良心」，他還是難以自拔於這種內咎。「難道我不能，」他這樣寫道：「不應該花更多的工夫，下更大的決心，去對抗自己的天性？追求平靜與和平，我知道更符合上主的精神，難道不能掩蓋不願意拔劍的既定心意？」總之，這一次他讓自己爆發了出來。當德國對俄國開戰，德國大使弗蘭茲．馮．派本（Franz von Papen）透過關係找他，希望他利用他在羅馬的影響力，爭取教宗公開支持德國。「在波蘭與德國，你的同胞正在謀殺數百萬的猶太人，叫我又該如何去說呢？」時在一九四一年，大屠殺剛剛展開。

接下來的故事就大有關係了。在教宗若望現行的傳記中，沒有一本提到過他與羅馬之格格不入，因此，即使否定這類傳言的可靠性，卻也不見得站得住腳。有關這方面的第一則故事，是他覲見教宗庇護十二世（Pius XII），當時他即將前往巴黎赴任，時間是一九四四年。接見時，庇護十二世開門見山對這位他新任命的大使說，他只有七分鐘的時間，隆加里當即告退，丟下一句話：「既然如此，剩下的六分鐘就免了吧。」至於第二個則是一個令人莞爾的故事，說的是一個海外來的年輕教士，為了自己將來的前途，正忙著在梵蒂岡上下走動，想要給人一個好印象。據說我們這位教宗告訴他：「親愛的孩子，用不著擔那麼多的心，想來你是知道的，到了審判日的那一天，耶穌不會問你：你跟宗教法庭的關係如何呀？」最後要談的則是他過世前幾個月的事，當時有人拿霍赫胡特（Hochhuth，譯註：德國近代劇作家）的戲劇《副手》（*The Deputy*，譯註：霍赫胡特的第一部作品，控訴庇護十二世與教廷容忍納粹對猶太人的暴行）給他看，然後問他，該如何加以反擊。他不加思索地回答：「反擊？對真理你能夠怎麼反擊？」

從來沒有公開過的故事太多了，在有關他的文獻中可說是俯拾皆是，雖然有些不免走樣（根據「口耳相傳」，如果它還保持原味的話，這位教宗在接見第一個猶太人代表團時，他的致辭是：「我是你們的兄弟約瑟〔Joseph〕。」約瑟在埃及向他的兄弟們自我介紹，用的正是這句話〔譯註：雅各賜給約瑟一件華麗的外套，引起其他兄弟的嫉妒，將他賣到埃及為奴，後來兄弟們在埃及相遇，約瑟不計前嫌向前相認。事見《舊約》〕）。如今更有人說，當選為教宗後，首次接見樞機主教團時，他用的也是這句話。依我之見，此一報導或有幾分可靠；只不過前者確實相當漂亮，後者就不太高明了）。所有這些故事都顯示出各自獨立性，之所以如此，在於他真正能夠跳脫世間的俗事，是一種免於偏見與傳統的大自在，不出口則已，一出口就是伏爾泰式的機鋒，逆轉形勢於迅雷不及掩耳。正因為如此，他每天散步走近梵蒂岡的庭園，有人告訴他，如此暴露於一般民眾眼前實屬不宜，他不免抗議說：「為什麼不能夠讓別人看到我，我又沒有行為失檢，我有嗎？」這種心思的機敏，法國人所謂的急智，從另外一個未曾公開的故事上也可以看得出來。在他駐節法國時，有一次出席外交使節團的宴會，有位男士存心讓他出糗，在席上傳閱一張裸女相片。隆加里看了一眼，傳回去給N先生時說：「我想，是N夫人吧。」

年輕時，他特別多話，走到哪裡都說東道西，曾經批評自己「生性喜歡論斷，有如所羅門」，告訴「張三、李四、王五……這樣做才對，那樣做才有道理」，對「時事、主教、熱門話題」大發議論，「看不順眼的就跳出來指責，認為對的就拚命捍衛，絲毫不讓步」。這種個性不論他如何地自我壓抑，卻從來沒有改掉過，反倒是越發地旺盛，雖然也為此不知受過多少「打壓」與「屈辱」（他認為，唯其如此，才得以使他的靈魂更為純淨），卻沒想到竟在一夕之間站上了天主教高層的頂端，再也沒有比他更高的聲音來告訴他「上帝的旨意」。在《日誌》中他寫道，他明白自己之「受此重任，純出於聽從主的安排，樞機主教團只不過是轉達旨意罷了」；換句話說，他從不認為自己是樞機主教選出來的，因為，永遠都是「主在揀選我」——他的當選純屬意外，看來更增強了他的這種信念。也正因為如此，講得好聽一點，他明白一切都是一場誤會，因此乃能放筆直書，全不流於教條，寫下這樣的句子告訴自己：「基督之所欲，基督在世間的代理人自有自知之明。」《日誌》的編輯人，教宗生前的秘書，羅瑞斯．凱博維拉閣下（Mgr. Loris Capovilla，譯註：Mgr.

為教宗授予高級教士的尊稱）在〈導言〉中提到：「他在神前一貫謙卑，在人前則清楚知道自己的價值——涇渭分明，絕不相混。」看來定使許多人茫然不解吧。儘管自信滿滿，向來不有求於人，但無論什麼事，他從來不會強不知以為知地去論斷未來或最後的結果。有如野地裡的百合花，他知足於「每一日的生命」，甚至「每一時刻的生命」，曾幾何時換到了新環境，他也照樣還是那一套「生活準則」——「不要為未來擔憂」，無須「為它準備人的所需」，小心「不要自以為是，隨便對人說東道西」。至於「不要以為於某人有好處，便與邪惡共謀」，對他來說更是一種信念而非理論，宗教上如此，政治上也如此。

他的謙卑之道無他，不憂不懼的大自在而已；使他得以自在的，則是他在心理上、感情上都能夠毫無保留地說：「祢的旨意必行在地上。」（Thy will be done，譯註：此句見於《新約》〈約翰福音〉，為基督徒主禱文中的一句，原文為「願祢的國行在地上如同行在天上」）翻開《日誌》，但見連篇累牘的陳腔濫調——當然，這是就我們來說的，就他來說則不是——很難發現他用生命之弦所調出來的這個基調；至於那些引人發噱的機智，我們就更不能指望太多了。倒是在一再叮嚀自己謙卑之外，當他跟朋友談起初接教宗大位時，新的責任還真是大到無以復加，剛開始竟令他憂心忡忡，夜不成寐——直到一天早晨，他突然對自己說：「喬萬尼，別把自己看得那麼偉大！」從此一覺睡到天明。

然而，真的很難叫人相信，光是謙卑就可以讓他自自在在地與人相處，不論是跟牢裡的犯人、「犯了十誡的罪人」、花園裡的工人、膳房裡的修女、甘迺迪總統夫人，以及赫魯雪夫的女兒、女婿，他都能夠泰然自樂。之所以能夠如此，還得歸功於他充分的自信，無論面對的是販夫走卒還是王公顯要，他總能視之如己，平等相待。但這還不夠，他更覺得這種平等有必要更進一步推展，於是他又走進監獄，跟小偷與殺人犯以「孩子與兄弟」相稱，又為了不使這樣的稱呼流於空洞，他更跟他們聊天，說自己小的時候也曾偷了一個蘋果，僥倖沒被發現，而他的兄弟們盜獵卻被逮個正著。當他進到「關重刑犯的牢區」時，用最為威嚴的口氣說：「把門打開，不要把我跟他們隔開，他們跟我們一樣都是主的孩子。」當然，這些無非都是基督宗教行之已久的道理，但長期以來也只是道理而已。即使是發布《新通諭》（***Rerum Novarum***，譯註：發布於一八九一年，承認當時勞工的悲慘境遇，同意應該對此做出改善，為西方基督宗教民主主義的發軔）的「勞動人民的偉大教宗」利奧十三世（Leo XIII），對於梵蒂岡發給工人的薪資不足以養家活口也只是袖手旁觀，我們這位剛接任不久的新教宗，由於他那種不分階層跟人聊天的習慣，很快地就注意到了這種要不得的醜事。根據奧登．赫屈（Alden Hatch）的說法，他問候一名工人：「日子過得如何呀？」工人回答道：「糟透了，大人。」說他家裡有好幾口人嗷嗷待哺。「這個問題我們會想辦法解決。至於你跟我之間，我不是什麼大人；我是教宗。」他的意思是說，別管什麼頭銜，我是這裡的當家，說話算話。後來他聽說，若要調整工資，就得刪減慈善救濟的經費才補得過來，他卻不為所動，說：「刪就刪吧……因為正義先於慈善。」這些故事聽來之所以讓人窩心，在於它們打破了人們一種一成不變的觀念：總認為「即便是家常閒話，只要是從教宗的口裡說出來，一定是高深莫測、令人敬畏的」。但照教宗若望的看法，這明顯牴觸了「耶穌的榜樣」。也正是這種唯耶穌為「榜樣」的談話，聽起來如沐春風，竟使得俄國共黨代表團在一場各說各話的接見結束後恭恭敬敬地說：「現在，請給我們小小的祝福，小小的祝福無傷大雅，我們全心悅納。」②（譯註：共產黨人皆為無神論者，作者此處頗有真誠足以感動頑石之意）

這種信念一以貫之，信而不疑，行而不惑，虔誠而不偏執——表現於行動乃是熱的，發之於言語則是活的，但一旦印成了書頁，卻成了死文字，變得單調乏味。這種情形，甚至《日誌》附錄的幾封書信也不可免，唯一例外的是〈給隆加里家人的「心靈遺囑」〉。在這份遺囑中，他向自己的兄弟、姪兒及姪孫們解釋，說他之所以不同於一般的慣例，既沒有給他們任何頭銜，又不像以前的人那樣「使他們得以脫離安貧可敬的苦日子」，更不曾「為自己、親戚與朋友要求過任何東西——職位、金錢或特權」。只因為他「既生而貧賤……尤樂於貧賤而死，一生教士與主教的生涯，所取實少……但仍願盡散……手中之所有」。其筆調稍見愧歉，似乎他也明白，家人之貧其實並不如他所想之「安」。更早之前，他曾經留意到，他們長年的「憂苦」「不僅無所助益，反而害了他們」。從這些小地方，不難看出他的知所能捨。由此乃可以想像——多少也讓人感到心安一點——身為貧家的孩子，因為強烈的自尊心，終其一生堅持不求施捨，乃能自安於上帝之所賜（講到貧窮，誰會更甚於我呢？打從進神學院起，所穿的袍服，沒有一件不是別人施捨），此所以貧窮之於他乃是他的天職：「既屬基督家庭的一員——我豈能要求更多？」

現代的知識份子，只要不是無神論者——亦即自以為知道人所不知的愚夫愚婦——從齊克果（Kierkegaard）、杜思妥也夫斯基、尼采，以及他們無數的追隨者與存在主義圈內圈外的人那兒，多少都會發現宗教與神學問題其實是「饒富趣味的」。但是，居然會有這樣一個人，還是個小孩的時候就能夠「堅守」「物質上的貧乏」，不僅如此，也能夠堅守「精神上的貧乏」。同樣令人難以理解的是，姑且不論這位教宗是何方神聖，論有趣，論才學，都不過爾爾，更不用說在求知上所表現的平庸了（除了愛讀報外，任何俗世的文字，他似乎連碰都不碰）。假設有一個男孩，學阿萊莎（Alyosha，譯註：杜思妥也夫斯基《卡拉馬助夫兄弟們》中的主角之一）一樣地對自己說：「經上既然寫著：『你若要做個完全人，就去變賣你的所有，分給窮人，來跟從我。』（譯註：見《新約》〈馬太福音〉，為耶穌對一年輕財主所說的話）那麼，我只施捨兩個盧布而不是我的產業，只是早起去作彌撒而不是『跟從我』，又有什麼用呢？」再假設有一個大人，督促這孩子去追求做個完全人，並不斷自問「我有任何進展嗎」，又訂一個時間表，一絲不苟檢查他進步的情況——但在這個過程中，卻偶爾放鬆自己，告訴自己要求不要太高，處理他的過錯也是「有一搭沒一搭的」，而不求一勞永逸——其結果多半不會有什麼「助益」。當然，為做一個完全人所訂的時間表是無法道盡一個人的一生的——如果這個人「從來都沒有誘惑與挫折」，也沒有犯過任何「大過或小錯」，那又還有什麼可說的呢？——這也就難怪，《日誌》中少數有關心智進展的事例，作者居然輕輕帶過，儘管為了死後出書，在臨終前的幾個月，他還重新讀過一遍。對於基督新教，他從什麼時候開始不再視之為「教會之外可憐的不幸者」，並且開始接受「無論受洗與否，大家生就都是屬於耶穌的」，他從來沒有交代過；此外，同樣令人不解的是，「對於（教會的）法規、聖典與準則」，他既然都「打從靈魂與心靈油然生出敬愛之情」，怎麼又會如同奧登．赫屈所說的，「為彌撒正則（Canon of the Mass）做了千年以來的第一次修訂」，並「迫不及待地去進行整頓、改造……以及修正每一件事情」，深信自己所召開的普世宗教會議「必將會是……一個真正而嶄新的主顯節」（譯註：主顯節為每年一月六日，紀念三位智者在伯利恆探視耶穌的節日）。

毫無疑問地，正是「守精神之貧」使他免於「瞻前顧後、操危慮患」，反而給了他一種「質樸的勇氣與力量」。這也正好說明了我在文章一開頭所提出來的那個問題：樞機主教團明明選的是一個無所作為、無足輕重的人，為什麼卻偏偏揀選了一個大勇無畏的人？坎普騰的多瑪（Thomas à Kempis，譯註：荷蘭修士，1379-1471）所寫的《效法基督》（*The Imitation of Christ*）是他最愛讀的書之一，書中說的「當不求聞達」，早在一九〇三年他就以之作為「座右銘」，這一點他可以說是真正做到了。但他畢竟是生活在一個知識階層的大環境中，在許多人的眼裡，他或許不夠聰明，甚至有點笨，人雖不是一個簡單人，但心思卻簡單。那些觀察他長達數十年的人根本無法了解，這個看起來「一向安份聽話的人」有著極強烈的自尊心與自信心，縱或會放棄自己的主張於一時，他所服從的也不是他的上級而是上帝的旨意。他一貫的信念是：「祢的旨意必行在地上。」這是毫無疑問的，雖然他只是一廂情願，但「整個福音的精髓確實在此」，「值得並且也獲得了普世的遵從，同時啟發了許多人」。同樣也是這個信念，在他彌留之際靈光一現說出了他最動人的話語：「每一天之於出生都是好日，每一天之於死亡也是好日。」③

註釋

① Jean Chelini, *Jean XXIII, pasteur des hommes de bonne volonté*, Paris, 1963; Augustin Pradel, *Le "Bon Pape" Jean XXIII*, Paris, 1963; Leone Algisi, *John the Twenty-third*, transl. from the Italian by P. Ryde, London, 1963; Loris Capovilla. *The Heart and Mind of John XXIII, His Secretary's Intimate Recollection*, transl. from the Italian, New York, 1964; Alden Hatch, *A Man Named John*, Image Books, 1965.

② For these stories, see A. Hatch, *op. cit.*

③"*Ogni giorno è buono per nascere; ogni giorno è buono per morire.*" See his *Discorsi, Messagi, Colloqui*, vol. V, Rome, 1964, p. 310.

〈附錄〉／林博文

漢娜・鄂蘭極權主義理論成經典

轉載自二〇〇六年十月十八日 中國時報國際新聞A14版

德國出生，後入美籍的猶太裔學者兼作家漢娜・鄂蘭（Hannah Arendt），可說是廿世紀最了不起、最有影響力的女政治理論家。鄂蘭不喜歡人家稱她哲學家，她說她是一個政治思想家或政治理論家。十月十四日是鄂蘭（中國大陸學界譯為阿倫特）的百歲冥誕，從德國到澳洲，有十餘場研討會展開，討論鄂蘭的思想、著作與貢獻。

其中最令人矚目的是紐約市郊巴德（Bard）學院於十月廿七日至廿九日召開的〈在黑暗時代的思考：漢娜・鄂蘭的精神遺產〉。這項研討會的名稱具有雙關意義，鄂蘭於一九六八年出版過《黑暗時代的人》（編註：即本書），而目前恐怖主義猖獗，人類是不是又面臨另一次「黑暗時代」？研討會將邀請兩位主講人，這兩個主講人的思想完全不同，一位是「九一一恐怖攻擊事件」後從左派變成大右派，並堅決支持布希侵略伊拉克的英國籍作家克利斯多夫．希欽斯（Christopher Hitchens）以及在《紐約書評》雜誌撰文揭發美軍虐待伊拉克俘虜的馬克．丹納（Mark Danner）。

研討會在巴德學院舉行的原因是，鄂蘭和她的第二任丈夫亨利克．布魯徹（Heinrich Blucher）都葬在巴德校園，布魯徹（死於一九七〇年）曾任教該校十七年，鄂蘭於一九七五年去世後，她的所有藏書亦都捐給巴德學院。

鄂蘭已死了卅一年，但她所留下的「去思」卻越來越熾熱，出版界不斷推出她的傳記和思想評介的專書。研究她的博士論文每年都有，政治學學報和一般通俗刊物常有評論她的文章。鄂蘭一生（死時才六十九歲）最引人注意的經歷與成就包括：一、她和大學老師、德國哲學家海德格的情史；二、她和猶太人的關係；三、她對極權主義的精闢闡釋；四、她在政治理論和政治思想上的獨到貢獻。

鄂蘭在馬堡（Marburg）大學讀書時和大她十七歲的老師海德格相戀。海德格是德國存在主義的先驅，被認為是廿世紀最有建樹的哲學家之一。

已有妻室的海德格和鄂蘭的婚外情從一九二四年持續到二八年，鄂蘭那年到海德堡大學攻讀博士。兩人的師生戀被稱為「像火一樣熱」，但海德格的妻子不能容忍丈夫偷腥，而海德格本人又是個自私、好面子、又愛操縱人的偽君子。他們每次幽會都要按海德格的「指示」，安排時間與地點（通常是在鄂蘭的住處）。據說是海德格不願這段不正常的關係損及他的地位和前途，而要求鄂蘭轉學到海德堡。

這段情史引起後人關注的是，海德格與納粹有密切關係，而鄂蘭又是受到納粹迫害的猶太人。海德格很想成為納粹的哲學大師，但納粹並不太重視他的哲學。第二次世界大戰結束後，海德格忙著為自己平反，積極撇清他和納粹的關係。最令人驚訝的是，曾被納粹數度關在集中營而又數度逃亡成功的鄂蘭，卻在海德格面臨「存在」危機的時候挺身而出，為她過去的老師兼情人辯護。海德格一直活到一九七六年，八十七歲才死。

鄂蘭於一九四一年到了美國，一九五一年出版震撼學界的經典：《極權主義的起源》，她在書裡分析了反猶主義、帝國主義和種族主義，並追溯納粹主義和史達林共產主義的根源。有人批評她並未建構嚴密的思想體系，且疏於縝密的邏輯論證；但她擁有別的政治學家所欠缺的犀利見解、獨特的觀察角度以及極富洞見的視野。

她精研古希臘哲學，在海德堡大學又獲存在主義哲學家雅斯培指導，完成中世紀天主教經院哲學家聖奧古斯丁的「愛的概念」博士論文。她在柏克萊加州大學、耶魯、普林斯頓（鄂蘭成為該校第一個獲正教授頭銜的女性）、哥倫比亞、西北大學和芝加哥大學著名的社會思想系教書，晚年則多在紐約新社會科學院授課。

鄂蘭在學術圈有非凡的腦力大魅力，詩人奧登（W. H. Anden）、芝大政治學家漢斯．摩根索和近年被新保守派捧為大師的里歐．史特勞斯都曾追求過她。

鄂蘭一生引發最大爭論的是她在六〇年代初以《紐約客》雜誌特約記者身分，前往耶路撒冷採訪以色列特工從阿根廷綁架返以的納粹戰犯艾希曼的審判。採訪報導先在《紐約客》連載後結集出版，書名為《艾希曼在耶路撒冷》（***Eichmann in Jerusalem***）。

鄂蘭以冷靜的頭腦觀察審判，她說艾希曼並不是出於仇恨猶太人或因本身太壞而屠殺成千成萬的猶太人，他只是像一個普通的官僚一樣盡他自己的職責，每天處理上級交代下來的例行公文，罪惡不是在可憐又可悲的艾希曼身上，而在制度。

鄂蘭採訪審判後創造了一個至今仍被廣泛引用的名詞：「平庸無奇的罪惡」（或稱「罪惡的平庸性」（the banality of evil）。猶太人非常不滿鄂蘭的報導，痛罵她是「猶奸」，但她的報導已成為經典。鄂蘭說：「權力和暴力雖是不同的現象，卻常一起出現。」

十月初在耶魯大學有一場鄂蘭研討會，題目是：〈我們合眾國的危機〉，與會人士幾乎都認為布希時代的美國等於是鄂蘭筆下極權主義的再現，副總統錢尼和前副國防部長伍夫維茲的獨斷作風又何異於當年的希特勒和史達林？也有人認為今天的美國在許多方面很像一個警察國家，陷入了南北戰爭以來的最大憲政危機。

鄂蘭留給大家最心悸的啟示是，極權主義並不是只會誕生於蘇聯、德國、義大利、毛澤東時代的中國這些土地上，即使像美國這個標榜自由、民主、法治、人權的國度亦在近代出現過白色恐怖。一名學者在耶魯研討會上指出，在布希時代，美國不是不可能出現像艾希曼這樣的人。

國家圖書館出版品預行編目(CIP) 資料

黑暗時代群像/ 漢娜・鄂蘭(Hannah Arendt)作；鄧伯宸譯
-- 二版 -- 新北市新店區：立緒文化, 民105
面；　公分. -- (世界公民叢書；31）
譯自 : Men in Dark Times

ISBN 978-986-360-073-2(平裝)

1. 世界傳記

781　　105019079

黑暗時代群像（第二版）

Men in Dark Times

出版——立緒文化事業有限公司（於中華民國 84 年元月由郝碧蓮、鍾惠民創辦）
作者——漢娜・鄂蘭（Hannah Arendt）
譯者——鄧伯宸

發行人——郝碧蓮
顧問——鍾惠民

地址——新北市新店區中央六街 62 號 1 樓
電話—— (02) 2219-2173
傳真—— (02) 2219-4998
E-mail Address —— service@ncp.com.tw
劃撥帳號—— 1839142-0 號 立緒文化事業有限公司帳戶
行政院新聞局局版臺業字第 6426 號

總經銷——大和書報圖書股份有限公司
電話—— (02) 8990-2588
傳真—— (02) 2290-1658
地址——新北市新莊區五工五路 2 號
排版——伊甸社會福利基金會附設電腦排版
印刷——尖端數位印刷股份有限公司

法律顧問——敦旭法律事務所吳展旭律師

分類號碼—— 781
ISBN —— 978-986-360-073-2
出版日期——中華民國 95 年 11 月初版 一刷（1 ～ 4,000）
中華民國 105 年 11 月～ 110 年 4 月二版 一～三刷（1 ～ 1,600）
中華民國 111 年 12 月二版 四刷（1,601 ～ 2,100）

定價◎ 390 元（平裝）